D0912541

Crianza con ciencia

Crianza con ciencia

Irene García
y Marcelo Lewin

VERGARA

Papel certificado por el Forest Stewardship Council®

Primera edición: septiembre de 2019

© 2019, Marcelo Lewin e Irene García
© 2019, Penguin Random House Grupo Editorial, S. A. U.
Travessera de Gràcia, 47-49. 08021 Barcelona

Penguin Random House Grupo Editorial apoya la protección del *copyright*.
El *copyright* estimula la creatividad, defiende la diversidad en el ámbito de las ideas y el conocimiento,
promueve la libre expresión y favorece una cultura viva. Gracias por comprar una edición autorizada
de este libro y por respetar las leyes del *copyright* al no reproducir, escanear ni distribuir ninguna
parte de esta obra por ningún medio sin permiso. Al hacerlo está respaldando a los autores
y permitiendo que PRHGE continúe publicando libros para todos los lectores.
Diríjase a CEDRO (Centro Español de Derechos Reprográficos, http://www.cedro.org)
si necesita fotocopiar o escanear algún fragmento de esta obra.

Printed in Spain – Impreso en España

ISBN: 978-84-17664-42-8
Depósito legal: B-15.150-2019

Compuesto en Infillibres, S. L.

Impreso en Black Print CPI Ibérica
Sant Andreu de la Barca (Barcelona)

VE 6 4 4 2 8

Penguin
Random House
Grupo Editorial

Índice

Introducción

Cuando decidimos convertirnos en padres no somos conscientes de que ante nosotros se despliega un horizonte de más de veinte años en los que, prácticamente a diario, deberemos tomar muchísimas decisiones, algunas de ellas difíciles, relacionadas con la educación y la crianza de nuestros hijos.

Nos plantearemos si amamantar o no y, si optamos por lo primero, es posible que llegado el momento no podamos hacerlo, y entonces tendremos que encontrar una buena justificación para no sentirnos mal por el hecho de utilizar leche de sustitución.

Tal vez tomemos la firme decisión de dejar llorar al bebé en su cuna toda la noche en una habitación separada de la nuestra, o es posible que elijamos el colecho y dormir juntos hasta que ya sea difícil seguir llamando «bebé» al niño que, sin malicia alguna, duerme en diagonal y a pierna suelta de un tirón y nos impide descansar.

Nos preguntaremos si dejaremos ver la televisión a los

niños y, si les dejamos, cuántas horas y qué tipo de programas. Y, lógicamente, tendremos que decidir qué dispositivos electrónicos podrán usar y si estos llevarán algún tipo de filtro o control parental.

Seguramente desearemos que nuestros hijos se eduquen desde pequeños en el ambiente más propicio posible y para ello buscaremos y seleccionaremos la mejor guardería, así como aquellas actividades extraescolares que nos aseguren que nuestros retoños triunfarán en la vida.

Estas son solo algunas de las decenas o centenares de cosas que hemos de decidir durante la crianza. Muchas veces escogeremos entre las distintas opciones sin ninguna reflexión previa, y otras quizá supongan no pocas discusiones de pareja.

¿Por qué nos preocupamos tanto? Porque pensamos que el futuro de nuestros hijos, en todos los aspectos, desde la carrera profesional que elijan y su desempeño en ella hasta las parejas que tengan, dependerá de cómo los hayamos criado.

¿Es realmente así? ¿Dejar llorar toda la noche a un bebé en la cuna alimenta sus miedos y lo hace sentirse tremendamente solo? ¿Esta forma de enseñarle a dormirse determina la calidad del sueño del futuro adulto? ¿Afecta incluso a cómo se enfrentará a una situación de incertidumbre o soledad?

A menudo decidimos influidos por la suposición de que sea lo que sea lo que determinemos tendrá consecuencias importantes para nuestros hijos. Y esta idea no es sino una mera suposición. No todas las decisiones que tomemos sobre el método de crianza afectarán a su desarrollo. De hecho, es posible que lo que afecte de verdad a su futuro sean no estas, sino aquellas que tomamos cuando elegimos la pareja con la que vamos a tener ese hijo. Es decir, lo más decisivo será la combinación de nuestros genes con los de nuestra media naranja.

Sin embargo, no solemos realizar un test genético a nuestra pareja ni analizar a sus familiares directos cuando decidimos compartir la vida con alguien y traer niños a este mundo. Más bien lo que hacemos es enamorarnos (o creer que lo estamos) porque justamente eso es lo que la sociedad espera de nosotros: que encontremos a nuestra pareja especial y nos casemos por amor.

El amor romántico, no obstante, es relativamente nuevo en la historia de la humanidad. Hasta hace bien poco, en términos históricos, eran las familias las que elegían las parejas de los jóvenes que alcanzaban la edad de casarse. Y es muy probable que lo hicieran para seleccionar aquellos «genes» que consideraban más convenientes para su descendencia. En otras ocasiones también buscaban asegurarse de que el entorno de aprendizaje de los futuros hijos estuviera en línea con las creencias y los valores de las familias que se unían.

Hoy podemos elegir la pareja que queramos, pero quizá no sería mala idea tener en cuenta sus genes, observando a sus familiares, lo cual nos permitiría pronosticar, con grandes posibilidades de acertar, algunos de los rasgos más característicos de nuestros futuros hijos.

Pero en lo que a la crianza respecta, muchas de las preocupaciones y desvelos de los progenitores resultan infructuosos, pues aquello que nos inquieta no podemos resolverlo o encaminarlo, sino que venía de serie en nuestros niños, está inscrito en los genes. Luchar contra lo que dicen los genes es un ejercicio inútil. La genética siempre prevalecerá.

Sin embargo, no todo es genético, y la manera en la que criamos a nuestros hijos y les enseñamos a enfrentarse al mundo sí tiene un impacto en su futuro. Ser conscientes de hasta qué punto les afecta esto y buscar el modo de brindarles lo mejor para ellos debería ser, sin duda, una obligación para cualquier progenitor.

Por otra parte, en el momento de adoptar decisiones a menudo buscamos información de un modo apresurado y poco sereno en internet, donde no todos los contenidos que se ofrecen son relevantes, precisos y ciertos, y donde, además, abundan las noticias tratadas de manera superficial, con datos falsos y medias verdades o sesgos que no ayudan demasiado a formarse una idea clara y exacta de qué es lo que la ciencia recomienda y lo que no.

A modo de ejemplo, recordemos que durante años se aconsejó de manera insistente beber una copa de vino en todas las comidas con el argumento de que proporcionaba una salud cardiovascular de hierro al llegar a la vejez. En la actualidad, en cambio, hay un consenso muy generalizado acerca de que es mejor no beber nada de alcohol, ya que incluso el consumo mínimo y circunstancial perjudica la salud. En el campo de la nutrición encontramos cientos de casos de este tipo, desde la polémica sobre el consumo de huevos o el papel de los carbohidratos en una dieta saludable, hasta el debate sobre la conveniencia de proscribir las carnes rojas del día a día y reemplazarlas por unas buenas hamburguesas de tofu.

La crianza no es ajena a este tipo de fenómenos. Hasta hace muy poco se daba por cierto que la capacidad de un niño de controlar sus deseos y postergar la recompensa era un buen indicador del éxito que obtendría en su vida de adulto. Sin embargo, al replicarse el experimento original de los años noventa, los resultados no han sido tan concluyentes,* y han derribado una de las creencias científicas más sólidas en este ámbito.

Entonces, ¿qué se supone que debemos hacer cuando hemos de tomar decisiones sobre los temas relacionados con la crianza?

No existe una única respuesta, pero sí podemos decir que es necesario comprometernos como padres a intentar hacer lo mejor para nuestros hijos teniendo en cuenta qué es lo que dice la ciencia acerca del asunto sobre el que estamos a punto de decidir. Y si la ciencia no ha encontrado una respuesta definitiva a esa cuestión o si ni siquiera la ha abordado, lo mejor es guiarnos por la empatía y el amor que sentimos por ellos y aplicar el menos común de nuestros sentidos: el sentido común.

Como es lógico, aun así es posible que nos equivoquemos, e incluso puede que muchas veces, pero al menos tendremos la certeza de que hicimos de manera consciente lo que creíamos que era más oportuno en beneficio de nuestros hijos.

El mero hecho de tomar conciencia sobre cómo cria-

* http://journals.sagepub.com/doi/10.1177/0956797618761661

mos a nuestra progenie es el primer paso para no dejarnos llevar por los consejos de los amigos o las abuelas, lo que hemos leído en internet, lo que nos ha llegado a Facebook o incluso lo que nos recomendó determinado pediatra.

Tener un criterio propio en lo relativo a la crianza, como en todas las áreas de la vida, supone liberarnos de muchos miedos y actuar asertivamente a la hora de tomar decisiones. Además, tomar conciencia de por qué hacemos lo que hacemos es el mejor seguro ante futuros remordimientos. Y este criterio propio, basado en la evidencia, también nos ayuda a no creer de buenas a primeras todo lo que nos llega etiquetado como científico. Hay numerosos estudios que no están bien planteados, no son representativos o los leemos a través de la interpretación tendenciosa o interesada del periodista de turno.

La preocupación por la crianza viene de lejos. Concretamente se inicia en los años veinte del siglo xx, con los primeros estudios de Jean Piaget sobre el desarrollo infantil, y continúa en aumento conforme se realizan más investigaciones científicas sobre cómo afectan a los niños los distintos tipos de crianza. Por ello cada vez es más habitual encontrar estudios que correlacionan, o intentan correlacionar, el comportamiento o las decisiones de los progenitores con el desempeño o comportamiento de sus hijos.

Al hilo del creciente interés de la ciencia por esta área se produce otro fenómeno: la aparición de divulgadores que transmiten los hallazgos científicos al gran público y que encuentran en los medios de comunicación y en internet una plataforma potentísima desde la que distribuir este conocimiento. Así, cada día son más numerosos los padres y madres que toman conciencia del impacto de sus decisiones en el futuro de sus hijos, cosa que sería muy positiva si no fuera porque cuando se tiene una gran cantidad de información al alcance de la mano a veces resulta difícil discernir entre la que es útil y la que no.

De hecho, hemos llegado a tal punto que muchos progenitores piensan que pueden modelar a sus hijos por completo mediante la crianza. Es una idea descabellada y que está lejos de la realidad, pues simplifica enormemente un fenómeno que, por su naturaleza, es muy complejo. Por si esto fuera poco, muchas de las decisiones acerca de la crianza están «ideologizadas» y no se toman atendiendo al bienestar de los niños, sino en función de los valores del grupo social con el que nos identificamos.

Las discusiones sobre el sueño del bebé entre los partidarios de los métodos conductistas y los que defienden la crianza con apego son el pan de cada día en cualquier foro de internet. Lo mismo sucede con quienes abogan por la lactancia materna en exclusiva el máximo tiempo posible y las madres que, por una u otra razón, no pueden o no quieren amamantar. Estas últimas suelen ser juzgadas con gran severidad y sin piedad por las primeras, que esgrimen la metodología conocida como «crianza con apego» para fundamentar sus decisiones. Sin embargo, hay que tener en cuenta que la crianza con apego no es lo mismo que el apego seguro, dos conceptos que en ocasiones se consideran equivalentes cuando en realidad son muy diferentes. El primero no tiene ningún aval científico serio mientras que el segundo sí.

En el año 2001, el doctor William Sears y la enfermera Martha Sears, su esposa, publicaron un libro que hoy en día es uno de los más vendidos y leídos sobre el tema de la crianza de los hijos: *The Attachment Parenting Book* (Crianza con apego). En él se habla por primera vez de la crianza con apego, un método que, basado en la teoría del apego de John Bowlby, promueve que desde el nacimiento se establezcan lazos afectivos con el bebé a través de siete prácticas, denominadas en inglés Baby B (ya que todas empiezan por «b»). Estas siete prácticas son: el contacto piel con piel entre madre e hijo tras el parto; la lactancia materna a demanda y prolongada; el porteo en brazos o en un portabebés; el colecho, es decir, que el pequeño duerma en la misma cama que los padres, o la cohabitación; el respeto de las necesidades y ritmos del bebé; la disciplina positiva, y los cuidados constantes.

Este libro, como decíamos, es un best seller que muchas mujeres leen al quedarse embarazadas. A la mayoría de ellas todo lo que expone les resulta muy conveniente y deciden que esa es la forma en la que quieren criar a sus hijos. Y es normal que así sea, puesto que todos los padres queremos lo mejor para nuestros hijos y la crianza con apego parece satisfacer esta necesidad de manera sencilla y rápida. Así que cuando nace el bebé los padres comienzan a poner en práctica las siete Baby B. Sin embargo, en la mayoría de las ocasiones nada se desarrolla de acuerdo con lo que el libro preveía y afirmaba, de modo que las expectativas se desmoronan cual castillo de naipes.

La mujer quiere dar a luz en casa, pero en el octavo mes de embarazo el obstetra le advierte de que puede haber complicaciones en el parto y que este debe realizarse en el hospital. Llegado el momento no puede mantener el contacto piel con piel más que los segundos iniciales y luego unos pocos minutos porque el recién nacido tiene que estar en observación unas horas. Más tarde, la lactancia no resulta tan fácil como se la pintaban y, unas semanas después del parto, una mastitis hace ver las estrellas a la madre, que decide dejar de dar el pecho y pasarse a la leche de sustitución. Todo esto la angustia; se siente mal porque no está cumpliendo con lo que ponía en el libro ni está creando unos vínculos de apego, hasta que decide coger a su bebé en plena noche y llevárselo a su cama, lo que despierta al pequeño y lo hace llorar, y entonces la angustia aumenta. Al final nadie es feliz, ni el recién nacido ni los padres. La madre está cada día más preocupada porque le parece que, como no está siguiendo todas las pautas del libro, no conseguirá crear un vínculo de apego seguro con su hijo y, en consecuencia, de mayor este será inseguro y ansioso y tendrá problemas para relacionarse con los demás.

Y ahí está el error de esta madre y de muchas otras. La crianza con apego no es lo mismo que el apego seguro, ni es la única manera de crear este tipo de vínculo con nuestro hijo.

Es cierto que la lactancia materna, el colecho o el porteo del bebé conllevan beneficios para este, pero ninguno de ellos está relacionado con el apego seguro de un bebé con su cuidador, ni garantizan la salud y desarrollo mental del pequeño. En pocas palabras, el apego seguro —que tiene resultados positivos para los niños— no es lo mismo que la filosofía llamada crianza con apego. Veamos cuál es la diferencia entre ambos en términos científicos.

La filosofía de la crianza con apego fue formulada por Sears a partir de sus propias vivencias con sus ocho hijos; de las observaciones de antropólogos sobre las prácticas de crianza llevadas a cabo en tribus indígenas (consideradas más «naturales» pero de las que se obvian algunas desventajas, como las altas tasas de mortalidad infantil o la desnutrición), y de algunas investigaciones realizadas sobre los tipos de apego.

El problema es que el hecho de que Sears llamara a su método de crianza «crianza con apego» provocó una gran confusión entre esta expresión y el término «apego seguro», uno de los cuatro tipos de apego existentes, según la teoría del apego del psiquiatra inglés John Bowlby, que en los años treinta trabajó con niños que padecían problemas emocionales. Bowlby, a través de la observación de pequeños con dificultades que vivían en un orfanato, se dio cuenta de que los niños problemáticos que tenía a su cargo se habían visto privados de afecto y se les había cuidado de manera perturbadora o no habían recibido los cuidados necesarios. Eso le hizo afirmar que el cuidador principal era una especie de «organizador psíquico» para el niño, y que este necesitaba esta influencia cálida e íntima para desarrollarse con éxito.

Según Bowlby, los bebés establecen una «pequeña jerarquía del apego» con todas aquellas figuras que los cuidan, en la que siempre hay una figura principal de referencia o cuidador principal, que suele ser la madre. El número de estas figuras debe ser pequeño para que el bebé reciba información emocional relevante, pero que sean varias ofrece una mayor seguridad (es decir, es importante que haya más de una figura de apego). La jerarquía también proporciona seguridad: cuando se afronta un peligro no hay tiempo para pensar, por lo que, si cuenta con esta jerarquía, el bebé puede recurrir automáticamente a la persona que ya tiene el papel de figura principal de apego, pues es en la que más «confía».

Un poco más tarde, en la década de los cincuenta, Mary Ainsworth comenzó a definir diferentes tipos de patrones de relación entre los niños y sus madres en el segundo año de vida en función de cómo respondían los bebés a las separaciones y a los encuentros. Así, describió cuatro tipos principales de apego:*

- **Apego seguro:** es el apego que debe darse en relaciones funcionales. El niño explora su entorno en presencia de su figura de apego y en su ausencia ese afán decae y siente algún tipo de ansiedad ante la separación. Cuando vuelve a ver a su figura de apego muestra alegría. Se siente seguro con su cuidador y tiene confianza en que siempre estará presente y responderá si le pasa algo. Por su parte, esta figura de apego, que puede estar constituida por varias personas, es sensible a sus necesidades y le muestra cariño, protección y disponibilidad, lo que le ayuda a desarrollar un concepto de sí mismo positivo y a te-

* M. Ainsworth, M. Blehar, E. Waters y S. Wall (1978), *Patterns of Attachment*, Hillsdale, NJ: Erlbaum.

ner confianza. En el ámbito interpersonal, las personas con apego seguro tienden a ser más cálidas, estables y con relaciones íntimas satisfactorias, y en el intrapersonal, suelen ser más positivas, integradas y con una visión coherente de sí mismas.

- **Apego ansioso ambivalente:** es un tipo de apego inseguro. Los niños apenas exploran su entorno, ni siquiera en presencia de su figura de apego, ya que están totalmente pendientes de ella. La sensación de ansiedad cuando esta se ausenta es muy alta y cuesta consolarlos, pero cuando vuelven a ver a la figura de apego se muestran ambivalentes: buscan su cercanía, sin embargo, al acercarse la rechazan. Este tipo de apego se da cuando el cuidador principal es inestable: a veces se muestra cariñoso, mientras que en otras ocasiones es insensible, lo que genera inseguridad en el pequeño. Suele desembocar en una dependencia extrema entre ambos.

- **Apego ansioso evitativo:** es también un tipo de apego inseguro, en el que, durante la exploración del entorno, el bebé no interacciona con su cuidador de ninguna manera, ni siquiera lo mira. Cuando este se va, no reacciona, y cuando vuelve, lo rechaza. Es el apego que se genera cuando los cuidadores se muestran insensibles a las necesidades de sus hijos y son poco pacientes. Los niños con apego ansioso evitativo confían en su figura de apego y son inseguros, tienen miedo a la intimidad y rechazan a los demás.

- **Apego ansioso desorganizado:** es una combinación

de los dos anteriores. El cuidador da respuestas desproporcionadas o inadecuadas a las necesidades del pequeño. Los niños con esta clase de apego son inseguros y no saben muy bien cómo comportarse ante la separación de la figura de apego. Poseen un sentimiento ambivalente de necesidad de cariño, pero también de temor. Este apego suele darse en víctimas de maltrato o negligencia.

Aunque los primeros investigadores estudiaron a las madres, los trabajos actuales muestran que los padres, los abuelos, las niñeras e incluso los hermanos mayores pueden ser importantes figuras de apego. Los cuidadores que fomentan un apego seguro responden siempre a las necesidades del niño, son cálidos y amorosos y están emocionalmente disponibles y, como resultado, el bebé crece confiando en la capacidad del cuidador para manejar los sentimientos. El pequeño se siente libre de expresar abiertamente sus sentimientos positivos y negativos y no desarrolla defensas contra las situaciones desagradables.

Nuestro objetivo como progenitores es ser capaces de ofrecer este tipo de apego a nuestros hijos. El problema es que mucha gente piensa que para conseguirlo es preciso seguir al pie de la letra los ideales de Sears, pero lo cierto es que no hay ningún estudio científico que pruebe que la crianza con apego proporciona un apego seguro. Para crear un apego seguro hace falta que la figura principal cumpla las siguientes tres funciones:

- Proporcionar una sensación de seguridad y protección.
- Regular las emociones calmando la angustia, creando alegría y apoyando la calma.
- Ofrecer una base segura desde la cual explorar el entorno.

El apego seguro no es un conjunto de prácticas concretas, como dar el pecho o el colecho. Estas directrices son buenas, aunque no esenciales, y no hay evidencia de que garanticen la creación de un vínculo seguro. Por ejemplo, la lactancia materna, clave en la crianza con apego, puede contribuir a un apego inseguro si se hace de modo mecánico e insensible, mientras que la alimentación con biberón ofrecida de manera cálida y sensible puede ayudar a crear un apego seguro. No es el método de alimentación lo que importa, sino la forma en que se lleva a cabo.

El contacto constante también puede ser malentendido. Ciertamente, el contacto piel con piel, el contacto físico cercano o el porteo son buenos para los bebés e incluso llegan a reducir el llanto, pero, otra vez, lo que importa para el apego es la sintonía del cuidador con el bebé. ¿Está el cuidador estresado o tranquilo? ¿Alejado o comprometido? ¿Presta atención a las señales que envía el bebé?

La crianza con apego aconseja una respuesta emocional cercana e inmediata, y esta práctica está más alineada con la teoría del apego científico. Los bebés crecen mejor cuando sus sentimientos se toman en serio, pero los padres bienintencionados pueden exagerar, creyendo que es preciso satisfacer todas las peticiones del niño, lo cual puede ser agotador y contraproducente. Por el contrario, la investigación sobre el apego seguro muestra que, en el devenir de la vida cotidiana, aproximadamente el 70 % de las veces los desajustes que se producen no alteran el vínculo de apego seguro establecido.

Lo importante, dicen los investigadores, es que el bebé tenga una confianza generalizada en que su cuidador responderá a sus necesidades y las satisfará, o en que cuando se creen desajustes, el cuidador los corregirá. Este flujo de sintonizaciones, desajustes y correcciones ofrece conexión y estrés en la medida óptima para que un bebé genere confianza y capacidad de afrontar los problemas de la vida. Y es que, como dicen algunos expertos, un apego demasiado cercano, que implique que el bebé y la persona cuidadora deben estar juntos todo el tiempo, puede derivar en un apego ansioso.

Además, hay que tener en cuenta que la teoría del apego es esencialmente una teoría de la regulación. Las áreas del cerebro que procesan la información emocional y social comienzan a diferenciarse en el último trimestre de gestación del feto dentro del útero (las regiones más «intelectuales», en cambio, empiezan a hacerlo en el segundo año de vida). Al nacer, la amígdala, el hipotálamo, la ínsula, la corteza cingulada y las regiones de la corteza orbitofrontal importantes para el procesamiento de la emoción están bien definidas, pero las conexiones entre dichas áreas se desarrollan durante los primeros años de vida. Por tanto, en este periodo la relación con la figura principal de apego es crucial, pues organiza el circuito jerárquico que procesará, comunicará y regulará la información social y emocional de bebé. Las conexiones sinápticas se reducen y los procesos epigenéticos modifican, en función de las aportaciones del entorno, la expresión de los genes que regulan el estrés.

Los comportamientos que los padres tienden a adoptar de manera natural, como mirar al bebé a los ojos, interactuar con él cara a cara, hablarle y sostenerlo, son los necesarios para hacer crecer las regiones neuronales del bebé que influyen en la vida emocional. Por medio de estas interacciones, el padre y el niño sincronizan energía, emociones y comunicación.

Por lo tanto, lo que debemos procurar es establecer un apego seguro con nuestro hijo, ya que diversos estudios confirman los beneficios que este tiene en el desarrollo del niño. El estudio longitudinal de riesgo y adaptación de Minnesota (MLSRA),* realizado a lo largo de un periodo de treinta y cinco años, reveló que la calidad del apego temprano repercutía tanto en la infancia como en la adolescencia y la edad adulta. Uno de los hallazgos más importantes (y paradójicos) fue que el apego seguro temprano conducía a una mayor independencia más adelante, mientras que el apego inseguro llevaba a los niños a ser más dependientes.

Las investigaciones del MLSRA mostraron que los niños con un historial de apego seguro tenían más probabilidades de desarrollar:

* Minnesota Longitudinal Study of Risk and Adaptation Institute of Child Development, Universidad de Minnesota.

- Mayor sentido de autoconocimiento
- Mejor regulación emocional
- Mayor autoestima
- Mayor capacidad para afrontar el estrés
- Amistades más cercanas en la infancia
- Mejor coordinación de amistades y grupos sociales en la adolescencia
- Relaciones románticas más seguras y positivas en la edad adulta
- Mayor competencia social
- Más cualidades de liderazgo
- Relaciones más felices y mejores con padres y hermanos

Por eso, a lo largo de este libro el apego seguro será la guía para evaluar la conveniencia o no de los diversos tipos de crianza que analizaremos.

A menudo los progenitores tienen una visión muy simplista de lo que es la crianza de sus bebés y el modo en que esta puede afectar a los niños a largo plazo, y se plantean cuestiones que repiten prejuicios y estereotipos que están bastante alejados de la realidad:

- Si somos violentos, ¿nuestros hijos también serán violentos?
- Si hablamos mucho con nuestros hijos, ¿serán muy comunicativos y podrán expresar sus emociones en todo momento?
- Si somos un poco huraños y no tenemos una vida social muy agitada, ¿nuestros hijos serán personas asociales alejadas de su entorno?

- Si hemos optado por el colecho con nuestros hijos, ¿estos serán muy seguros de sí mismos y se desenvolverán con más confianza que los que lloraron en su cuna?

La respuesta a todas las preguntas es siempre la misma: puede que sí, puede que no. Y seguiría siendo la misma aunque la lista de preguntas se alargara hasta el infinito, porque las simplificaciones en lo que a la crianza se refiere siempre pueden llevar a errores.

Lo cierto es que la configuración de nuestros hijos vendrá determinada por los genes heredados, el tipo de crianza que decidamos darles y el entorno donde se desarrollen. Lógicamente, cada uno de estos factores tendrá más o menos preponderancia en cada caso concreto. La ciencia puede ayudarnos bastante a la hora de desentrañar qué papel desempeña uno u otro factor en las distintas áreas del desarrollo de nuestros niños. Por un lado, es posible analizar en detalle qué rasgos y comportamientos vienen de serie y cuáles se adquieren, una dicotomía recogida en la famosa expresión «comportamiento aprendido versus comportamiento heredado», que ha alimentado más de una polémica desde hace más de un siglo.

En este sentido, cada vez resulta más patente que el papel de los genes es decisivo en el comportamiento y la personalidad del ser humano, y los estudios ofrecen resultados sorprendentes. El alcoholismo, la infidelidad o la creatividad, por nombrar solo algunos rasgos de la personalidad, están grabados en nuestros genes. No obstante, una crianza determinada puede configurar personas más o menos abiertas al cambio, con mayor capacidad de comunicación o más seguras de sí mismas.

Así, en las próximas páginas intentaremos abordar con la mayor precisión posible qué es, hoy en día, lo que la ciencia sabe y lo que la ciencia ignora sobre todas las áreas clave de la crianza de nuestros hijos. Advertimos, por otro lado, que lo aquí descrito no necesariamente ha de tener validez en el futuro, puesto que lo único que conocemos con certeza es que el futuro de nuestros hijos depende de lo que heredan a través de los genes, lo que aprenden mediante nuestras enseñanzas y lo que aprehenden del entorno donde les ha tocado vivir.

1
Salud en el embarazo y el parto. ¿Todo vale?

Cuando te quedas embarazada, de repente todo te parece peligroso y te preguntas si puedes mantener los mismos hábitos de siempre, como practicar ciertos deportes, salir de fiesta, tomar medicamentos, trabajar, viajar en avión, comer de todo... Incluso es posible que te surjan dudas que tal vez te parezcan peregrinas, como si son inofensivas cosas como teñirte el pelo, ir a un spa, hacer abdominales, depilarte o pintar tu habitación. Pensar que todo afecta al desarrollo del feto es normal, por eso muchas mujeres experimentan inseguridad y miedo durante las primeras semanas del embarazo.

Otro temor que aparece con frecuencia es el que provoca el hecho de haber realizado, antes de descubrir que estabas embarazada, determinadas actividades que sabes que son perjudiciales, como, por ejemplo, beber alcohol, fumar o comer jamón serrano. En ese momento te entra el pánico porque piensas que puedes haber causado una anomalía fatal a tu bebé. Pero debes saber que en las primeras semanas de embarazo se da lo que se conoce como «ley del todo o nada», que significa que el feto queda afectado totalmente (lo que por lo general da lugar a un aborto que muchas veces pasa inadvertido, pues la mujer ni siquiera sabía que estaba embarazada) o no hay lesión.

Por suerte, la naturaleza es muy sabia y comprende que tú no puedes conocer tu estado en estos primeros quince días, por eso en las etapas más tempranas del embarazo, durante la formación de la blástula, no se producen malformaciones, ya que las células no han comenzado a diferenciarse según las funciones que tendrán en el futuro. Si una se destruye, otra puede adquirir su función. Estas células son totipotenciales: en caso de que algunas sean lesionadas, las otras se multiplican y las sustituyen como si nada hubiese ocurrido. Por eso, es raro que el comportamiento de la madre durante estas semanas afecte al desarrollo del feto.

Sin embargo, pasadas las dos primeras semanas sí que es preciso tener mucho cuidado con lo que comes, lo que bebes o lo que haces, pues algunas de las actividades cotidianas sí pueden resultar teratogénicas (es decir, causar anomalías o malformaciones en el desarrollo), aunque tampoco hay que obsesionarse. Lo más importante en estos nueve meses es dejarse llevar por el sentido común: practicar deportes de riesgo está prohibido, por supuesto; nadar o hacer yoga, no.

Así, es conveniente tener en cuenta toda la información relativa a lo que se puede y no se puede hacer durante el embarazo para saber qué es perjudicial y por qué lo es, lo cual te ayudará a evitarlo.

1.1. Alimentación durante el embarazo

Existen diversas infecciones alimentarias que no suelen tener consecuencias, pero que si se contraen estando embarazada pueden causar graves complicaciones al bebé. Por ejemplo, la toxoplasmosis, una enfermedad producida por un parásito, *Toxoplasma gondii*, que se transmite a través de las heces de gato o de la carne de buey, cerdo o cordero poco cocinada, y que puede dañar al feto. Los síntomas más habituales son malestar febril de tipo vírico o la aparición de ganglios en el cuello. No obstante, en ocasiones la toxoplasmosis es asintomática o pasa inadvertida porque los síntomas son parecidos a los de una gripe o una mononucleosis infecciosa (dolor de cabeza, malestar general, dolor muscular...). El problema es que se trata de una enfermedad leve para la madre pero muy grave para el feto, que puede causar abortos, lesiones en los ojos, toxoplasmosis congénita, ceguera, daños irreversibles en el sistema nervioso central o la muerte dentro del útero.

En el caso de que el bebé resulte infectado, no siempre se detecta al nacer, hay veces que los síntomas aparecen meses después. Las primeras señales que alertan de que el bebé tiene toxoplasmosis congénita son esplenomegalia (agrandamiento patológico del bazo) y hepatomegalia (agrandamiento del hígado), daños oculares, problemas de alimentación, hipoacusia (pérdida de audición), ictericia (piel amarilla), bajo peso al nacer, convulsiones, discapacidad intelectual, hidrocefalia (acumulación excesiva de líquido cefalorraquídeo en el cerebro), microcefalia (cabeza demasiado pequeña) o macrocefalia (cabeza demasiado grande).

Durante el primer trimestre las posibilidades de que el feto se contagie si contraes la toxoplasmosis son menores, solo de un 15 %, frente al 30 % en el segundo trimestre o el 65 % en el tercero; aun así, las complicaciones son mucho mayores en las primeras semanas, pues la infección afecta directamente al desarrollo del feto.

Otro de los problemas que puede haber en el embarazo es la listeriosis, una enfermedad también muy peligrosa en estos meses, ya que puede causar muerte intrauterina, hipotrofia y parto prematuro, con los riesgos que ello conlleva.

Si se detectan a tiempo, ambas tienen tratamiento, lo cual reduce el riesgo de que el feto contraiga afecciones graves. El problema es lo complicado que resulta detectarlas por el hecho de que pueden ser asintomáticas o es fácil confundirlas con un resfriado. Por eso a lo largo del embarazo se hacen análisis de sangre cada trimestre para buscar posibles anticuerpos de toxoplasmosis. Si ya has pasado esta enfermedad, estás de enhorabuena, porque no volverás a contraerla y, por lo tanto, no se la transmitirás al feto.

Cómo ponerlo en práctica

Para evitar complicaciones respecto a estas enfermedades graves, lo mejor es prevenirlas siguiendo una serie de consejos:

- Puedes tener gato, pero es mejor que no seas tú quien le cambie la arena, o que lo hagas con guantes y después te laves bien las manos. No obstante, el riesgo de que un gato doméstico contagie este tipo de infecciones es bajo, porque no acostumbra a estar en contacto con pájaros o ratones, portadores de estos parásitos.

- En la cocina es necesario extremar la higiene cuando se manipula carne cruda, con el fin de que no se contaminen otros alimentos que se consumen crudos, como verduras o frutas. Conviene limpiar las tablas de cortar y lavar concienzudamente los utensilios y las manos con agua caliente y jabón antes de preparar o consumir la comida.

- Cocina bien la carne que vayas a comer y evita la charcutería y los embutidos no cocidos (chorizo, jamón serrano, salchichón, etcétera), así como los huevos crudos. Asimismo, pela o lava bien las verduras y frutas si te las vas a comer crudas. Otra posibilidad es congelar la carne o el embutido durante cuarenta y ocho horas como mínimo a menos de –20 °C; de esta forma también se mata el *Toxoplasma gondii*.

- Si la jardinería es una de tus aficiones, ponte guantes de plástico o látex cuando manipules la tierra o las plantas, especialmente si crees que algún gato ha podido pasar por el jardín.

1.2. Consumo de alcohol durante el embarazo

Existen muchos estudios e investigaciones que afirman que el consumo de alcohol durante la gestación es perjudicial para el feto, por eso la recomendación es no beber nada de nada en estos nueve meses. Uno de ellos es el estudio «Trends in Health-Related Behavioral Risk Factors Among Pregnant Women in the United States: 2001-2009»,* publicado en la revista *Journal of Women's Health* en 2012, según el cual el consumo de alcohol y tabaco se asocia con un riesgo aumentado de infertilidad, abortos espontáneos, nacimientos pretérmino y dismorfia facial en los niños.

Otro es el primer estudio sobre alcohol y embarazo en España, realizado por la Sociedad Científica de Estudios sobre el Alcohol y las otras Toxicomanías (SOCIDROGALCOHOL) y la Federación Española de Alcohólicos Rehabilitados (FARE). Esta investigación, por el momento, ha recogido datos de protocolo de cerca de 1.200 embarazos y ha comprobado que en muchos de ellos se ha obviado la pregunta sobre consumo de alcohol y otras drogas. Así, solo hay constancia de un consumo importante de alcohol en 13 casos, lo que representa poco más de un 1 %. Por delante queda la tarea de contrastar los datos sobre los recién nacidos que han presentado algún tipo de anomalía, como pequeño perímetro cefálico, bajo

---

* «Trends in Health-Related Behavioral Risk Factors Among Pregnant Women in the United States: 2001-2009», *Journal of Women's Health*, 21(3):255-263, marzo de 2012.

peso o talla o trastornos del bienestar fetal, que son un 10 % de los niños analizados.

Algunas de las posibles consecuencias de beber alcohol durante el embarazo son las siguientes:

• Aborto.
• Anomalías congénitas.
• Daños neurológicos que pueden originar retraso mental o discapacidad intelectual, una afección diagnosticada antes de los dieciocho años que conlleva tanto un funcionamiento intelectual general por debajo del promedio como una carencia de las destrezas necesarias para la vida diaria.
• Problemas cardiacos.
• Problemas de visión y de audición.
• Problemas de aprendizaje.
• Bajo peso al nacer.
• Parto prematuro.
• Muerte intraútero.
• Síndrome de alcoholismo fetal (FAS).

La última, el síndrome de alcoholismo fetal, es la más grave de las consecuencias del consumo de alcohol durante el embarazo. Es un problema que aparece en uno de cada mil recién nacidos, según la Sociedad Española de Ginecología y Obstetricia (SEGO), y que puede provocar complicaciones físicas, psíquicas y conductuales, alteraciones en el aprendizaje y posibles secuelas a lo largo de la vida. Algunos ejemplos son el tamaño pequeño del feto para su edad gestacional o del bebé en comparación con otros niños de la misma edad, anomalías faciales como aperturas oculares pequeñas, mala coordinación, conducta hiperactiva, discapacidades del aprendizaje o del desarrollo como retardo en el habla y en el lenguaje, problemas de conducta y sordera o deficiencia visual.

Por lo tanto, todo el mundo está de acuerdo en que no se debe consumir alcohol durante el embarazo, pero no todo el mundo se pone de acuerdo en qué cantidad es peligroso. Así, algunos afirman que es mejor no tomar ni una gota, mientras que otros, basándose en diversos estudios, aseguran que un consumo moderado no es nocivo. Estos hablan concretamente de dos estudios. Uno de ellos se llevó a cabo en Dinamarca en 2012, y publicó una serie de investigaciones sobre los efectos del consumo de hasta nueve copas a la semana en las primeras etapas de la gestación en cerca de 1.600 mujeres embarazadas. Después de cinco años de seguimiento de los niños, los investigadores declararon no haber detectado ningún cambio pertinente con respecto al coeficiente intelectual, la coordinación motora, la memoria, la atención o el comportamiento.

Este estudio, sin embargo, presenta muchos problemas. El primero es el hecho de que se hizo un seguimiento a los niños solo hasta la edad de cinco años, cuando otros estudios publicados previamente muestran que en el caso de un consumo leve de alcohol durante el embarazo, las consecuencias no son detectables hasta que el niño tiene alrededor de diez años. Por lo tanto, la falta de cambios en los primeros cinco años no es suficiente para certificar la inocuidad del alcohol. Además, los resultados de este estudio no han sido avalados por otras investigaciones. Nueve copas a la semana es un consumo alto de alcohol, incluso para las mujeres que no están embarazadas. Algunos estudios ya publicados sobre grupos que tomaron dosis de alcohol similares obtuvieron resultados opuestos a los del grupo danés.

El otro estudio, publicado en mayo de 2017 en el *British Medical Journal*, hizo una revisión de 26 estudios publicados anteriormente sobre el tema y concluyó que no existe ninguna evidencia científica que demuestre que el consumo de dos copas a la semana sea perjudicial para el bebé. Es importante señalar que este estudio no determinó que dos copas a la semana sean seguras, sino que solo demostró que no hay pruebas que permitan afirmar que sean peligrosas.

Por lo tanto, lo aconsejable es no tomar nada de alcohol durante la gestación, pues incluso un consumo menor puede afectar al desarrollo y crecimiento del feto. Y es que los expertos aseguran que este actúa como una droga y altera el funcionamiento correcto del cuerpo, con repercusiones en la presión arterial, el sistema renal y el estado de ánimo. El alcohol es muy dañino para el bebé, pues atraviesa la placenta y le produce los mismos efectos (o incluso superiores) que nos produce a nosotros.

Cómo ponerlo en práctica

- En cuanto sepas que estás embarazada, deja de tomar alcohol.

- Si vas a alguna fiesta, como una boda o las comidas navideñas, brinda con bebidas sin alcohol.

1.3. Fumar durante el embarazo

Además del estudio publicado en 2012 en la revista *Journal of Women's Health*, antes mencionado, son muchas las investigaciones que afirman que fumar durante el embarazo, aunque sea un solo cigarrillo, es muy perjudicial para la salud del feto, aunque quizá uno de los trabajos más completos y recientes es el que estudia el impacto del tabaco en la salud de los descendientes, publicado en *Expert Review of Obstetrics & Gynecology* por los doctores Marco Melo, Sérgio R. Soares y José Bellver, del Instituto Valenciano de Infertilidad.* Su principal aportación es la conclusión de que el tabaquismo durante el embarazo perjudica gravemente la salud de los descendientes y puede llegar a ocasionar infertilidad en el niño en el futuro. Las madres que fuman más de diez cigarrillos al día durante la gestación influyen de forma directa en la salud de sus pequeños, de tal modo que pueden provocar en ellos una reducción en la concentración de esperma de entre el 20 y el 48 % en comparación con los individuos no expuestos en el caso de los varones, y una reserva limitada de ovocitos y subfecundidad entre la descendencia femenina.

* Marco Melo, José Bellver y Sérgio R. Soares, «The impact of cigarettes smoking on the health of descendants», pp. 167-173. Publicado en línea: 10 de enero de 2014.

Según explica Sérgio R. Soares, director de la clínica IVI Lisboa, «las mutaciones en el esperma pueden ser transmitidas a la descendencia como cambios permanentes e irreversibles en la composición genética y pueden persistir en las generaciones futuras. Las consecuencias del hábito de fumar se extienden más allá del fumador a sus descendientes no fumadores».

Además, la exposición prenatal al tabaco está asociada con una elevada incidencia de malformaciones en el feto, así como obesidad, hiperactividad y trastornos del comportamiento.

Otros estudios realizados en grupos de niños de diez años demostraron que los pequeños cuyas madres fumaron durante el periodo gestacional presentaban irritabilidad, falta de atención y una reducción de la respuesta a estímulos auditivos, así como retraso en el lenguaje en comparación con otros niños no expuestos al tabaco en su etapa prenatal.

Conviene saber que el hecho de fumar un simple cigarrillo provoca una alteración cardiaca en el feto que no se normaliza hasta casi una hora después de que la madre haya terminado de fumar. Por lo tanto, es falsa la afirmación de que es preferible fumar poco para evitar la ansiedad que dejar el tabaco de golpe. Lo mejor para el feto es que la madre lo deje lo antes posible, ya que el monóxido de carbono del humo del cigarro sustituye al oxígeno de la sangre. Además, la nicotina disminuye la cantidad de sangre que llega a la placenta y, en consecuencia, se reduce el nivel de oxígeno. Como resultado, el feto recibe una mala oxigenación.

La nicotina tiene otros efectos, que son la disminución de la absorción, a través de la placenta, del calcio, la vitamina C, los minerales esenciales y otros nutrientes que resultan imprescindibles para la buena salud del bebé. El riesgo de aborto entre las mujeres fumadoras durante el primer trimestre del embarazo es mucho más alto que entre las no fumadoras. Durante el resto de la gestación, los peligros para el feto se multiplican, en forma de partos prematuros, mayor probabilidad de desprendimiento de la placenta, posibilidad de padecer algunas malformaciones y retraso en el crecimiento intrauterino.

Otras de las consecuencias a veces aparecen bastante tiempo después del nacimiento del niño: el tabaquismo pasivo debilita las vías respiratorias y provoca bronquitis, asma y otitis. En los casos de muerte súbita en los niños, el tabaco es su principal causante. Los últimos estudios han demostrado que el número de cigarrillos fumados durante el embarazo está estrechamente asociado con el desarrollo de este síndrome. El humo de los cigarrillos también tiene repercusiones después del nacimiento: «Las madres fumadoras que dan el pecho a sus hijos o las personas que quedan al cuidado de los recién nacidos y los exponen al humo del tabaco están haciendo que se duplique o triplique el riesgo de que el bebé muera a causa del síndrome de muerte súbita», según explica un documento del Servicio de Sanidad Pública de Estados Unidos. Además, según un estudio realizado por la Universidad de California, las madres que fuman en el periodo de amamantamiento eliminan la protección que la lactancia brindaría al bebé si no fumaran.

Sin embargo, a pesar de todas estas consecuencias nocivas, son muchas las madres que siguen fumando durante el embarazo. Por ejemplo, los datos recogidos en Estados Unidos muestran que un 10 % de las mujeres de este país fuman durante la gestación. Las estadísticas del Servicio de Sanidad Pública de Estados Unidos señalan que si todas ellas dejaran el tabaco, la cantidad de bebés muertos al nacer se reduciría un 11 % y el número de niños que mueren durante el embarazo, un 5 %.

Por lo tanto, no lo dudes más y deja de fumar ahora mismo.

Cómo ponerlo en práctica

- Toma la decisión firme de dejar el tabaco. Si no estás convencida de querer hacerlo, no lo conseguirás. Querer es poder. Pensar en todo el daño que este hábito puede ocasionar a tu bebé es la mejor manera de concienciarte de la necesidad de dejarlo.
- Establece el «día sin humos» en el día de la semana que prefieras. Ese día tira a la basura todos tus cigarrillos, encendedores y ceniceros e intenta pasar veinticuatro horas sin probar el tabaco. Haz esto durante un mes, y el mes siguiente amplía los días sin humos a dos o tres.
- Mantente alejada de ambientes o situaciones que te inciten a encender un cigarrillo.
- Si sientes deseos de fumar:

- Cepíllate los dientes. El sabor a menta engaña al cerebro.
- Camina y respira el aire fresco de la calle.
- Mantén las manos ocupadas.
- Mastica chicle o cómete un caramelo.
- Bebe agua.
- Distráete. Escribe una lista de razones por las cuales debes dejar ese hábito tan poco saludable.

• Prémiate a ti misma por tus logros. Lo mejor es ir poco a poco disminuyendo progresivamente el número de cigarrillos fumados. Cuanto menos fumes, las probabilidades de que el bebé nazca sano serán mayores.

• Tras el nacimiento del niño no conviene retomar el hábito de fumar, no solo porque los hijos de padres fumadores son más propensos a imitar a estos cuando crezcan, sino porque son más vulnerables a cualquier tipo de agente infeccioso.

• Busca el apoyo de un médico o experto que te dé consejos y te ayude a controlar el síndrome de abstinencia. Algunos de los libros que explican métodos para dejar de fumar son bastante útiles.

• Practica ejercicio con regularidad.

• Realiza ejercicios de relajación para mantenerte tranquila y sin estrés. La necesidad de fumar muchas veces está asociada a los momentos de preocupación, así que cuanto más relajada estés, menos ganas de fumar tendrás.

1.4. Tratamientos de belleza, ¿cuáles evitar?

En el capítulo de tratamientos de belleza encontramos muchas prácticas que no son teratogénicas pero sí pueden afectar a tu salud debido a los cambios hormonales propios del embarazo, por lo que se recomienda tener cuidado con una serie de procedimientos.

Depilación

Si cuando no estabas embarazada no descuidabas la estética de tus piernas, ahora que vas a lucir piernas en cada revisión ginecológica desearás seguir haciéndolo. No obstante, existen algunos métodos que deberás evitar durante la gestación, así que procura informarte de cuáles son los más recomendables para que ni el feto ni tú corráis peligro.

- Maquinillas de depilación eléctrica y manuales: son seguras al cien por cien porque inciden tan solo en la capa más superficial de la piel. Pueden resultar molestas hasta que te acostumbres al dolor, y debes saber que el vello crece luego más fuerte y duro.
- Cremas depilatorias: no se ha comprobado si tienen algún efecto nocivo o perjudicial para la madre y el feto. En caso de que nunca las hayas usado, haz una prueba antes aplicándolas en una porción pequeña de piel con el fin de saber si tu dermis es sensible o no a ellas.

- Cera: este método de depilación es bastante controvertido y se esgrimen multitud de argumentos tanto a favor como en contra. La gran mayoría de los expertos se opone con firmeza al uso de la cera caliente, ya que creen que puede afectar directamente a la circulación y favorecer la aparición de varices. La cera fría está menos contraindicada; el cuerpo no rechaza tanto su aplicación debido a que la temperatura que tiene cuando entra en contacto con la piel no es tan alta.

- Láser: no se sabe a ciencia cierta cuáles son los efectos que el láser produce en el feto o en la madre. En este caso sí hay unanimidad a la hora de desaconsejar totalmente la depilación con esta técnica durante el embarazo y la lactancia, y las razones que se aducen son que la madre sentirá rechazo y repulsión por todo lo que resulte anormal para su cuerpo y por todo lo que le parezca peligroso tanto para ella como para su bebé. En algunos casos el láser resultaría incluso poco efectivo porque durante el embarazo los cambios hormonales pueden provocar hirsutismo (crecimiento excesivo del vello siguiendo patrones masculinos), que desaparece tras el parto.

  Aun así, es importante que sepas que el tipo de láser que se utiliza para la depilación no es teratogénico, es decir, no provoca malformaciones en el feto, ya que su alcance térmico no penetra más de 4 milímetros y se restringe a la zona de la piel más externa.

- Fotodepilación: es un método seguro que no afecta a la madre ni al bebé. Si se desaconseja es puramente por motivos de eficacia, pues sus efectos no van más allá del folículo piloso. Asimismo, existen centros que no utilizan la fotodepilación porque puede producir manchas en la piel.

Tintes para el pelo

Todavía no se ha encontrado ninguna prueba científica que justifique que sea malo colorearse el cabello porque la piel solo absorbe una cantidad muy pequeña de las sustancias contenidas en los tintes. No obstante, a falta de estudios concluyentes, no está de más que adoptes una serie de medidas preventivas:

- Espera a que termine el primer trimestre del embarazo antes de teñirte.
- Lee la etiqueta del producto y desecha aquellos tintes que contengan acetato de plomo, una sustancia que puede ser perjudicial para el cerebro y el sistema nervioso del feto.
- Aplícate el tinte con guantes y en un lugar bien ventilado.
- Usa tintes temporales que duren de seis a ocho lavados y no sean absorbidos por la piel.
- Para los cabellos oscuros, la opción más natural es el tinte de henna. Pero hay que tener en cuenta que los tintes de henna de colores diferentes al negro pueden tener sustancias químicas sintéticas o compuestos metálicos dañinos para el feto.

- Utiliza tintes caseros realizando antes la prueba de sensibilidad a la coloración.

Cremas y tratamientos faciales

Los componentes de algunas cremas en ocasiones son perjudiciales durante el embarazo, así que debes evitar las siguientes sustancias:

- Retinol: es uno de los ingredientes de las cremas antienvejecimiento y antiacné. Aparece en las etiquetas de los productos como ácido retinoico, palmitato de retinol, retinaldehído, adapaleno, tretinoína, tazaroteno o isotretinoína. Se ha demostrado la relación entre el uso de retinoides y el mayor riesgo de que el bebé padezca defectos de nacimiento que entorpezcan su desarrollo. Por regla general, los médicos te recomendarán que no te quedes embarazada mientras estés utilizando estos productos, pero si ya lo estás debes dejar de usar retinol inmediatamente.
- Tetraciclina: son los medicamentos que contienen doxiciclina y minociclina. Son antibióticos empleados principalmente para combatir el acné. Los estudios han demostrado que pueden dañar el hígado de la mujer embarazada y decolorar los dientes de su bebé durante el crecimiento.
- Hidroquinona: se utiliza para aclarar la piel y para tratar el cloasma o melasma, es decir, las manchas

oscuras que aparecen en la piel durante el embarazo. Si es tu caso y piensas utilizar hidroquinona, es mejor que esperes hasta que nazca tu bebé para iniciar el tratamiento. Los estudios han confirmado que la piel absorbe el 45 % de la crema de hidroquinona después de su aplicación, lo que significa que llega al torrente sanguíneo una cantidad demasiado alta de esta sustancia química, que puede afectar al feto.

- Ftalatos: son las sustancias químicas que se añaden a los plásticos para dotarlos de flexibilidad y para aumentar la eficacia de otros productos químicos en una fórmula. Se emplean en perfumes o esmaltes de uñas. Deben evitarse los ingredientes llamados BzBP, DBP, DEP, DMP, ftalato de dietilo, ftalato de dibutilo o ftalato de butilbencilo. Según estudios recientes, los ftalatos comportan riesgos graves para la salud, sobre todo relacionados con la hipertensión, el TDAH y la diabetes. También pueden producir un desarrollo fetal anormal.
- Formaldehído: puede aparecer en las etiquetas de los productos como quaternium-15, dimetil-dimetil (DMDM), hidantoína, imidazolidinil urea, diazolidinil urea, hidroximetilglicinato sódico y 2-bromo-2-nitropropano-1,3-diol (bromopol). Se encuentra en productos para alisar el pelo, esmaltes de uñas y rímel para las pestañas.
- Tolueno: evitar los esmaltes de uñas con metilbenceno, toluol o antisal. La mayoría de los esmaltes de uñas contienen este ingrediente, que, junto a los fta-

latos y el formaldehído, está prohibido en cualquier momento del periodo de gestación.

- Amoníaco: presente casi todos los tintes para el cabello, puede irritar la piel y los pulmones. Existen tintes sin amoníaco, naturales, que se pueden utilizar como alternativa.
- Dihidroxiacetona: es uno de los ingredientes habituales de los autobronceadores, que aparece en las etiquetas como DHA. Aunque su reacción se produce en la capa muerta de la piel y no se absorbe, puede ser inhalado durante la aplicación, lo cual en ocasiones es perjudicial para el bebé y para la madre.
- Ácido tioglicólico: se utiliza en cremas depilatorias. En las etiquetas se registra como metilmercaptano, mercaptoacetato, ácido mercaptoacético y ácido tioglicólico. La Unión Europea limita la presencia de esta sustancia química en los productos a un 5 % del contenido, mientras que en Estados Unidos se permite hasta un 15,2 %. Al haber falta de información, es mejor evitarlo.
- Toxina botulínica: más conocida como bótox, no hay estudios que demuestren que sea perjudicial para el desarrollo del bebé. Sin embargo, es necesario saber que esta sustancia actúa paralizando los músculos de alrededor de las arrugas para que estas se vuelvan menos visibles, así que por prevención es recomendable no utilizarlo.

1.5. ¿El deporte puede ser perjudicial?

El deporte y la actividad física son muy beneficiosos en el embarazo, pero también es cierto que algunos se convierten en un riesgo, así como hacer ejercicio en exceso. Los deportes desaconsejados son, en primer lugar, todos aquellos en los que haya mayor probabilidad de caídas y choques o que sean extenuantes. También se debe renunciar a las actividades que requieren un alto grado de equilibrio y agilidad y que impliquen reposar sobre la espalda durante mucho rato o retorcer la parte superior del cuerpo. Por ejemplo, no se recomienda practicar alpinismo, deportes de combate o artes marciales, esquí, fútbol, baloncesto, voleibol, balonmano, rugby, surf, hockey, submarinismo, equitación, patinaje, paracaidismo, escalada, etcétera.

Los deportes de raqueta solo deberían practicarlos aquellas mujeres entrenadas, siempre hasta el sexto mes de embarazo o hasta que la barriga impida una movilidad adecuada. Y es preferible que jueguen con oponentes del mismo nivel para no hacer esfuerzos extraordinarios. Ahora bien, es preciso tener en cuenta que deportes como el tenis o el bádminton suelen forzar las articulaciones, por lo que debe prestarse atención a la capacidad física de cada una y practicarse con mucha precaución.

Por otra parte, no conviene practicar ningún deporte de manera demasiado intensa, por lo que no hace falta que seas una *fit mom*. Las *fit moms* son mujeres que antes de quedarse embarazadas hacían mucho ejercicio y eran adictas al deporte y al gimnasio, y que siguen con esta práctica durante el embarazo y comparten en las redes sociales imágenes de sus cuerpos fibrosos y atléticos, apenas sin tripa, tanto en los meses que dura la gestación como tras el parto.

Estos cuerpos, de aspecto antinatural con esa tripa tan pequeña y los abdominales marcados incluso en el octavo mes de embarazo, son el resultado de horas y horas de duro entrenamiento, un ejercicio demasiado intenso para muchas de estas mujeres. Si bien hacer ejercicio durante la gestación es fundamental y ayuda a que todo vaya bien, el exceso puede tener consecuencias muy malas para el feto y la madre, como las siguientes:

- Abortos naturales. Durante el primer trimestre se recomienda no hacer ningún tipo de ejercicio fuerte, tan solo andar o nadar suavemente, hasta que se compruebe, con las diferentes ecografías que se hacen en estas primeras semanas, que todo va bien. Es mejor tomárselo con calma hasta que el médico nos asegure que la gestación se desarrolla sin problemas.
- Esguinces o torceduras. El deporte excesivo aumenta las posibilidades de sufrir una lesión de este tipo, y más en las mujeres embarazadas, ya que los cambios hormonales hacen que las articulaciones estén más sensibles y laxas y sea más fácil hacerse una torcedura o esguince. Para evitarlo practica deportes menos peligrosos, como caminar, nadar o hacer bicicleta estática o pilates para embarazadas.
- Daños en el feto. El feto vive, se alimenta y respira

gracias a la sangre de la madre, que fluye a través de la placenta y le aporta todas las sustancias que necesita. Por lo tanto, si haces un ejercicio demasiado intenso, con un ritmo cardiaco por encima de las 140 pulsaciones, la sangre fluirá hacia ciertos órganos para asegurarles el oxígeno que requieren, de modo que este podría faltarle al bebé, una situación que entraña numerosos peligros.

- Parto prematuro. Aunque no hay estudios concluyentes, parece que ciertos deportes y movimientos favorecen la aparición de contracciones uterinas antes de tiempo y aumentan el riesgo de un parto prematuro.
- Bajo peso del bebé. Si durante el embarazo aumentas poco de peso, es probable que al bebé le suceda lo mismo, por lo que puede nacer con bajo peso para su edad gestacional, lo cual conlleva diversos riesgos para el pequeño. Asegúrate de que crece correctamente.

Cómo ponerlo en práctica

Por supuesto, se puede y se debe hacer ejercicio durante los nueve meses de gestación, pues resulta muy beneficioso para el desarrollo del bebé y la preparación al parto, así como para evitar algunas molestias asociadas al embarazo. Sin embargo, hay que tener en cuenta una serie de consejos básicos.

- Si no hacías ejercicio antes del embarazo, decídete por un deporte suave y relajado y practícalo con moderación. Dos o tres sesiones de cuarenta y cinco minutos a la semana son más que suficientes. Entrena siempre en ambientes secos, frescos y ventilados. Mantente bien hidratada durante toda la actividad, bebe un litro de agua antes del ejercicio y un vaso cada veinte minutos aunque no tengas sed para garantizar la hidratación del feto y evitar posibles acaloramientos. Al final de la sesión bebe más agua para reponer la pérdida hídrica. Las mujeres que llevan una vida sedentaria deberían salir a caminar al menos cuatro o cinco veces por semana; es recomendable comenzar con caminatas de diez minutos y alargarlas gradualmente hasta los treinta minutos.
- Nunca sobrepases las 140 pulsaciones por minuto. Tienes que ser capaz de hablar a la vez que haces ejercicio. Si te notas cansada o sin aire, para inmediatamente. La mejor manera de controlar la frecuencia cardiaca es con un pulsómetro, pero no siempre disponemos de uno, por lo que bastará con que «escuches» a tu cuerpo, apliques el sentido común y te fijes en los síntomas que podrían indicar que te estás ejercitando demasiado intensamente. El modo más eficaz de comprobar que entrenas de forma segura es la prueba del habla: mira si eres capaz de conversar al mismo tiempo que haces ejercicio. Hablar sin dificultades indica que el esfuerzo que haces no te deja exhausta y no limita el flujo de oxígeno hacia el bebé.

- Si antes del embarazo ya eras una adicta al gimnasio o practicabas mucho deporte, puedes hacer más ejercicio que otras mujeres embarazadas, pero siempre con moderación y supervisada por un médico.
- No hagas nada de ejercicio en caso de que padezcas enfermedades pulmonares, hipertensión arterial, cuello uterino con problemas, embarazo múltiple, sangrado vaginal o rotura de la bolsa.
- Otros síntomas que indican que el ejercicio debe interrumpirse son: mareos, hemorragia vaginal, dolor de cabeza, dolor de pecho, dificultad para respirar, contracciones, dolor de pantorrilla, pérdidas de líquido amniótico y debilidad muscular.

1.6. ¿Son nocivas las ecografías en 3D, 4D o 5D?

Las ecografías son una de las pruebas realizadas en el embarazo más importantes, pues gracias a ellas se puede determinar el tiempo de gestación, vigilar el desarrollo y crecimiento del feto, observar la placenta y el líquido amniótico y descubrir posibles anomalías fetales u otros problemas. De hecho, esta prueba es uno de los avances más importantes en el campo de la obstetricia.

Las ecografías, también denominadas ultrasonidos, funcionan de la siguiente manera: una fuente emite sonidos, no apreciables por el oído humano, que al chocar contra un obstáculo rebotan y vuelven a la fuente. Es un proceso similar al del eco, de ahí el nombre que recibe esta prueba. Después, un sistema informático reconstruye, en un monitor, la imagen que han dibujado los ultrasonidos al chocar contra todos los puntos del cuerpo y los órganos del bebé.

Los expertos afirman que es una técnica muy segura si se limita al número recomendado: tres a lo largo de todo el embarazo, una por trimestre. Sin embargo, en muchos centros se supera este número, sin contar con las ecografías emocionales en 3D, 4D o 5D.

Aun así, según algunos estudios, las ecografías pueden tener efectos adversos en el bebé, por eso varios colegios de obstetras y ginecólogos, como el estadounidense (ACOG), el inglés (RCOG) y el canadiense (SOGC), se posicionan a favor de no realizar más de dos ecografías en embarazos normales (una en la semana 12 y otra en la semana 20). Otros muchos expertos continúan manteniendo que no hay ningún riesgo, ya que las ecografías no emplean radiación y usan ultrasonidos de una frecuencia imperceptible para el oído humano que no tienen por qué afectar a la salud de la embarazada o del bebé.

Cuando se realiza una ecografía, el cuerpo absorbe la energía del ultrasonido, una energía que eleva su temperatura. Así, existe la posibilidad de que se sobrecaliente la matriz, y esta es una de las repercusiones de la técnica que más controversia causa. El feto expuesto a un aumento concentrado del calor de unos 4 °C puede presentar anomalías, aunque se ha comprobado que las ecografías en 2D solo generan un aumento de menos de 1 °C, por lo que no implican efectos nocivos y pueden realizarse en un periodo largo de tiempo.

Las ecografías en 3D y 4D, actualmente muy de moda,

tienen la misma intensidad que las ecografías ordinarias y no suponen mayor riesgo.

La ecografía Doppler (para observar la circulación sanguínea) y la ecografía en color producen un mayor aumento de la concentración del calor, pero tendrían que mantenerse mucho rato en la misma posición para que fueran perjudiciales. Los médicos que realizan estas pruebas son especialistas que saben que deben hacerse en un periodo corto de tiempo (treinta minutos como máximo) para que no deterioren la salud del feto; además, controlan en todo momento el calor que emiten las máquinas mediante un índice termal.

Respecto a las ecografías emocionales, sin carácter médico, en el año 2014, la FDA (American Food and Drug Administration) emitió un comunicado en el que afirmaba que el ultrasonido podía calentar ligeramente los tejidos y en algunos casos crear unas burbujas diminutas llamadas cavitaciones. Se desconocen las consecuencias de dichas cavitaciones en el desarrollo del bebé, por este motivo la FDA recomendó precaución y desaconsejó el uso de las ecografías lúdicas o comerciales. Asimismo, tanto el Colegio Canadiense de Obstetras y Ginecólogos (SOGC) como la Asociación Canadiense de Radiología (CAR) piden actuar con cautela a la hora de hacerse este tipo de ecografías. No abogan por que se prohíban, sino por que se regule su uso.

La dificultad para realizar estudios completos acerca de este tipo de ecografías impide determinar si son perjudiciales o no. Por ejemplo, en 2001 se llevó a cabo un experimento en el que un transductor de ultrasonido dirigido directamente a un hidrófono en miniatura colocado en el útero de una mujer grabó un sonido «tan fuerte como el de un metro entrando en la estación», por lo que se podría afirmar que los ultrasonidos pueden afectar al oído del feto. A pesar de esto, los médicos no creen que la experiencia cause un daño duradero al bebé porque ni los adultos ni los fetos pueden oír los ultrasonidos, cuyas ondas vibran a una frecuencia demasiado alta para que nuestros oídos las detecten.

Hay algunos estudios, elaborados hace bastantes años, que sugieren que los ultrasonidos tienen otros efectos secundarios, como retrasos en el habla,[*] aunque son investigaciones que no se han replicado pese al tiempo transcurrido y los avances experimentados por esta técnica.

O el estudio de Pasko Rakic,[**] publicado en agosto de 2006, en el que las hembras de ratón embarazadas se sometieron a ultrasonidos de diferentes duraciones. Los resultados mostraron que el cerebro de las crías padecía daños análogos a los encontrados en el cerebro de las personas con autismo. La investigación, financiada por el Instituto Nacional de Trastornos Neurológicos y Acci-

[*] J. D. Campbell, R. W. Elford y R. F. Brant, «Case-control study of prenatal ultrasonography exposure in children with delayed speech», *CMAJ*, 15 de noviembre de 1993; 149(10): 1435-1440.
[**] Pasko Rakic, presidente del departamento de Neurobiología de la Escuela de Medicina de la Universidad de Yale, New Haven, Conn.; Joshua Copel, profesor de obstetricia, ginecología y ciencias reproductivas de la Universidad de Yale, New Haven, Conn.; 7-11 de agosto de 2006, Investigación de la Academia Nacional de Ciencias.

dentes Cerebrovasculares, también relacionó la ecografía con algunos problemas de desarrollo neurológico en los niños, como dislexia, epilepsia, retraso mental y esquizofrenia, y demostró que el daño infligido a las células cerebrales se incrementa con exposiciones más largas. No obstante, el mismo doctor Pasko Rakic defiende la seguridad del ultrasonido cuando se hace por razones adecuadas. Además, los investigadores afirmaron que los ratones son muy distintos a los seres humanos, por lo que los resultados de su estudio debían ser interpretados con precaución. «Las formas de migración [de las neuronas] y el momento en que lo hacen es diferente en los primates, como los seres humanos, y en los ratones. En los seres humanos el periodo durante el cual las neuronas [células nerviosas] están migrando es mucho más largo.»

También hay estudios que declaran que no hay riesgo, como uno, realizado por investigadores australianos en 2004, que halló que las pruebas por ultrasonido reiteradas durante el embarazo no tenían efectos a largo plazo en la función mental ni en el crecimiento de los niños. En él participaron más de 2.700 niños a cuyas futuras madres les habían realizado pruebas por ultrasonido. Los niños fueron examinados a los dos, a los tres, a los cinco y a los ocho años por investigadores de la Universidad de Australia Occidental, que informaron de que no había diferencias significativas entre los niños que pudieran indicar que las pruebas prenatales por ultrasonido hubieran tenido efectos nocivos en el desarrollo.

Por lo tanto, frente a la controversia que suscita el tema y la falta de estudios definitivos, lo mejor que puedes hacer si estás embarazada es lo siguiente:

- Confía en tu equipo médico y hazte las ecografías que consideren necesarias. Si hay algún indicativo de posibles problemas, los beneficios son mucho mayores a los posibles riesgos, así que no te preocupes.
- Si quieres hacerte una ecografía emocional o de recuerdo, adelante, pero busca un centro especializado con técnicos que sepan emplear el ultrasonido y vigila que la prueba no dure más de veinte minutos.

1.7. Partos alternativos

Parto en casa

Según datos del Observatorio del Parto en Casa, en España cada año paren en casa unas ochocientas mujeres. Es decir, más o menos uno de cada quinientos partos en España tiene lugar en casa. Estas cifras son mucho más altas en otros países, como Reino Unido, donde el parto en casa se considera la opción más adecuada para todas aquellas mujeres que han tenido un embarazo sin complicaciones. De hecho, es una práctica cubierta por el sistema público de salud y recomendada por el Servicio Nacional Británico en embarazos de bajo riesgo, que defiende que tiene la ventaja de reducir el número de cesáreas, el uso de fórceps y las episiotomías. Además, las mujeres y los profesionales que están a favor de este tipo de partos señalan como virtudes la comodidad y la intimidad, que favorecen un parto más personal y tranquilo.

Sin embargo, no todos los expertos se ponen de acuerdo sobre la seguridad de este tipo de práctica y existen estudios tanto que lo avalan como que resaltan sus posibles riesgos. Según datos de la organización Nacer en Casa, una de las más importantes en España dedicada a este tipo de partos, la mortalidad perinatal en los partos en casa, en embarazos de bajo riesgo, es la misma que en los partos hospitalarios: 6 de cada 1.000.

En los países desarrollados, la tasa de mortalidad en el parto de la mujer y del bebé es muy baja. En Valencia, por ejemplo, es de 2,06 muertes por cada 100.000 nacidos vivos, según un artículo de Juan Carlos Martínez Escoriza, profesor asociado de la Universidad Miguel Hernández, en la rama de Ciencias de la Salud.* Sin embargo, en los países en vías de desarrollo la tasa de mortalidad materna es muy elevada. La morbilidad (fístulas, desgarros, etcétera) es intolerable y la morbilidad y mortalidad neonatal, aunque aceptadas culturalmente, no dejan de ser un drama y una llamada a la conciencia. Según fuentes de la FIGO (Federación Internacional de Ginecología y Obstetricia), en todo el mundo muere una mujer cada minuto por com-

---

* J. C. Martínez Escoriza, «Parto en domicilio: ¿hay suficientes evidencias como para proponerlo como alternativa al parto en hospital?», *Evid Pediatr*, 2010;6:46.

plicaciones del embarazo y el parto «natural», sin atención especializada. La mayoría de estas muertes podrían haberse evitado si la mujer hubiera tenido acceso al personal y los medios adecuados y preparados.

En nuestro entorno, continúa Martínez Escoriza, a partir de los años setenta la atención al parto pasó del ámbito domiciliario al hospitalario, universalizando la asistencia, aportando justicia y equidad a todas las gestantes del país y propiciando el acceso a los recursos sanitarios a la totalidad de las mujeres. En los años noventa la gran presión de las demandas judiciales dio lugar a una incorrecta medicina defensiva y a un excesivo intervencionismo (partos instrumentados y cesáreas), que no incidieron en la mejora de los resultados perinatales. Hasta que a principios de este siglo las evidencias hicieron reflexionar a todo el mundo sobre algunas de las prácticas más arraigadas, como la episiotomía, y la necesidad de modificar determinadas rutinas (rasurado, enema sistemático, postura para la fase del expulsivo, etcétera). Entonces se revirtió el proceso y desde hace unos años en la mayoría de los hospitales públicos y privados se afronta el parto de un modo más personal y menos intervencionista. De hecho, una mujer que dé a luz hoy, si lo hubiera hecho también hace diez años, encontraría muchos protocolos distintos entre ambos partos.

Martínez Escoriza advierte, además, que pese a ser cierto que muchas técnicas se han usado sin control, «afirmar de forma categórica, y con carácter universal, que cuanto menos intervencionismo durante el parto mejores resultados perinatales, es mucho decir. […]. Más que una ruptura con lo anterior se trata de incorporarse a un proceso —evolutivo— donde los pasos que hay que dar tienen sentido en tanto en cuanto suponen un ir avanzando en una mejor asistencia al parto. Es decir, de beneficiarse de los progresos demostrados, descartar las prácticas no fundamentadas en evidencias (no relevantes muchas de ellas en este momento) e incluir prácticas que se abandonaron y que, ciertamente, pueden hacer más fácil y cercana la asistencia al nacimiento y el inicio de la lactancia».

Este cambio en la mentalidad se ha hecho patente en muchos países de nuestro entorno: en los Países Bajos, por ejemplo, muchas mujeres dan a luz en su domicilio; en Reino Unido más del 60 % de las embarazadas tienen un «parto no intervencionista» en casas de nacimiento y hospitales. La tasa de lactancia materna es muy superior a la de España, y no se ha comprobado que hubiera alteraciones en la morbilidad y mortalidad fetal y materna. Es decir, no ha aumentado ninguna de las dos tasas.

Relacionado con el parto domiciliario, conviene destacar la publicación en *American Journal of Obstetrics and Gynecology*** de un metaanálisis que pone cierto orden en lo que a evidencias sobre esta cuestión se refiere. Recoge doce artículos publicados desde 1945 en países desarrollados de habla inglesa, a partir de los cuales compara dos cohortes: una de 342.056 partos realizados en domicilio y

---

* J. R. Wax, F. L. Lucas, M. Lamont, M. G. Pinette, A. Cartin y J. Blackstone, «Maternal and newborn outcomes in planned home birth vs planned hospital births: a metaanalysis», *Am J Obstet Gynecol*, 2010;203:1e1-8.

otra de 207.551 partos en el medio hospitalario, con la pretensión de responder a si existen o no diferencias en intervencionismo, morbilidad y mortalidad materna, perinatal y neonatal. La principal conclusión es que existe un aumento de mortalidad neonatal (triple) en los nacimientos en el domicilio frente a la de la cohorte de nacimientos en el hospital. La mortalidad neonatal es el indicador que se usa para expresar el riesgo de fallecer o las expectativas de vida de los recién nacidos durante los primeros veintiocho días de vida.

La segunda conclusión del metaanálisis es que hay significativamente menos intervencionismo (episiotomías, epidural, etcétera) y morbilidad (infecciones, etcétera) en los partos domiciliarios que en los hospitalarios; además se demuestran otras diferencias importantes: en el parto domiciliario hay un número menor de partos pretérmino y bebés con bajo peso, y más partos postérmino, que en el parto hospitalario, mientras que la mortalidad perinatal es similar en ambos, pero, como se ha dicho, la mortalidad neonatal es tres veces más alta en el grupo del parto en domicilio que en el del parto en el hospital. Sin embargo, cuando los autores eliminan los artículos en los que se refleja que la cualificación del personal sanitario era dudosa, la mortalidad neonatal se equipara entre ambos grupos. Es decir, la mortalidad perinatal más alta puede deberse, en muchos casos, a una mala asistencia en el parto en casa. Por eso, lo fundamental de estas conclusiones es introducir de inmediato mejoras sustanciales en el modelo actual de asistencia al parto domiciliario, allí donde se esté propiciando, para todas las mujeres que deseen parir en casa.

El resto de las conclusiones de este metaanálisis no se pueden generalizar, ya que el menor intervencionismo y la menor morbilidad observados están sesgadas por la autoselección de las mismas gestantes, una actitud proactiva respecto al parto domiciliario que seguramente minimiza los problemas habidos y resalta los logros conseguidos (ya que no pueden dar a luz en casa mujeres que presenten algún tipo de complicación que puede llevar a un mayor intervencionismo). Y, por supuesto, el menor número de partos pretérmino y bebés de bajo peso junto al mayor número de partos postérmino no es sino el resultado del sesgo inicial a la hora de elegir domicilio u hospital (embarazos de bajo riesgo y bebés sin problemas).

Otro estudio que aborda los riesgos del parto en casa es uno llevado a cabo en Estados Unidos cuyos autores afirman que el riesgo es mayor, no por el profesional que atiende el parto, pues compara partos hospitalarios atendidos por matronas con partos domiciliarios atendidos también por matronas, sino por el lugar en que el bebé nace. Para realizar el estudio, los investigadores analizaron datos de los Centros de Control de Enfermedades de Estados Unidos, y observaron que el riesgo de mortalidad neonatal era de 3,2 muertes por cada 10.000 nacimientos en hospitales con matrona y de 12,6 muertes por cada 10.000 nacimientos en casa con matrona. Si la mujer daba a luz a su primer hijo, el hecho de hacerlo en casa elevaba el riesgo a 21,9 muertes por cada 10.000 nacimientos. Es decir, este riesgo aumentaba siete veces en el primer embarazo de la madre, y alrededor de diez veces en los embarazos que se extendían más allá de la semana 41.

En general, los estudios contrarios a dar a luz en casa hablan de que parir en el domicilio aumenta la probabilidad de muerte neonatal unas seis veces. Según todos los estudios, entre el 10 y el 45 % de los partos iniciados en casa fueron trasladados a un hospital. Los riesgos eran más altos en el primer parto, o ante factores como la edad avanzada de la madre, el sobrepeso o la mayor distancia al hospital. No obstante, las cifras bajan en todos los casos cuando se analizan por separado los embarazos considerados de riesgo superbajo, es decir, los que realmente pueden terminar en un parto en casa. Así, diversos estudios, dos de ellos realizados en Estados Unidos y otro en los Países Bajos, publicados en *BMJ*, concluyen que sigue habiendo más probabilidad de lesión grave o muerte, pero esta probabilidad pasa a ser de dos a tres veces superior, y desaparece la probabilidad seis veces más alta de la que hablaban los primeros estudios señalados.

Además, hay pocas investigaciones que tengan en cuenta las complicaciones maternas, pues son poco frecuentes y se requerirían millones de partos en casa para tener datos fiables. Se han registrado algunas muertes maternas en casa, por causas objetivamente evitables en un hospital, pero en general todas las asociaciones aceptan que en el parto de una embarazada de bajo riesgo asistido por personal cualificado, la posibilidad de muerte intraparto en casa debería ser bajísima. Sin embargo, es imposible que sea igual. Pueden aparecer otros problemas o complicaciones raras que no se recogen en estos estudios y que en el hospital podrían solucionarse mejor, como defectos de la coagulación no detectados en los análisis previos o arritmias cardiacas. Por eso, muchos expertos abogan por prescindir del parto en casa para evitar estas muertes, aunque sean muy pocas las reflejadas en los datos estadísticos.

Así, los detractores del parto en casa se basan en estos estudios para afirmar que más del 75 % de los embarazos cumple alguno de los criterios que dictamina que el parto en casa sería, simplemente, una imprudencia. En el otro 25 % de los embarazos sería necesario asegurar el acceso rápido a un hospital para reducir los riesgos en caso de que ocurriera algo.

Sin embargo, otros estudios, como el realizado por la Universidad de Alicante junto con Educer sobre la seguridad del parto en casa en España, afirman que no se encuentran diferencias estadísticamente significativas en relación con la mortalidad del bebé entre los partos únicos asistidos a término en casa y los partos de las mismas características atendidos en hospitales. En este estudio, los investigadores analizaron datos sobre partos que entre los años 1995 y 2009 cumplieron tres condiciones básicas de seguridad: que fueran de un solo bebé (se excluyeron los nacimientos de gemelos y otros partos múltiples), que fueran de bebés nacidos a término (entre las semanas 37 y 42) y que dispusieran de asistencia sanitaria. A partir de aquí, clasificaron los partos según el sitio donde tuvieron lugar, en casa o en el hospital, y se contabilizaron los casos de bebés que nacieron muertos o fallecieron dentro de las veinticuatro horas siguientes al parto. Al analizar los datos, la tasa de muertes perinatales en los partos en centros sanitarios era de 1,60 muertes por cada 1.000 nacimientos, mientras que en los partos domiciliarios era prácticamente la misma, de 1,57 muertes por cada 1.000 nacimientos.

Aun así, en relación con este estudio hay que tener en cuenta varios aspectos relacionados con las tres condiciones de seguridad que debían cumplir los partos domiciliarios. En primer lugar, no se sabe el porcentaje de los partos domiciliarios que han sido planificados ni el porcentaje de los que no lo han sido, es decir, se ignora cuántos de esos partos fueron en casa porque no dio tiempo a llegar al hospital. Tampoco se sabe cuántos partos en casa se han producido sin asistencia profesional en todo el proceso o en buena parte del mismo, o el número de aquellos en los que la asistencia no la haya brindado un profesional especializado.

Por otra parte, no se puede constatar que el seguimiento de los embarazos haya sido el adecuado para descartar cualquier situación de riesgo o patología de la madre o del bebé.

Y, por último, tampoco se ha podido comprobar si había posibilidad de traslado a un centro hospitalario en un tiempo inferior a cuarenta y cinco minutos ante cualquier imprevisto.

Finalmente, no podemos obviar una reciente sentencia del Tribunal Europeo de Derechos Humanos con motivo de una denuncia interpuesta por una mujer checa a la que le prohibían dar a luz en casa, a pesar de que esta era su intención. En la sentencia, el tribunal citaba diez informes, presentados por ambas partes, a partir de los cuales extrajo la siguiente conclusión: «La mayoría de los estudios internacionales no sugieren que exista un mayor riesgo en los partos en casa, pero solo si se cumplen ciertas condiciones». Estas son tres: que el embarazo sea de bajo riesgo, que sea atendido por una matrona profesional y que se asegure un rápido traslado a un hospital (según un estudio, acabaron yendo al hospital el 12 % de las multíparas que empezaron en casa, y el 45 % de las primerizas). Los estudios citados por el tribunal también coinciden en que parir directamente en el hospital conlleva un aumento significativo de las intervenciones en embarazadas de bajo riesgo (cesáreas, fórceps, laceraciones, inducciones...). Probablemente por esta controversia y los estudios que muestran que parir en casa, a no ser que se haga en las condiciones idóneas, es mucho más peligroso que parir en un hospital, los datos del informe de Euro-Peristat reflejan que la mayoría de las mujeres se sienten más seguras en el hospital. Incluso en los Países Bajos, donde el parto en casa forma parte integral del sistema sanitario, solo lo elige el 16,3 % de las embarazadas (este porcentaje ha caído en los últimos años desde el 30 %). En países donde se apoya el parto en casa (Reino Unido, Dinamarca o Islandia), estos apenas superan el 2 %. En el resto de los países, independientemente de si se tolera o si se desincentiva, no llegan al 1 %.

Cómo ponerlo en práctica

La atención al parto en los hospitales ha mejorado muchísimo en los últimos nueve años. Desde que el Ministerio de Sanidad publicara en 2010 la *Guía de práctica clínica sobre la atención al parto normal* para frenar la medicalización rutinaria se han reducido considerablemente los tactos vaginales, las roturas de bolsa, las inducciones, las episiotomías y las cesáreas. Además, se han implantado protocolos que incluyen la elección de la postura para dar a luz, el contacto piel con piel nada más nacer o la promoción de la lactancia materna. Al mismo tiempo, se informa mejor y se respeta más a las gestantes y se ofrece más autonomía a las matronas, por lo que es mucho más sencillo conseguir un parto natural y sin intervenciones, pero en un entorno más seguro si hay complicaciones.

Y, aunque es cierto que el parto es un proceso fisiológico, también lo es la posibilidad de que surjan muchas pequeñas complicaciones que sin la atención médica adecuada pueden acabar mal, como las vueltas de cordón o la aspiración de líquido por parte del bebé. Complicaciones que se ven a diario en los hospitales y que se resuelven rápidamente, pero que pueden dar lugar a problemas serios si se producen en casa, donde no hay el personal ni los medios necesarios o el hospital al que trasladarse en caso de que algo ocurra está lejos.

Asimismo, actualmente todas las gestantes tienen la oportunidad de elaborar su propio plan de parto, un documento legal que los médicos y matronas deben respetar (siempre que no haya contratiempos en el parto) en el que indican si quieren rasurado o no, qué tipo de anestesia desean o cómo prefieren dar a luz y calmar el dolor de las contracciones, logrando así un parto más personal y humano y menos medicalizado.

Por lo tanto, puedes buscar hospitales en los que se respeten estas medidas en vez de dar a luz en tu casa. No obstante, si a pesar de todo tu deseo es parir en casa, debes tener en cuenta lo siguiente para evitar riesgos y complicaciones:

- Habla con tu obstetra sobre la posibilidad de tener un parto domiciliario. Solo deberías inclinarte por esta opción si el embarazo es de riesgo superbajo. Esto implica que no haya habido ninguna complicación en el embarazo, que estés en perfecto estado de salud, que el bebé esté bien colocado, etcétera.
- Busca asistencia médica profesional, nunca des a luz en casa sola con tu pareja o con tu madre. Es fundamental que cuentes con matronas o médicos especializados.
- El personal debe visitar tu casa antes del parto para verificar si cumple con las condiciones necesarias para un parto seguro, como la limpieza o que disponga de determinados materiales.
- Aunque en España la sanidad pública no alienta el parto en casa, lo tolera. Esto quiere decir que no se contempla nada de la atención domiciliaria al parto, ni de apoyo (sabemos que está teniendo auge en mujeres sanas, bien informadas y con poder adquisitivo medio-alto), ni de prohibición (las matronas que ejercen esta práctica son muy expertas y los resultados son excelentes).
- El Colegio Oficial de Enfermeras de Barcelona (COIB) publicó en 2010 la *Guía de atención del parto en casa** para establecer cómo llevarlo a cabo y en

---

* http://www.coib.cat/uploadsBO/Noticia/Documents/GUIA %20PART%20CAST.PDF

qué casos es posible (nunca con gemelos o un bebé de nalgas, siempre que haya un hospital cerca...). Además, la madre debe trasladarse al hospital ante cualquier indicio de la más mínima complicación, normalmente de forma tranquila en vehículos privados.

- Debes contar con un hospital cerca de tu casa (a menos de diez minutos) para que si ocurre algo grave el traslado se realice en el menor tiempo posible y así evitar incidentes mayores.

Parto en el agua

El parto en el agua es una modalidad que surgió hace unos años y consiste en dar a luz en una bañera, en casa o en el hospital, para evitar el dolor de las contracciones y tener un parto natural y no medicalizado. De hecho, muchos hospitales ya cuentan con instalaciones que permiten a las madres dar a luz en el agua en un entorno médico más seguro. No obstante, hay que tener en cuenta que las principales asociaciones obstétricas, como la Academia Americana de Pediatría (AAP) o el Colegio Americano de Obstetras y Ginecólogos (ACOG),* recomiendan que se pase en el agua solo la etapa de la dilatación, es decir, evi-

---

* Academia Americana de Pediatría (Comité sobre el Feto y el Recién Nacido) y Colegio Americano de Obstetras y Ginecólogos, «Immersion in Water During Labor and Delivery», *Pediatrics*, 2014;133;758.

tar que la fase del expulsivo transcurra bajo el agua, ya que diversos estudios e investigaciones muestran que existe un mayor riesgo de infección materna y del recién nacido si el parto se produce en el agua, especialmente cuando ha habido rotura de membranas. Además, defienden que el agua dificulta la termorregulación del recién nacido e incrementa las posibilidades de que sufra problemas respiratorios al nacer e incluso asfixia o se rompa el cordón de forma incorrecta.

No obstante, sí se ha demostrado que la inmersión en agua durante la fase de dilatación a partir de los 5 centímetros (lo ideal) es tremendamente positiva en el proceso del parto. Algunos de sus beneficios son la estimulación natural de la oxitocina (la hormona del parto), una mayor relajación de la madre, una mejor regulación de la temperatura de la madre (se recomienda que el agua esté a unos 37 °C) o el acortamiento del parto gracias al estímulo de las contracciones y la dilatación.

Estos beneficios son los que recoge una revisión de la organización Colaboración Cochrane* realizada en el año 2009 que analiza doce ensayos clínicos controlados y aleatorizados (con 3.243 gestantes) de partos atendidos en el agua. De los doce ensayos clínicos, nueve analizaron la inmersión durante la primera etapa del parto; dos, durante la primera y la segunda etapa del parto, y solo uno comparaba la segunda etapa del parto con controles. En esta revisión se confirmaba que la inmersión durante la prime-

---

* E. R. Cluett y E. Burns, «Immersion in water in labour and birth», Cochrane Database Syst. Rev., 2009;(2):CD000111.

ra etapa del parto se asocia con una disminución del uso de analgesia epidural, espinal o paracervical en las gestantes atendidas en el agua y con una menor duración del primer estadio del parto (con una diferencia media de 32,24 minutos menos). Además, no se observaron diferencias en la frecuencia de partos vaginales, indicaciones de cesárea, uso de oxitocina, trauma perineal o infección entre las gestantes asistidas durante el parto en el agua y las del grupo de control.

En cuanto al periodo expulsivo, en uno de los estudios se observó una mayor satisfacción materna con la experiencia del parto asistido en el agua. En relación con los efectos en la salud del recién nacido, no se hallaron diferencias en las puntuaciones del test de Apgar, los ingresos en la unidad neonatal o la incidencia de infección al comparar partos atendidos en el agua y partos convencionales, aunque, en general, la patología neonatal no era el objetivo de estos trabajos.

No obstante, la Sociedad Española de Neonatología y la Sección de Medicina Perinatal de la Sociedad Española de Obstetricia y Ginecología, que recogen estos informes, advierten de que estos estudios presentan algunas limitaciones, como el pequeño tamaño de la muestra y la ausencia de ensayo a doble ciego (es decir, de una herramienta del método científico que permite evitar el sesgo del investigador), lo que puede producir resultados sesgados.

Asimismo, ninguno de estos doce ensayos clínicos de la revisión Cochrane ha demostrado que los recién nacidos obtuvieran beneficios del hecho de nacer en el agua. Los trabajos que evalúan la seguridad del parto atendido en el agua presentan importantes limitaciones. Algunos de ellos no especifican si cuando hablan de parto en el agua se refieren a la primera o a la segunda etapa; otros son retrospectivos y se limitan a un centro; hay estudios observacionales que comparan la población de estudio con controles históricos y opiniones de expertos, y falta experimentación básica en animales o humanos que permita conocer los mecanismos fisiológicos que producen los beneficios publicados.

En cuanto a los recién nacidos, se han publicado algunas series o casos clínicos aislados de complicaciones como sepsis (también materna), dificultades de la termorregulación, shock hipovolémico por desgarro o ruptura del cordón umbilical, intoxicación por agua (hiponatremia), dificultad respiratoria por aspiración de agua (ahogamiento o casi ahogamiento) y encefalopatía hipóxico isquémica. Se han registrado casos de recién nacidos que han fallecido por afectación respiratoria grave o sepsis tras nacer en el agua, casos poco frecuentes pero potencialmente muy graves.

En condiciones normales, los recién nacidos inmersos en agua al nacer no la aspiran debido al «reflejo de inmersión o de buceo» que los protege, sin embargo, existe suficiente evidencia experimental y clínica de la pérdida de este reflejo en condiciones de compromiso fetal, lo cual puede inducir al bebé a iniciar la respiración y realizar reflejos de *gasping* (respiración a bocanadas), de modo que al estar sumergido aspira agua.

Por lo tanto, según las asociaciones de obstetricia, en gestaciones no complicadas y a término, el desarrollo de la primera etapa del parto en el agua es una técnica que disminuye las necesidades de analgesia farmacológica y la duración del trabajo de parto, aunque no mejora los resultados perinatales. Sin embargo, la seguridad y eficacia de la atención en el agua durante el expulsivo no está demostrada, ni para las madres ni para los recién nacidos. Solo se ha probado que realizar el expulsivo bajo el agua conlleva un mayor grado de satisfacción materna, sin otros beneficios para la madre o el recién nacido, pero sí se han publicado casos de problemas y complicaciones serias. Por eso, la Sociedad Española de Neonatología recomienda que esta modalidad de parto solo se contemple en el contexto de un ensayo clínico controlado o para la etapa de la dilatación.

Además, los centros que ofrecen la posibilidad de parir en el agua deben establecer protocolos rigurosos para el mantenimiento y la limpieza de tinas y piscinas, y deben planificar la estrategia para retirar a las mujeres de la bañera si aparecen complicaciones durante el parto.

Una mala higiene de la bañera o tina pueda causar además una infección seria en el bebé. Por ejemplo, durante el año 2017 saltaron a la luz dos casos de bebés nacidos en Arizona (Estados Unidos) que habían contraído la legionela tras un parto en el agua debido a «numerosas brechas en la prevención de las infecciones en el parto en el agua». Es una enfermedad que puede llegar a ser muy grave si no se trata a tiempo, por lo que cuando afecta a recién nacidos se convierte en un asunto muy comprometido.

Si quieres dar a luz en el agua en tu casa, recuerda que existe una serie de riesgos asociados a esta práctica, así que infórmate bien de cómo conseguir que tu bañera esté totalmente higienizada para evitar infecciones y contrata a personal médico especializado para que te acompañe en todo el proceso.

Para que este tipo de parto sea más seguro, busca un centro hospitalario donde puedas pasar la fase de la dilatación en el agua, que es lo más aconsejable, y posteriormente realizar el expulsivo fuera del agua y así evitar posibles riesgos y complicaciones.

Parto Lotus

El nacimiento Lotus es aquel en el que se deja el cordón umbilical sin cortar, de manera que el bebé queda unido a su placenta hasta que el cordón se desprende de manera natural por el ombligo. Esta forma de «parto natural» se realiza principalmente con fines espirituales.

Esta forma de parto se llama Lotus por la enfermera Clair Lotus, que en el año 1974 decidió que su hijo naciese de esta manera. Relativamente común en países como Estados Unidos, Australia o Canadá, sigue un proceso que consiste exactamente en que primeramente nazca el bebé y a los pocos minutos le siga la placenta. Una vez hayan transcurrido unas horas después de haber sido expulsada, la placenta debe lavarse con agua templada y dejarse escurrir sobre una superficie agujereada. A continuación, se seca con cuidado y se deja en una bolsa o cubierta con un trapo. En cuanto al cordón umbilical, este no requiere ningún tratamiento específico diferente al de un parto habitual.

Quienes practican este tipo de parto afirman que resulta muy beneficioso para el bebé, pues «la transición a su nueva vida es mucho más gradual, menos traumática». Además, consideran que esta práctica evita al bebé el estrés de dejar de recibir de golpe el suministro de sangre y nutrientes con el que se ha mantenido durante nueve meses, sobre todo porque a través del cordón umbilical y gracias a la placenta le llegan las células madre. Sin embargo, no existe ninguna evidencia de que el nacimiento Lotus sea positivo para el bebé ni de que se consiga ninguno de los beneficios antes descritos.

Por el contrario, los expertos sostienen que esta práctica pone en peligro la vida del recién nacido, ya que el cordón umbilical debe cortarse como mucho tres minutos después del parto. A juicio de la Organización Mundial de la Salud (OMS), el cordón umbilical tiene que mantenerse intacto durante ciento veinte segundos tras el parto para que el bebé reciba un impulso extra de oxígeno que puede evitar la anemia en los recién nacidos. Sin embargo, pasado este tiempo es preciso cortarlo.

Una vez que los tejidos de la placenta dejan de recibir sangre se mueren y, por lo tanto, pueden infectarse y pasar la infección al bebé. Esto podría ser muy grave, por lo que quienes decidan finalmente llevar a cabo esta práctica han de vigilar mucho al bebé para detectar de manera temprana cualquier signo de infección.

Cómo ponerlo en práctica

Se desaconseja por completo este tipo de práctica porque puede ser peligrosa para el bebé.

Placentofagia

La placentofagia es el acto de comerse la propia placenta después del parto, sea cruda, sea cocinada, sea en cápsulas o comprimidos hechos con ella. Aunque parezca algo bastante desagradable, se ha puesto muy de moda en los últimos años, especialmente porque muchas famosas afirman haberse comido la placenta tras dar a luz, y muchas mujeres han querido imitarlas.

Los defensores de esta práctica alegan que los altos niveles de oxitocina y hierro de la placenta reducen el dolor tras el parto, protegen contra la depresión posparto, aumentan la energía, facilitan la lactancia, incrementan la elasticidad de la piel, mejoran la vinculación de la madre con su hijo y reponen las reservas de hierro perdidas tras el parto.

Sin embargo, ninguna investigación ha confirmado que estas ventajas sean reales. Según el estudio «Human placentophagy: a review»,[*] los individuos que promueven la placentofagia, especialmente mediante la encapsulación placentaria, afirman que proporciona ciertos bene-

---

[*] Alex Farr, Dab Frank, A. Chervenak, Laurence B. McCullough, Rebecca N. Baergen y Amos Grünebaum, «Human placentophagy: a review», https://doi.org/10.1016/j.ajog.2017.08.016.

ficios físicos y psicosociales. Sin embargo, «encontramos que no hay evidencia científica de ningún beneficio clínico de la placentofagia en humanos, y que no se retienen nutrientes y hormonas placentarias en cantidades suficientes después de la encapsulación de la placenta para ayudar potencialmente a la madre después del parto».

A raíz de la creencia en los beneficios clínicos derivados de la placentofagia humana, los Centros para el Control y la Prevención de Enfermedades (CDC) de Estados Unidos emitieron recientemente una advertencia al conocerse el caso de un recién nacido que desarrolló sepsis recurrente del grupo B neonatal después de que la madre ingiriera cápsulas de placenta contaminadas por *Streptococcus agalactiae*. Recomendaron que se evitara tomar cápsulas de placenta por la posibilidad de que la erradicación de patógenos infecciosos durante el proceso de encapsulación fuera inadecuada.

Otro estudio* se centró en analizar si era cierto que la placenta constituía una gran fuente de hierro y descubrieron que la administración de suplementos de placenta encapsulada no mejoraba ni deterioraba significativamente el nivel de hierro de la madre tras el parto. Por lo tanto, para las mujeres que necesiten aumentar sus reservas de hierro, tomar solamente estas cápsulas de placenta puede

* Laura K. Gryder, M. A. Sharon, M. Young PhD, David Zava PhD, Wendy Norris, B. S. Chad, L. Cross PhD, PStat(R) y Daniel C. Benyshek PhD, «Effects of Human Maternal Placentophagy on Maternal Postpartum Iron Status: A Randomized, Double-Blind, Placebo-Controlled Pilot Study», primera publicación: 3 de noviembre de 2016, https://doi.org/10.1111/jmwh.12549.

ser una solución contraproducente, con las consecuencias que ello conlleva.

Un grupo de investigadores de la Universidad de Nevada, por su parte, desmontó la idea de que estas píldoras sirvan para regular los niveles hormonales y, en consecuencia, mejorar el estado de ánimo o la fatiga y evitar la depresión posparto.

Además, como hemos visto, si la placenta no se trata o se elabora de manera adecuada existe el riesgo de que queden residuos y bacterias propias de la misma que puedan transmitir enfermedades a la madre o al bebé.

Cómo ponerlo en práctica

Se desaconseja por completo el consumo de placenta, ya que no aporta beneficios a la madre y puede ser peligroso.

2

La educación del bebé

Cuando descubrimos que vamos a traer un bebé al mundo empiezan las preocupaciones, unas preocupaciones que nunca habíamos tenido, ya que son exclusivas de la maternidad o la paternidad y consustanciales al hecho de tener hijos.

Lógicamente, la primera de todas es la inquietud por la salud del bebé, por que crezca sano, por que sus órganos se desarrollen de la manera adecuada y por muchas otras circunstancias, inquietud de la que seguramente se derivará un cambio de hábitos alimenticios, la eliminación de vicios como fumar o beber, varias visitas al obstetra con infinidad de preguntas y una angustia permanente que solo se disipará cuando el médico nos diga que nuestro bebé está perfectamente y lo ponga en nuestro regazo.

Tras estos primeros desvelos, pronto, incluso antes de que nazca el bebé, nos invadirán otros. Desde luego, todo lo relacionado con su educación se convertirá en una fuente inagotable de inquietudes que nos obligarán a tomar más de una decisión. No en vano un alto porcentaje de los padres piensa que la inteligencia del niño y el esfuerzo que realice en el ámbito de la educación determinarán al cien por cien el éxito que tendrá en la vida, entendiendo por éxito la superación de los diferentes hitos formativos, el desarrollo de una carrera profesional destacada, la realización personal, etcétera.

Y en parte tienen razón. Tarmo Strenze, investigador de la Universidad de Tartu, realizó para su tesis doctoral un metaanálisis de 85 estudios longitudinales que medían la inteligencia a lo largo del tiempo y antes de que el individuo alcanzase el «éxito» y descubrió que la inteligencia es un certero indicador del éxito futuro.*

Es interesante señalar que el coeficiente intelectual es un rasgo condicionado por un alto grado de heredabilidad y que aumenta conforme pasa el tiempo, tal como proponen los psicólogos Baltes, Reese y Lipsitt,** pues pasa de un 41 % en la niñez a un 55 % en la adolescencia y alcanza hasta un 66 % en la juventud.

A la vista de estos datos tal vez parezca poco lo que podemos hacer para ayudar a nuestros hijos, ya que su inteligencia estará en gran parte determinada por los genes heredados, pero en realidad no es así: el entorno que los padres ofrecen a sus hijos tiene cierta capacidad de

* Tarmo Strenze, «Intelligence and socioeconomic success: A meta-analytic review of longitudinal research», Departamento de Sociología y Política Social, Universidad de Tartu, Estonia.
** http://journals.sagepub.com/doi/full/10.1177/1745691615617439

modular la inteligencia heredada. Un hogar con infinidad de libros para hojear o unos padres que predican con el ejemplo interesándose por adquirir nuevas parcelas de conocimiento de manera continua seguramente es el caldo de cultivo ideal para que el niño emule estos comportamientos y alcance nuevas metas.

En este sentido, según un reciente metaanálisis de estudios que involucraban a más de 600.000 personas,* se ha determinado que cada año de estudio adicional conlleva un aumento del coeficiente intelectual de entre 1 y 5 puntos.

Muchos autores han señalado que los test de inteligencia clásicos, aunque predicen con bastante acierto el desempeño futuro del niño,** no recogen otras variables asociadas al éxito, como la inteligencia emocional. Este tipo de inteligencia, tal como la define el psicólogo Reuven Bar-On, es «el conjunto de conocimientos emocionales y sociales que posibilita la capacidad de tener éxito ante los desafíos y presiones del entorno» y nos permite entendernos a nosotros mismos y a lo que nos rodea para poder adaptarnos a sus exigencias de una manera asertiva.

Afortunadamente, la inteligencia emocional se puede entrenar y potenciar, con el fin de que nuestros hijos sepan motivarse a sí mismos ante las dificultades, aprendan a controlar sus impulsos, sean perseverantes en sus objetivos, identifiquen sus puntos fuertes y saquen lo mejor de sí mismos, sean capaces de pasar efectivamente de las ideas a los hechos, acaben lo que empiezan, tomen la iniciativa

* http://journals.sagepub.com/doi/abs/10.1177/0956797618774253
** https://www.nature.com/articles/s41380-017-0001-5

sin tener miedo al fracaso o al riesgo, no pierdan el tiempo en actividades sin valor, asuman la responsabilidad de sus actos, no se autocompadezcan, puedan comportarse independientemente, superen las dificultades que se les presenten, se centren en alcanzar sus objetivos, asuman una carga de trabajo y responsabilidades que puedan gestionar, puedan atrasar la recompensa, tengan una visión global de las situaciones, tengan confianza en sí mismos y alcancen el equilibrio preciso para ser analíticos y creativos o prácticos en el momento preciso.

Según un estudio realizado mediante el seguimiento de 700 niños desde que entraron en la guardería hasta que cumplieron veinticinco años, llevado a cabo por investigadores de la Universidad Estatal de Pensilvania y la Universidad de Duke,* existe una correlación significativa entre las habilidades sociales mostradas en la infancia y el éxito alcanzado como adultos dos décadas después.

En 1991, las maestras de las guarderías que participaron en el estudio evaluaron cómo los niños interactuaban socialmente a partir de una serie de criterios tales como si cooperaban con sus compañeros, si se mostraban empáticos con el resto de los alumnos o si podían resolver problemas por sí mismos. Al cabo de los años, los resultados mostraron que aquellos que habían sido niños socialmente más competentes tenían, a los veinticinco años, muchas

---

* Damon E. Jones, Mark Greenberg y Max Crowley, «Early Social-Emotional Functioning and Public Health: The Relationship Between Kindergarten Social Competence and Future Wellness», http://ajph.aphapublications.org/doi/abs/10.2105/AJPH.2015.302630.

más probabilidades de conseguir un título universitario y encontrar un trabajo a tiempo completo que aquellos que habían sido niños con habilidades sociales limitadas. Estos últimos, por otra parte, tenían mayores posibilidades de haber sido arrestados, beber en exceso o haber solicitado algún subsidio público para subsistir.

Este estudio demuestra que ayudar a los niños a desarrollar habilidades sociales y emocionales es una de las tareas más importantes que los padres pueden hacer desde que sus hijos son muy pequeños.

Todo bebé nace con una inteligencia y una capacidad de aprendizaje determinadas por sus genes, pero estas se pueden potenciar a través del esfuerzo continuado. Veremos a continuación qué dice la ciencia sobre la estimulación prenatal, la estimulación temprana del bebé, el aprendizaje de una segunda lengua, la conveniencia o no de acudir a una guardería desde muy pronto y la enseñanza de la inteligencia emocional a los niños.

2.1. Estimulación prenatal

En el feto, los órganos asociados a los sentidos, así como sus correspondientes centros cerebrales, empiezan a desarrollarse muy pronto. Entre las semanas 10 y 12 de gestación se inicia el desarrollo del tacto, primero en la zona de los genitales y luego extendiéndose paulatinamente al resto del cuerpo. A finales del cuarto mes aparece la capacidad de oír, y el feto está preparado para distinguir sonidos fuertes, que incluso pueden alterarlo.

Cuando el embarazo alcanza el quinto mes se desarrollan el gusto y el olfato, al tiempo que el feto comienza a mover brazos y piernas con fuerza, sus dedos van adquiriendo una mayor habilidad y la percepción a través de la piel se acrecienta. A los seis meses siguen formándose los órganos y los centros neuronales, y el bebé ya se chupa el pulgar, juega con el cordón umbilical, acaricia su cuerpo y comienza a responder a los estímulos que recibe de su entorno. En el séptimo mes se desarrolla el sentido de la vista, y el bebé reacciona a los cambios de luz y puede incluso seguir una fuente luminosa.

Durante el octavo mes, el sistema nervioso está totalmente formado y listo para actuar. A su vez, en esta etapa aumentan los movimientos faciales, que se consideran una muestra del correcto desarrollo neurológico. En el noveno mes el bebé continúa creciendo, al tiempo que se va preparando para salir al mundo exterior.

Se ha demostrado ampliamente que los fetos están recogiendo información del mundo exterior sin parar, y que son especialmente receptivos a los sonidos del cuerpo de la madre y del entorno externo. Un conocido estudio dirigido por Anthony DeCasper en la Universidad de Carolina del Sur* parece demostrar la existencia del aprendizaje prenatal. En el mismo, se solicitó a las madres que leyeran de manera reiterada un texto del doctor Seuss en voz alta en el último trimestre de su embarazo. Cuando los bebés nacieron, probaron si estos eran capaces de re-

* http://www.biophysics.uwa.edu.au/acoustics/in_utero_sound /DeCasper1986.pdf

conocer el texto entre varios fragmentos de otras historias y de discernir la voz de su madre de la de lectores extraños. En ambos casos, los bebés captaron los patrones vocales con los que se habían familiarizado en el útero. La audición, como ya hemos mencionado, es uno de los primeros sentidos que permiten al feto percibir el mundo exterior a través de la barrera formada por la placenta y el tejido abdominal de la madre, que, aunque amortigua y distorsiona los sonidos, permite que estos sean perceptibles. Lógicamente los bebés no entienden las palabras, pero sí pueden aprender ritmos y patrones vocales, de tal modo que llegan a distinguir un idioma de otro desde el mismo día del nacimiento. No importa si al feto se le lee o simplemente se le habla, porque la verdad es que estará siempre atento a lo que sucede a su alrededor.

Según multitud de investigaciones, la estimulación auditiva incrementa la neurogénesis en el hipocampo del bebé, lo que lo lleva a poseer más capacidad de memoria, a establecer en edad muy temprana redes neuronales más grandes y a incrementar la actividad cerebral. El porqué de este efecto es aún objeto de un debate en el que se enfrentan dos posturas. La primera defiende que la música es la causa directa de este mayor desarrollo cerebral. Por el contrario, algunos científicos piensan que la capacidad de la música para reducir los síntomas de estrés y ansiedad de la madre es lo que indirectamente propicia un mejor desarrollo cerebral del feto, una opinión respaldada por el buen número de investigaciones que avalan la relación entre el estado emocional de la mujer embarazada y su impacto en el desarrollo del bebé.

En un estudio realizado por la Escuela de Enfermería de la Kaohsiung Medical University de Taiwán, los investigadores reclutaron a 236 mujeres que estaban en el segundo y el tercer trimestre de embarazo, todas con las mismas características socioeconómicas, igual nivel de educación y un grado de felicidad conyugal similar. A la mitad de las mujeres les dieron un CD que debían escuchar media hora al día (podían escoger entre varias opciones, como música clásica, sonidos de la naturaleza o nanas), mientras que a la otra mitad no se les entregó nada.

Al cabo de solo dos semanas, las mujeres embarazadas del grupo que escuchaba música tenían menos estrés, ansiedad y depresión, lo que convierte esta práctica en un método simple, económico y no invasivo para aliviar estos síntomas durante el embarazo.*

En esta línea de trabajo, unas investigaciones realizadas con ratas han demostrado que el estrés prenatal está asociado con futuros problemas de aprendizaje, pues afecta a largo plazo la morfología del cerebro.** Por ello quizá la música es beneficiosa para el feto, que al rebajar el nivel de ansiedad de la madre reduce la secreción de cortisol y otras hormonas que lo perjudican.

Pero no solo con sonidos se puede estimular al bebé

* M. Y. Chang, C. H. Chen y K. F. Huang, «Effects of music therapy on psychological health of women during pregnancy», *J Clin Nurs*, v.17, 2008, pp. 2580-2587.
** V. Lemaire, M. Koehl, M. Le Moal y D. N. Abrous, «Prenatal stress produces learning deficits associated with an inhibition of neurogenesis in the hippocampus», *Proc NatI Acad Sci USA*, v.97, 2000, pp. 11032-11037.

antes de que nazca. En uno de los mayores estudios realizados hasta la fecha, con una duración de dieciséis años y la colaboración de más de 680 familias, la doctora Beatriz Manrique, del Centro de Investigaciones para el Desarrollo Integral Humano a través de la Comunidad de Venezuela, implementó un programa de formación que empleaba técnicas de estimulación prenatal (auditivas, táctiles y visuales) y posnatal y recursos para la relajación de la madre.

A los dos días del nacimiento y luego periódicamente, los bebés participantes en el estudio pasaron una serie de evaluaciones con el fin de determinar el impacto de la estimulación en su desarrollo: el test de Brazelton (valora la calidad de la respuesta del niño y la cantidad de estimulación que necesita), la escala de inteligencia de Stanford-Binet (mide la capacidad cognitiva y de inteligencia), el test McCarthy (valora las habilidades cognitivas y motoras de los niños) y la escala de Weschler (test psicométrico de inteligencia).

En prácticamente todas las evaluaciones de los recién nacidos, el grupo de trabajo obtuvo mejores resultados que los conseguidos por el grupo de control en todas las áreas cognitivas. Estos bebés se mostraron más alertas, giraban la cabeza hacia el lugar de donde procedían las voces de los padres, a las que diferenciaban del resto de los sonidos, reconocían la música que escucharon mientras estaban en el útero y se tranquilizaban al oír las voces de sus padres, hasta tal punto que incluso dormían mejor.

Como el programa de la doctora Manrique incluye la estimulación temprana, se volvieron a realizar evaluaciones de manera periódica hasta que los niños cumplieron seis años.

Cuando los niños tenían dieciocho meses se evidenció un mayor desarrollo de las áreas mental y motora y de las funciones del lenguaje, coordinación óculo-manual, resolución de problemas y habilidades visomotoras en el grupo de trabajo.

A los tres años los niños del grupo de trabajo mostraron un mayor desarrollo en las áreas motora y mental, medido con variables como el lenguaje, la habilidad visomotora, la memoria, la inteligencia social y el razonamiento.

A los cuatro años, los coeficientes intelectuales (CI), verbal, de ejecución y global del grupo experimental fueron superiores a los del grupo de control.

A los cinco años demostraron tener un vocabulario y un conocimiento amplios de lo que les rodeaba, así como una mejor ejecución de las habilidades ligadas a la lectura y la escritura que el grupo de control.

A los seis años, los niños del grupo experimental tenían un vocabulario y una capacidad de abstracción excelentes y una buena coordinación visomotora, y obtuvieron en la escala de inteligencia de Stanford-Binet unos resultados que eran de media 14 puntos superiores a los del grupo de control.

Por último, esta investigación demostró que las madres que participaron en el programa afrontaban con una mayor confianza en sí mismas las cuestiones relativas a la crianza, estuvieron más activas en el parto, obtuvieron una tasa de éxito más alta en la lactancia y establecieron un vínculo más fuerte con el bebé y lograron una mayor estabilidad familiar, todo ello comparado con las madres del grupo de control.

A modo de resumen, los bebés que han recibido estimulación prenatal muestran las siguientes ventajas:

- Un mayor desarrollo en las áreas visual, auditiva y lingüística, un mayor desarrollo motor, y una optimización del desarrollo de los sentidos, que son fundamentales para el aprendizaje porque ayudan al bebé a estar más alerta.
- Son capaces de concentrar la atención durante más tiempo. Captan, procesan y aprenden más rápidamente, y tienen CI superiores.
- Desarrollan la comunicación, la coordinación visomotora, la memoria, el razonamiento, la aptitud para la música y la creatividad.
- Desarrollan el vínculo afectivo con los padres, lo cual es una buena base para desarrollar la inteligencia emocional.
- Duermen mejor, cosa que fortalece el sistema inmune, y se calman con mayor facilidad al oír las voces y la música que escuchaban mientras estaban en el útero.

Cómo ponerlo en práctica

La estimulación prenatal puede comenzar tan pronto como se desee, aunque es plenamente efectiva hacia el final del segundo trimestre del embarazo y principios del tercero, cuando el sistema nervioso del bebé se ha desarrollado y está listo para funcionar. Para que los ejercicios de estimulación den resultados es importante que se realicen todos los días, si bien tampoco conviene «agotar» al bebé en exceso. Así, se recomienda distribuir los ejercicios a lo largo de la jornada en tandas de unos pocos minutos de duración cada una.

Los ejercicios pueden clasificarse en cuatro grandes áreas. Pese a que los relacionados con la estimulación auditiva son los más estudiados y de los que mejor se conoce el impacto beneficioso en el bebé, los demás también parecen resultar provechosos. Y en el caso de que no se confirmara su utilidad, igualmente servirían para potenciar el vínculo emocional entre los padres y el bebé, preparando a la pareja para su llegada, sin causarle ningún daño al niño.

Si el embarazo es de riesgo o existen antecedentes de aborto o partos prematuros, no es conveniente practicar la estimulación motora o sensorial hasta que el obstetra que esté llevando el embarazo haya corroborado su idoneidad.

Estimulación auditiva

La audición se desarrolla muy pronto en el feto, lo cual permite realizar multitud de ejercicios. El estímulo tiene que ser sencillo. Si nos decidimos por poner música, es mejor que sean piezas con pocos instrumentos, como las nanas, ya que de lo contrario al bebé le resultaría difícil comprender, analizar, discernir y asimilar la diversidad de timbres acústicos. A poder ser, seleccionaremos piezas instrumentales y de cadencia constante, como el latido del corazón de la madre, sin cambios bruscos de timbre, ritmo o volumen. Lo ideal es presentar el estímulo de manera organizada y repetitiva, es decir, dedicarle unos cinco o diez minutos cada día, siempre a la misma hora. Para facilitar la escucha podemos acercar un altavoz a la barriga, aunque no es imprescindible y un volumen muy alto incluso podría ser contraproducente. En este sentido, la música debe sonar a un volumen que le resulte placentero también a la madre.

Otra opción es hablar con el bebé, y que tanto la madre como el padre se comuniquen con él como si ya hubiera nacido. Pueden contarle lo felices que están por su llegada, los preparativos que hacen en la casa para acogerlo o el nombre que han elegido; pueden cantarle o pueden decirle simplemente que lo quieren. Asimismo, son muchos los progenitores que empiezan muy temprano a contarle cuentos sencillos, y en este caso es conveniente poner emoción en la lectura para que el bebé pueda ir distinguiendo los diferentes momentos de la narración. Nuevamente, es importante que las actividades sigan una rutina constante y predecible para el bebé.

Con estos ejercicios la madre puede forjar un vínculo especial si se relaciona con su hijo varias veces al día. Los bebés, tanto en el útero como fuera de él, se comunican a través del movimiento. Responderán a un ruido alto o repentino con una patada, indicando que se han alterado. Las emociones de la madre, como la ira, la ansiedad y el temor, también pueden dar lugar a rabiosas patadas. Algunos estudios recientes demuestran que si la madre experimenta temor y su corazón empieza a latir con rapidez, el del bebé hará lo mismo. Al contrario, si le lee un cuento, el ritmo cardiaco del bebé bajará.

El feto escucha las vibraciones de la voz de la madre a través del cuerpo. Aprende a reconocer su tono, su lenguaje y sus registros expresivos particulares e identificará su voz en cuanto nazca. Oírla le ayudará a estar tranquilo y le dará seguridad.

El tono grave de las voces masculinas atraviesa la pared abdominal con mayor facilidad que el de las voces femeninas. El bebé reconocerá las voces de hombre que haya oído con mayor frecuencia, pero preferirá el sonido de la de su madre. Procura, a la vez que le hablas, descansar y relajarte. Dedica treinta minutos, o más, al día, preferiblemente a la misma hora, a descansar en un lugar tranquilo y charlar con él.

Estimulación motora

¡Al bebé le encanta el movimiento! Además, hacer ejercicio es muy positivo para la embarazada porque estimula la liberación de endorfinas, que mejoran el ánimo, y es una buena manera de mantenerse en forma y no engordar de más.

Lógicamente, no hay que practicar deportes bruscos o que entrañen algún riesgo. Aun así, existen numerosas posibilidades, desde caminar o balancearse en una mecedora hasta nadar o bailar con la pareja. Cuando la madre realiza estos ejercicios, ayuda a desarrollar la percepción del espacio y el movimiento del bebé gracias a las diferentes posturas que adopta.

En este tipo de estimulación también es fundamental la rutina y que, una vez que se comience con un tipo de ejercicio, se continúe con el mismo hasta el parto.

Estimulación visual

En este caso se trata de estimular la retina con el objetivo de adaptar al bebé a la luz, prepararlo para el entorno del nacimiento y promover su curiosidad y capacidad de atención.

Puedes jugar colocando una fuente de luz, por ejemplo una linterna, delante del vientre y dibujar con ella figuras geométricas en la barriga, o alejarla y acercarla de manera rítmica y constante.

Cuando haga buen tiempo, toma un poco el sol con la tripa descubierta, de este modo tu hijo no solo percibirá la luminosidad del día, sino que también sentirá el agradable calor del sol. Con cinco o diez minutos de exposición es suficiente (¡y no olvides ponerte crema de protección solar!).

Estimulación sensorial

Con el simple gesto de tocarte la barriga puedes transmitir distintas sensaciones a tu hijo y favorecer su desarrollo. Presionando un poco el abdomen con un dedo notarás que el feto se mueve al intentar defenderse. Sin embargo, si te sientas cómodamente en el sofá y te acaricias el vientre de forma muy suave, con movimientos lentos y circulares, haciendo pequeños masajes, esa sensación os encantará a él y a ti.

Se puede combinar el tacto con la meditación y así potenciar aún más la sensación de paz y felicidad. Mientras presionas el abdomen con mucho cuidado, cierra los ojos e intenta imaginarte lo que siente el bebé mientras nada plácidamente en el líquido amniótico. La sensación será todavía más placentera. Si dispones de tiempo, sumérgete en la bañera con agua templada, apaga la luz y habla con él.

Otra opción es combinar el tacto y la palabra. De esta manera, a la vez que estableces un vínculo sensorial con el feto, él aprende a asociar las palabras con la acción. Prueba a realizar estos ejercicios:

- Aprieta tu abdomen con firmeza, pero sin brusquedad, desde la cadera hacia el ombligo, diciendo: «Apretar, apretar, apretar. Te estoy apretando».
- Frota circularmente la piel del abdomen con la punta de los dedos, como si rascaras, diciendo: «Frotar, frotar, frotar. Te estoy frotando».
- Palmea el abdomen con golpecitos suaves, primero por un lado y después por el otro, de abajo arriba, diciendo: «Palmear, palmear, palmear. Te estoy palmeando».
- Pasea las manos sobre el abdomen de arriba abajo, diciendo: «Acariciar, acariciar, acariciar. Te estoy acariciando».

En general, no hay normas sobre la estimulación del bebé, por lo tanto, puedes crear las tuyas propias. Lo importante es la práctica, y en este sentido la combinación de técnicas permite obtener una experiencia más rica y satisfactoria tanto para el bebé como para la madre. Además de hablar y acariciar la tripa al mismo tiempo, puedes bailar al sol un rato, llevar el ritmo de la música dando palmaditas en el vientre, aprovechar que te pones crema antiestrías en la barriga para jugar con tu bebé o procurar que participe en todo lo que haces: cuando cocines, cuéntale lo que estás preparando; cuando te vayas a dormir, dile que apagarás la luz, habrá más oscuridad y es hora de descansar.

¡Lo importante es tomar conciencia de que lo que estamos haciendo es bueno para el bebé y que nos alegramos de hacerlo!

2.2. Estimulación precoz

Algunos padres piensan que hay que dejar que los bebés se desarrollen a su propio ritmo y que resulta contraproducente exigirles o forzarlos a que avancen más rápidamente de lo que su naturaleza les permite. Otros, por el contrario, desde los primeros días de vida de su hijo se ocupan de estimularlos tanto mental como físicamente de las más diversas formas, hasta llegar a extremos que, en verdad, hasta pueden resultar tragicómicos.

Por ejemplo, no puedo quitarme de la cabeza la imagen de un amigo culturista que, al nacer su primer hijo, se propuso entrenarlo desde su más tierna infancia y le fabricó unas mancuernas de fieltro para iniciarlo en el maravilloso mundo del gimnasio. Otro amigo, amante de la cultura en todas sus formas, quería enseñar a leer a su hijo y, desde que el niño cumplió un año, se empeñaba en mostrarle libros con palabras simples para que las reconociera. Como es lógico, el pequeño no aprendió a leer hasta muchísimo tiempo después, por la simple razón de que cuando su padre le daba lecciones no estaba preparado para adquirir ese conocimiento.*

Sin embargo, aunque la intuición nos diga lo contrario, y siempre que no se llegue a extremos como estos, es preciso admitir que, definitivamente, es mejor estimular cuanto sea posible al bebé y ofrecerle todo tipo de desafíos. Con cada reto superado aprenderá nuevas habilidades, fortalecerá su autoestima, adquirirá un grado superior de independencia y subirá un peldaño más en la progresión de su desarrollo.

De hecho, el periodo desde el nacimiento hasta los tres años es una etapa esencial e irrepetible en la que el desarrollo del cerebro avanza a una velocidad muy rápida. Son, literalmente, millones las neuronas y sinapsis que se crean mientras el bebé va creciendo. No es de extrañar que la circunferencia craneal media pase de los 34 a los 50 centímetros, ¡aumenta casi la mitad de su tamaño! Nunca volverá a crecer tanto en tan poco tiempo.

Recordemos que un recién nacido no puede hacer nada por sí mismo. Carece incluso de las habilidades y la

* https://www.sciencedaily.com/releases/2014/02/140225111818.htm

fuerza que necesitaría para cambiar de posición. En cambio, solo tres años después ha aprendido a caminar, correr y saltar, sube y baja escaleras, no hay pelota que se le resista, ha dejado su impronta artística en alguna que otra pared blanca de la casa, se comunica mediante el habla con bastante fluidez y expresa claramente lo que quiere y lo que no, controla los esfínteres y, en general, es como nosotros, solo que en una versión reducida.

Cuando cumpla cuatro años en su cerebro se habrán conformado hasta mil billones de conexiones neuronales, y lo cierto es que podemos influir para maximizar este número y hacer que nuestros hijos den lo mejor de sí mismos.

Audrey Van der Meer, profesora de neuropsicología en la Universidad Noruega de Ciencia y Tecnología que ha investigado la actividad cerebral de cientos de bebés durante años utilizando herramientas de última tecnología, concluyó en un estudio reciente que en el cerebro de los niños pequeños las neuronas aumentan rápidamente en número y especialización a medida que el bebé aprende nuevas habilidades y va adquiriendo tanto independencia como más conocimientos.* De hecho, en el cerebro de un bebé se pueden formar hasta mil conexiones neuronales nuevas por segundo, y cuantas más conexiones se creen, mayor potencial tendrá ese cerebro para alcanzar altas cotas de funcionamiento.

Un factor importante que conviene tener en cuenta es que la estimulación debe ser tal que implique la participa-

* https://www.frontiersin.org/articles/10.3389/fpsyg.2016.00 100/full

ción activa del bebé. Pasearlo con un carrito por el parque no es tan beneficioso como dejar que toque, pruebe o huela el césped. Cada vez que se encuentre con una situación o elemento desconocido se producirán nuevas conexiones neuronales.

Estas conexiones pueden desaparecer si el estímulo que las generó no se vuelve a producir, por lo que es preciso que el bebé las refuerce enfrentándose reiteradas veces a dicha estimulación. Como ejemplo, Van der Meer señala que los bebés chinos, hacia los cuatro meses, diferencian perfectamente el sonido «r» del sonido «l», pero conforme van creciendo van perdiendo esta habilidad, pues su lengua materna no les crea la necesidad de distinguirlos, y al llegar a los ocho meses son incapaces de hacerlo.

De hecho, en edades tempranas el cerebro del bebé tiene tal grado de plasticidad que desaprovechar la oportunidad de crear todas las sinapsis neuronales que sea posible podría incluso considerarse una irresponsabilidad por parte de los progenitores.

Si la estimulación temprana es esencial para cualquier bebé, lo es aún más para los que tienen alguna necesidad especial. Así, un niño que nace, por ejemplo, con una dificultad motora, podría solventarla mediante una correcta estimulación gracias a la plasticidad que el cerebro posee en los primeros años de vida.

Los beneficios de la estimulación temprana duran toda la vida. Según un estudio reciente,* una infancia rodeada

* http://journals.plos.org/plosone/article?id=10.1371/journal.pone.0138217

de libros y juguetes educativos y llena de oportunidades para explorar y aprender cosas nuevas deja una impronta en el cerebro de las personas que se mantiene hasta al menos bien entrada la adolescencia. Los científicos descubrieron que existe una relación directa entre el grado de estimulación recibido hasta los cuatro años y el desarrollo de las áreas del cerebro dedicadas al lenguaje y la cognición en el futuro. Ya se sabía que las experiencias de la infancia afectaban al cerebro de uno u otro modo, pero hasta ahora se había estudiado esta influencia solo en casos extremos de niños que habían sufrido abusos o traumas, y no se había determinado qué sucedía en una infancia normal con un mayor o menor grado de estimulación.

Relacionando una investigación profunda de los hábitos en el hogar y los resultados de 64 escáneres cerebrales, se pudo determinar que la estimulación por parte de los padres hasta que los niños tenían cuatro años era el factor clave para predecir el desarrollo que alcanzarían varias partes del córtex cerebral quince años más tarde.

Los investigadores visitaron el hogar de las familias seleccionadas para el estudio y analizaron todo tipo de variables, como el número de libros que había a disposición de los niños, si estos tenían juguetes y de qué tipo o si los padres les enseñaban los colores, los números y las letras. En la recogida de datos también se estudió el estilo de crianza que practicaban los progenitores, en términos de calidez de la relación, el apoyo brindado al niño y la implicación en su educación.

Cuando los niños cumplieron ocho años se repitió el mismo análisis y se descubrió que a esta edad estos factores ya no resultaban predictivos del desarrollo futuro, lo que corrobora la necesidad de volcarse en la estimulación en los primeros años de vida.

Tanto es así que para los padres esta práctica puede convertirse en una especie de «seguro» de crianza. Las zonas del cerebro más desarrolladas gracias a la estimulación son aquellas relacionadas con las habilidades cognitivas, sociales y emocionales que permiten a los adolescentes disfrutar de interacciones con las otras personas más seguras, predecibles y estimulantes. Los padres de adolescentes ya no pueden (y en muchos casos no deberían) estar junto a sus hijos cuando estos empiezan a decidir qué tipo de amistades prefieren, si experimentarán o no con drogas, qué prácticas sexuales llevarán a cabo o cuál será su grado de implicación en los estudios. El correcto desarrollo del córtex, el área del cerebro más nueva en términos evolutivos y donde se producen la percepción, la imaginación, el pensamiento, el juicio y la decisión, permitirá al adolescente tomar mejores decisiones, pues podrá analizar adecuadamente cualquier situación con la información de que dispone o equilibrar el deseo de recompensa inmediata con sus objetivos a largo plazo.

Cómo ponerlo en práctica

La estimulación precoz es, junto a la propia vida, uno de los mayores regalos que les podemos hacer a nuestros hijos. Sin embargo, no hace falta sobreestimularlos ni organizarles una agenda de actividades que los deje agotados y enfadados. No siempre es preciso que estemos presentes para estimular al bebé, ya que él es capaz de jugar y explorar el mundo por sí mismo, una habilidad que le será de gran utilidad en el futuro.

La estimulación debe integrarse de manera natural en la rutina diaria: en los juegos, en el baño, en las comidas e incluso en el momento en que está cansado y se va a dormir. Cualquier situación puede convertirse en una oportunidad, si bien es preciso que dicha oportunidad se materialice mediante actividades o iniciativas adecuadas para su edad y las capacidades que ya ha desarrollado.

Desde el nacimiento hasta los 9 meses:
el periodo del apego y la seguridad

Durante esta etapa, el bebé, que es todavía del todo dependiente, necesita formar un fuerte vínculo con sus cuidadores. Su cerebro está preparado para demandar atenciones que si son satisfechas correctamente le brindarán la seguridad suficiente para empezar a entender el mundo que lo rodea y explorarlo. Cuantas más respuestas de amor y dedicación reciban de su entorno, sus emociones irán evolucionando de la manera que precisa para seguir avanzando en su desarrollo.

En esta etapa, los bebés necesitan tener relaciones con cuidadores que:

- Sean sensibles y entiendan los mensajes que el bebé emite.

- Atiendan rápidamente sus necesidades, sobre todo si hay algo que incomoda o molesta al bebé.
- Conozcan al bebé y sepan interpretar qué es lo que demanda en cada momento.
- Lo estimulen de acuerdo a su desarrollo.

De los 7 a los 18 meses: el periodo para ganar la confianza que requiere explorar el mundo

En esta etapa los bebés se convierten en auténticos exploradores de su entorno: investigan los objetos que los rodean y las personas que los acompañan para, paulatinamente, ir tomando conciencia de sí mismos, ir probando sus capacidades y comenzar a aprender a relacionarse con los demás.

Sirviéndose de sus crecientes habilidades motoras curiosean todo lo que hay a su alrededor y, en función de las respuestas de sus cuidadores y de otros niños, van aprendiendo qué cosas están socialmente aceptadas y cuáles no, y empiezan a hacerse una idea muy clara de qué actividades son seguras y cuáles pueden entrañar un riesgo.

En este periodo de exploración las habilidades de comunicación de los bebés crecen de una manera notable. Quizá no sean capaces de expresarse con precisión, pero comprenden perfectamente lo que se les dice y en su cerebro se van consolidando las estructuras que les permitirán más tarde hablar con fluidez.

En esta etapa en la que va adquiriendo una mayor conciencia de sí mismo, el bebé necesita que sus cuidadores:

- Lo escuchen con atención.
- Valoren lo que dice y hace.
- Le enseñen a gestionar sus emociones, así como las respuestas a las mismas.
- Marquen límites que distingan lo que es seguro explorar y lo que no.

De los 15 a los 36 meses: el periodo en el que se alcanza la independencia

A partir de los quince meses, el bebé continúa adquiriendo conciencia de sí mismo como una persona individual y de su posición frente a los cuidadores y los demás niños. Comienza a darse cuenta de sus emociones y es muy sensible a los juicios de otras personas, hasta tal punto que a veces se avergüenza de alguna mala acción o se muestra tímido si una situación lo intimida.

Esta época también se caracteriza por el gran crecimiento que experimentan muchas áreas del cerebro, y el niño comienza a desarrollar ideas propias, a proponer juegos o a interesarse por lo que hacen y dicen otras personas.

A estas alturas comprende todo lo que se le dice y puede expresarse con fluidez. Igualmente, sus habilidades motoras le permiten correr deprisa, trepar, empujar objetos, etcétera. Pero no solo observamos un visible desarrollo físico, sino que vemos que el niño además adquiere nuevas habilidades cognitivas, como un incipiente autocontrol, una mejora de la memoria o la elaboración de pensamientos que le permiten entender mejor el mundo que lo rodea y el lugar que ocupa en él, gracias a lo cual descubre que sus intereses pueden chocar o no con los de las otras personas.

Ahora que ya tiene una conciencia clara de sí mismo, el niño necesita que sus cuidadores:

- Sean un ejemplo con su conducta, para que el niño tenga un modelo de lo que está bien y lo que está mal, de lo que es seguro y lo que es peligroso y, en definitiva, de cómo ha de comportarse en sociedad.
- Sean una guía en el aprendizaje de nuevas áreas de conocimiento. En esta etapa al niño ya no le basta la exploración, sino que precisa indicaciones con nuevos retos para seguir desarrollándose.
- Le ofrezcan un marco estable de rutinas para aprender correctamente todo lo que se le presenta, ya que, aunque cada vez se muestra más capaz, su cerebro aún es demasiado inmaduro para procesar todas las novedades de manera adecuada.

El cuadro siguiente proporciona a los padres una guía sobre cómo se desarrolla el niño.* Por supuesto, cada etapa es parte de un continuo y que el bebé supere una significa que está preparado para alcanzar la siguiente. No obstante, no todos los niños lo hacen al mismo tiempo. Por otro lado, es posible que cuando no se alcanza algún hito determinado sea porque existe algún problema que es preciso solventar.

* http://www.factsforlifeglobal.org/03/development.html

HACIA EL MES DE VIDA

EL BEBÉ DEBERÍA SER CAPAZ DE:

1. Girar la cabeza hacia la mano que le acaricia la mejilla o la boca.
2. Llevarse ambas manos hacia la boca.
3. Girar la cabeza hacia las voces y sonidos familiares.
4. Mamar del seno al tiempo que lo toca con las manos.

CONSEJOS PARA PADRES Y CUIDADORES

1. Tras el alumbramiento, procurar el contacto piel con piel poniendo al bebé sobre el regazo de la madre y amamantarlo lo antes posible.
2. Sostenerle la cabeza cuando se coloca al bebé en posición vertical, e intentar buscar constantemente su mirada.
3. Masajearlo y abrazarlo a menudo.
4. Jugar con él sacando la lengua, guiñando un ojo o haciendo muecas.
5. Cogerlo siempre suavemente, incluso cuando esté cansado, molesto o llorando.
6. Amamantarlo con frecuencia y a demanda.
7. Cambiarlo a menudo, limpiando a fondo su culito y poniéndole crema protectora.
8. Hablarle, leerle y cantarle tanto como sea posible.
9. Ponerle frente a un espejo para que comience a identificarse.

10. Demostrarle una y otra vez amor incondicional a través de besos, caricias, etcétera.

HACIA LOS 6 MESES DE VIDA

EL BEBÉ DEBERÍA SER CAPAZ DE:

1. Levantar la cabeza y el pecho cuando está recostado boca abajo.
2. Intentar alcanzar y coger objetos colgantes.
3. Agarrar y sacudir objetos.
4. Rodar sobre sí mismo en ambos sentidos.
5. Sentarse con ayuda de un soporte.
6. Explorar objetos con las manos y la boca.
7. Comenzar a imitar sonidos y expresiones faciales.
8. Responder a su propio nombre y a caras familiares.

CONSEJOS PARA PADRES Y CUIDADORES

1. Acostar al bebé en una superficie limpia, plana y segura para que pueda moverse libremente y alcanzar objetos.
2. Continuar abrazándolo y dándole amor y afecto todos los días.
3. Apoyarlo o sostenerlo en una posición segura para que pueda ver lo que sucede cerca de él.
4. Continuar amamantándolo a demanda día y noche, y comenzar a agregar otros alimentos (habla con a tu pediatra sobre la introducción de la alimentación sólida).

5. Hablarle, leerle o cantarle con la mayor frecuencia posible, no solo cuando tenga hambre o cuando esté preparado para dormirse.

6. Identificar con qué juegos disfruta más (hacer cosquillas, esconderse, imitar los sonidos de un animal, etcétera) y seguir practicándolos.

7. Entregarle objetos con diferentes texturas para que pueda explorarlos.

8. Aprovechar las rutinas para explicarle en qué consisten y qué está haciendo (el cambio del pañal, el baño, la hora de ir a dormir, etcétera).

9. Ponerlo frente a un espejo para que comience a identificarse.

HACIA LOS 12 MESES DE VIDA

EL BEBÉ DEBERÍA SER CAPAZ DE:

1. Sentarse sin necesidad de ningún apoyo.
2. Gatear sobre manos y rodillas y ponerse de pie por sí solo.
3. Caminar cogido de algún soporte.
4. Tratar de imitar palabras y sonidos y responder a solicitudes simples.
5. Disfrutar jugando y aplaudiendo.
6. Repetir sonidos y gestos para llamar la atención.
7. Recoger cosas con el pulgar y un dedo.
8. Comenzar a sostener objetos como una cuchara y una taza e intentar alimentarse sin ayuda.

1. Señalar objetos de uso cotidiano, nombrarlos y explicarle para qué sirven.
2. Identificar los juegos que más le divierten (esconderse y aparecer, hacer ruidos raros, etcétera) y practicarlos a menudo.
3. Cantarle canciones y animarlo a cantar.
4. Leerle historias simples con frecuencia.
5. Aprovechar las comidas y otras actividades familiares para fomentar la interacción con todos los miembros de la familia.
6. Dejar que juegue y explore diversos tipos de comidas.
7. Brindarle afecto de manera constante y responder adecuadamente cuando está feliz o se encuentra molesto y llorando.
8. No dejarlo desatendido en la misma posición durante mucho tiempo.
9. Procurar que el espacio donde está sea lo más seguro posible para evitar accidentes y mantener fuera de su alcance todo lo que pueda entrañar algún peligro, como objetos punzantes, bolsas de plástico o pequeñas piezas que puedan hacerle daño.
10. Dejar que se suba sobre tu cuerpo y lo investigue.
11. Si es posible, continuar amamantándolo y asegurarse de que tenga una alimentación completa, sana y equilibrada.
12. Ayudarle a experimentar con los alimentos, así como con las cucharas, boles, tazas, etcétera.
13. Mantener las manos del niño limpias y comenzar a enseñarle a lavárselas con jabón neutro.

14. Aprovechar las rutinas para explicarle en qué consisten y qué está haciendo (el cambio del pañal, el baño, la hora de ir a dormir, etcétera).

15. Si el niño se desarrolla lentamente o tiene una discapacidad física, concentrarse en las habilidades que posee y procurar estimularlo e interactuar con él de manera más intensa. Acudir a un profesional que pueda ayudarlo.

HACIA LOS 2 AÑOS DE VIDA

EL BEBÉ DEBERÍA SER CAPAZ DE:

1. Caminar, escalar y correr.
2. Señalar objetos o imágenes cuando son nombrados (por ejemplo, nariz, ojos, oídos).
3. Decir varias palabras juntas (desde aproximadamente los 15 meses).
4. Seguir instrucciones simples.
5. Garabatear si se le da un lápiz o una cera.
6. Disfrutar de historias y canciones simples.
7. Imitar el comportamiento de los demás.
8. Comenzar a comer solo.

CONSEJOS PARA PADRES Y CUIDADORES

1. Leer las historias que más le gusten e introducir otras nuevas poco a poco.

2. Determinar con qué juegos disfruta más y ofrecérselos.

3. Si le gusta bailar, hacerlo a todas horas con su música favorita.

4. Gastarle bromas «blancas», como señalar en una foto a una tía y decir que es la abuela.

5. Cantar con el niño canciones conocidas a las que se pueda cambiar la letra según convenga.

6. Enseñarle imágenes en libros y contarle su significado.

7. Dejar que se suba sobre tu cuerpo y lo investigue.

8. Enseñarle a evitar objetos peligrosos.

9. Hablar con el niño de manera normal, y evitar infantilizar la forma de hablar o el vocabulario.

10. Aprovechar las salidas fuera de casa para contarle qué estáis haciendo, adónde vais, qué se va a encontrar, etcétera.

11. Dejar que juegue y explore diversos tipos de comidas.

12. Continuar amamantándole (si es posible) y asegurarse de que tiene una alimentación completa, sana y equilibrada.

13. Alentar, pero no forzar, al niño a comer.

14. Definir reglas simples de conducta, con expectativas razonables sobre el cumplimiento de las mismas por parte del niño.

15. Elogiar sus logros, brindándole confianza cuando tenga miedo.

16. Continuar dándole muestras de afecto de manera constante.

17. Si el niño se desarrolla lentamente o tiene una discapacidad física, concentrarse en las habilidades que posee y procurar estimularlo e interactuar con él de manera más intensa. Acudir a un profesional que pueda ayudarlo.

HACIA LOS 3 AÑOS

EL NIÑO DEBERÍA SER CAPAZ DE:

1. Caminar, correr, escalar, patear y saltar con facilidad.
2. Jugar con pelotas y empezar a explicar las reglas de cada juego.
3. Reconocer e identificar objetos e imágenes comunes al señalarlos.
4. Hacer oraciones con dos o tres palabras.
5. Empezar a contar historias y dejar que las complete.
6. Decir su nombre y su edad.
7. Nombrar los colores.
8. Entender el significado de los números.
9. Utilizar juguetes simbólicos en el juego.
10. Alimentarse solo.
11. Dar muestras de afecto a quienes lo rodean.

CONSEJOS PARA PADRES Y CUIDADORES

1. Leer y hojear libros con el niño; hablarle sobre las imágenes y su significado.
2. Contarle historias, enseñarle rimas y cantar canciones con él.
3. Si le gusta bailar, hacerlo a todas horas con su música favorita.
4. Darle su propio plato de comida.
5. Montar en cualquier parte de la casa un circuito de obstáculos para que pueda superarlo.

6. Continuar alentándolo para que coma solo, dándole todo el tiempo que necesite.

7. Ayudarle a vestirse, a usar el baño para hacer sus necesidades y a lavarse las manos cada vez que las haga.

8. Escuchar atentamente todas las preguntas que formule y responderlas de la manera más completa posible.

9. Fomentar el juego creativo, los juegos de construcción y el dibujo.

10. Asignarle tareas sencillas, como colocar los juguetes en su lugar o dejar la ropa sucia en un cubo, y enseñarle qué es la responsabilidad.

11. Limitar al máximo las horas que pasa frente a las pantallas (televisor o dispositivos electrónicos). Ningún programa o aplicación educativa lo estimulará mejor que su padre o su madre.

12. Aprovechar las salidas fuera de casa para contarle qué estáis haciendo, adónde vais, qué se encontrará, etcétera.

13. Reconocer y fomentar el comportamiento positivo y establecer límites claros.

14. Dedicar algún momento del día a hablar de cómo se siente o cree que se sienten los demás, identificando las emociones.

15. Darle muestras de afecto de manera constante todos los días.

16. Si es posible, llevarlo a entornos donde pueda intercambiar experiencias con otros niños (guarderías, parques, etcétera).

17. Si el niño se desarrolla lentamente o tiene una discapacidad física, concentrarse en las habilidades que posee el niño y procurar estimularlo e interactuar con él de manera más intensa. Acudir a un profesional que pueda ayudarlo.

HACIA LOS 5 AÑOS

EL NIÑO DEBERÍA SER CAPAZ DE:

1. Moverse de forma coordinada.
2. Hablar formando oraciones completas y utilizar un vocabulario amplio.
3. Entender los opuestos (por ejemplo, gordo y delgado, alto y bajo).
4. Jugar con otros niños.
5. Vestirse sin ayuda.
6. Responder preguntas simples.
7. Contar entre 5 y 10 objetos.
8. Lavarse las manos.

CONSEJOS PARA PADRES Y CUIDADORES

1. Escuchar al niño atentamente y responder sus preguntas de la manera más completa posible.
2. Interactuar frecuentemente con el niño.
3. Leerle y contarle historias.
4. Alentarle a jugar y explorar su entorno.
5. Mantener conversaciones sobre los intereses comunes.
6. Fomentar el juego creativo, los juegos de construcción y el dibujo.
7. Dedicar algún momento del día a hablar de cómo se siente o cree que se sienten los demás, identificando las emociones.

8. Limitar al máximo las horas que pasa frente a las pantallas (televisor o dispositivos electrónicos). Ningún programa o aplicación educativa lo estimulará mejor que su padre o su madre.

9. Aprovechar las salidas fuera de casa para contarle qué estáis haciendo, adónde vais, qué se encontrará, etcétera.

10. Reconocer y fomentar el comportamiento positivo, y establecer límites claros y coherentes.

11. Darle muestras de afecto de manera constante todos los días.

12. Hacer tareas creativas juntos, como dibujar el árbol genealógico de la familia o preparar el postre para la comida familiar.

13. Darle la oportunidad de tomar sus propias decisiones, invitándole a elegir entre dos o más opciones sobre cualquier tema (la ropa que viste, la comida que quiere comer, etcétera).

14. Matricularlo en una escuela infantil que prepare su ingreso a la escuela primaria.

15. Si el niño se desarrolla lentamente o tiene una discapacidad física, concentrarse en las habilidades que posee y procurar estimularlo e interactuar con él de manera más intensa. Acudir a un profesional que pueda ayudarlo.

2.3. Guardería, sí o no

Uno de los momentos más difíciles para cualquier madre trabajadora es el de la finalización de la baja por maternidad y la reincorporación a su puesto de trabajo. Es una situación complicada por las muchas aristas que tiene y porque la solución que se encuentra para conciliar crianza y trabajo, en un buen número de casos, no resulta del todo satisfactoria y puede generar sentimiento de culpabilidad.

En España, la mayoría de las madres trabajadoras disfrutan tras el parto de un periodo de baja de entre cuatro y seis meses, en función de si solo se acogen a la baja por maternidad o si le suman las vacaciones del año y las horas del permiso de lactancia. Para muchas madres, y especialmente para aquellas que deciden extender la lactancia materna el máximo de tiempo posible, es un tiempo insuficiente, sobre todo teniendo en cuenta que los primeros meses y años de vida son fundamentales para el desarrollo del bebé, un ser que requiere todo tipo de cuidados dada su inicial indefensión.

Debido tanto a la manera en la que se organiza nuestra sociedad como a la legislación vigente, la mayor parte de las mujeres se ven obligadas a llevar a su bebé de cuatro meses a la guardería, buscar una niñera o recurrir a algún pariente (casi siempre los abuelos) para poder continuar con su carrera profesional. Con independencia del coste que tiene cada una de estas opciones, una variable que en ocasiones lleva a las madres a dejar el trabajo para dedicarse a la crianza de sus hijos, pues el salario que obtienen no alcanza para sufragarlo, antes de decidir cuál es el mejor modo de organizarse conviene valorar varias cuestiones.

Desde que nace hasta que cumple tres años, el bebé requiere básicamente que todas sus necesidades sean cubiertas con amor y dedicación, así como vivir en un entorno de estimulación tal que le permita desarrollar sus capacidades al máximo. Con esta perspectiva en mente se puede afirmar que, en general, no existe ningún inconveniente en que el cuidado del bebé se delegue a una tercera persona o institución, siempre y cuando ambas ofrezcan una atención de calidad y una dedicación equiparable a la de los padres. Al menos esta es la conclusión que se puede extraer del estudio «The NICHD Study of Early Child Care and Youth Development»,* basado en el seguimiento completo de más de mil niños durante quince años, desde su nacimiento hasta bien entrada la adolescencia.

La clave de la afirmación anterior es lo que implica el término «calidad» referido al cuidado del bebé, es decir, adoptar una serie de hábitos que aseguren la estimulación del pequeño de manera adecuada, como los siguientes:

- Mostrar una actitud positiva: ¿el cuidador está en general de buen ánimo, sonríe y ayuda al bebé en todo momento?
- Mantener contacto físico positivo: ¿el cuidador abraza al niño, le hace mimos o le da la mano? ¿Lo consuela cuando tiene algún problema?
- Responder a las vocalizaciones: ¿el cuidador repite lo que dice el niño? ¿Va comentándole lo que está haciendo para implicarlo? ¿Responde rápidamente a las consultas del niño?

* https://www1.nichd.nih.gov/publications/pubs/Documents/SECCYD_06.pdf

- Hacer preguntas: ¿el cuidador alienta al niño a hablar o comunicarse haciéndole preguntas que pueda contestar fácilmente, como las que se responden con un sí o un no, o preguntándole por un miembro de la familia o un juguete?
- Emplear diferentes maneras de hablar con el pequeño:
  - Utilizar expresiones enfáticas para responder a las acciones positivas, como «¡Lo conseguiste!», «¡Bien hecho!» o «¡Es genial!».
  - Aprovechar las oportunidades que se presentan para que aprenda frases, conceptos o recursos, desde el alfabeto hasta los números.
  - Usar cuentos, historias y canciones para enseñarle cosas e implicarlo en las actividades.
- Fomentar el desarrollo: ¿el cuidador ayuda al niño a levantarse y caminar? ¿Pone a los bebés más pequeños un rato boca abajo para que fortalezcan los músculos del cuello y los hombros? ¿Los anima a gatear? ¿El cuidador ayuda a terminar acertijos, apilar bloques o hacer puzles?
- Tener un comportamiento progresivo: ¿alienta al niño para que sonría y juegue con otros niños? ¿El cuidador le enseña a compartir? ¿Le da ejemplos de buenos comportamientos?
- Lectura: ¿el cuidador lee libros e historias? ¿Deja que el niño toque el libro y pase la página? Cuando se trata de niños mayores, ¿el cuidador señala imágenes y palabras en la página?
- Eliminar las interacciones negativas: ¿el cuidador se

asegura de ser positivo, no negativo, en las interacciones con el niño? ¿Adopta una actitud positiva para interactuar con el niño, incluso en momentos de estrés? ¿Siempre tiene tiempo para interactuar con el niño y no ignorarlo?

Por desgracia, en este mismo estudio se señala que en el grupo de los menores de un año solo gozan de un cuidado de alta calidad el 18 % de los bebés estudiados y que, conforme estos van creciendo, este porcentaje disminuye hasta el 6 %. Por lo general, más de un 70 % de los niños reciben atención de una calidad media, es decir, sus cuidadores cumplen solo algunos de los requisitos señalados más arriba.

Los niños que disfrutaron de los cuidados de mayor calidad hasta los tres años más tarde mostraron mejoras respecto a aquellos a quienes les faltó esa atención, especialmente en la función cognitiva y el desarrollo del lenguaje.

Acerca de este mismo tema, en un estudio realizado en España, «El impacto de la Educación Infantil en los resultados de Primaria: Evidencia para España a partir de un experimento natural. Reflexiones sobre el sistema educativo español», los investigadores, Daniel Santín y Gabriela Sicilia, hallaron resultados similares a estos e incluso señalaron una mejora del 6 % en el área matemática en aquellos niños que acudieron a una escuela infantil durante más tiempo.* Además, estos niños se muestran más

* http://www.sociedadyeducacion.org/site/wp-content/uploads/El-impacto-de-la-educacion-infantil.pdf

cooperativos, se relacionan mejor con otros niños y exhiben menos agresividad que los que no han recibido este tipo de cuidados.

Sin embargo, es preciso señalar que algunas de estas ventajas desaparecen si el tiempo de cuidados externos excede las treinta horas a la semana, pues se detectó que cuando se superaba esta cantidad de horas los niños tenían un mayor número de problemas de conducta al acceder posteriormente a la escuela infantil.

Adicionalmente, el estudio NICHD también señala que lo que más influye en el desarrollo sano de un niño no es tanto el tipo de cuidado externo que recibe si este es de calidad, tanto si lo recibe de un canguro como de una guardería o de otro cuidador, sino más bien la naturaleza de sus experiencias en el hogar con sus padres.

Es decir, la ayuda externa debería limitarse al 18 % de la semana —o sea, treinta horas semanales— para obtener resultados óptimos. Las 138 horas que los bebés pasan con sus padres son claves y durante las mismas el niño debe experimentar calidez, obtener una respuesta rápida y precisa a sus necesidades y recibir el tipo de estimulación correcto.

Estas treinta horas semanales de cuidado externo explican por qué muchas mujeres no se reincorporan al mercado de trabajo o, si lo hacen, piden reducción de jornada o deciden trabajar desde casa para estar el máximo tiempo posible con su bebé.

A veces las circunstancias nos impiden limitar el tiempo que nuestros hijos pasan en la guardería o escuela infantil a un máximo de treinta horas semanales, un objetivo que en España resulta casi imposible de conseguir debido a la estructura del mercado de trabajo. Esta imposibilidad es la que puede generar sentimientos de culpabilidad a los progenitores.

Es cierto que el estudio de referencia sobre este tema recomienda limitar así las horas de guardería, pero no es menos cierto que todos los estudios señalan que lo más importante es el tiempo que el bebé pasa al cuidado de sus padres. Si es preciso llevar a nuestro bebé a la guardería durante más horas, no tenemos que sentirnos culpables, siempre y cuando aprovechemos al máximo el tiempo que sí estamos con él en casa, de paseo, bañándolo, contándole cuentos o haciéndole mimos.

En resumen, los hallazgos de la investigación señalan que para los bebés de hasta tres años:

- La familia es lo más importante. Lo que más contribuye al desarrollo de un niño es que sus padres sean cálidos y receptivos e interactúen positivamente con él, le proporcionen un ambiente familiar seguro, estable y estimulante y que vivan en ese entorno el máximo tiempo posible.
- La solución de cada familia es específica para esa familia. La investigación indica que cualquier decisión que tome la familia será buena, a condición de que se tengan en cuenta las necesidades y personalidad de cada niño, así como las de los padres.
- La alta calidad es fundamental. Por ello se deben buscar cuidadores con formación y experiencia que sean capaces de crear un entorno cálido y receptivo

donde también se estimule al niño todo lo posible. Es esta calidad lo que proporciona mejores resultados sociales, cognitivos, de salud y emocionales.

Una guardería puede ser mejor que una persona cuidadora si esta se dedica a ver la televisión todo el rato y deja que el niño llore cuando necesita algo; y un cuidador puede ser mejor que una guardería si en esta se limitan a cambiar o dar de comer a los bebés a las horas previstas y no los estimulan de ninguna manera.

Por otro lado, cuando los padres valoran la posibilidad de llevar a su hijo a la guardería acostumbran a plantearse la cuestión de que el niño seguramente contraerá más enfermedades y se preguntan si esto resultará positivo o no para su inmunización temprana. Este fenómeno, que no es una leyenda urbana, se ha denominado «síndrome de la guardería» y consiste en que los niños que van a la guardería sufren algún proceso infeccioso de manera periódica. Suele tratarse de enfermedades comunes y no graves, como resfriados, gripes o gastroenteritis, que requieren que el pequeño pase un periodo de reposo en su casa para lograr la completa recuperación.

El estudio «Papel de la guardería y de la escolarización precoz en la incidencia de enfermedades infecciosas»,[*] realizado en España, muestra que los bebés de 0 a 24 me-

---

[*] E. Ojembarrena Martínez, R. Fernández de Pinedo Montoya, P. Lafuente Mesanza y M. Corera Sánchez, «Papel de la guardería y de la escolarización precoz en la incidencia de enfermedades infecciosas». https://www.aeped.es/sites/default/files/anales/45-1-9.pdf.

ses que están escolarizados padecen una media de 7,4 episodios infecciosos al año, mientras que los no escolarizados solo sufren 4 episodios al año. En el segmento de veinticuatro a treinta y seis meses, los no escolarizados padecen 3,1 episodios anuales, mientras que los que ya fueron escolarizados con anterioridad sufren 3,7 episodios, es decir, se van acercando a la media de los no escolarizados. Sin embargo, cuando un bebé de este segmento acude a una guardería por primera vez pasa por 6,3 episodios al año, un poco menos que los que sufrían los que entraban de más pequeños en la guardería, pero mucho más que los que se quedaban en casa.

Contraer enfermedades infecciosas e ir inmunizándose a ellas es un proceso natural que han de pasar todos los bebés. El hecho de ir a la guardería hace que el proceso se acelere y haya mayor recurrencia de episodios infecciosos, lo cual desaconsejaría la opción de la guardería para aquellos niños en los que concurra algún otro cuadro médico que pueda agravarse a causa de este tipo de enfermedades. Para estos casos, lo mejor es consultar con el pediatra la idoneidad de llevar al bebé a una guardería.

Cómo ponerlo en práctica

Como hemos visto con anterioridad, uno de los hallazgos más claros que ha ofrecido la ciencia en relación con el desarrollo del cerebro del bebé es que este está estrechamente ligado a la intensidad y el tipo de las interacciones cotidianas que se establecen entre el niño y sus cuidadores. Las primeras experiencias de un bebé, tanto en términos de cuidados como de estimulación, configuran el modo en que se desarrollará su cerebro en el futuro. Cuanto más ricas y satisfactorias sean estas interacciones, mejor será el desarrollo del pequeño. Un bebé que cuando llora recibe consuelo inmediato de manera continua aprenderá a anticipar este comportamiento en el futuro. Si, por el contrario, no es atendido, aprenderá qué puede esperar de este comportamiento y le generará estrés. Estas percepciones influyen en cómo los bebés entienden su entorno, se relacionan con los demás y se implican en el aprendizaje. Cuando las experiencias son principalmente positivas, los niños perciben los comportamientos y los mensajes de los demás de manera positiva y, en consecuencia, estarán más motivados para explorar el mundo que los rodea. Cuando los bebés tienen experiencias tempranas adversas y repetidas, esperarán que los comportamientos de sus cuidadores sean negativos y comenzarán a percibir cualquier nueva experiencia como negativa, lo cual cerrará sus ansias de exploración.

Si el estrés es severo y persistente (como en casos de pobreza extrema, abusos por parte de los cuidadores o desatención cronificada), se vuelve tóxico y daña el desarrollo de la arquitectura del cerebro, lo que puede ocasionar al individuo que lo padece problemas de aprendizaje y comportamiento, así como de salud física y mental durante el resto de su vida.*

* «A Science-Based Framework for Early Childhood Policy», Center on the Developing Child, Harvard University, https://

Resulta inevitable que en ocasiones el bebé sufra momentos de estrés estando en manos de sus cuidadores. No obstante, si el estrés es tolerable, es decir, aparece de manera puntual y no es grave, puede resultar positivo, puesto que permite al bebé desarrollar respuestas adaptativas que lo beneficiarán en el futuro.[*] Lo que los científicos han demostrado con la investigación del cerebro en los últimos treinta años es que el «cuidado tierno y cariñoso» defendido por los educadores de la primera infancia durante muchas décadas no es solo una forma amable de tratar a los niños, sino algo que repercute de manera crucial en el desarrollo temprano del cerebro.[**]

De 0 a los 9 meses

Los recién nacidos no solo están centrados en cubrir sus necesidades más básicas, sino también en desarrollar y fortalecer una relación de seguridad con sus cuidadores.[***] De hecho, buscan el contacto con ellos y comien-

---

46y5eh11fhgw3ve3ytpwxt9r-wpengine.netdna-ssl.com/wp-content/uploads/2016/02/Policy_Framework.pdf.

[*] https://www.researchgate.net/publication/324065463_Developmental_Adaptation_to_Stress_An_Evolutionary_Perspective

[**] https://www.naeyc.org/resources/pubs/yc/may2017/caring-relationships-heart-early-brain-development

[***] Marvin, R.S. y P.A. Britner (2008), «Normative Development: The Ontogeny of Attachment», capítulo 12, en Handbook of Attachment: Theory, Research, and Clinical Applications, eds. J. Cassidy y P.R. Shaver, 2.ª ed. Nueva York: Guilford.

zan a aprender las respuestas que reciben de los mismos. La investigación ha demostrado que esta búsqueda de apego encaja con el hallazgo de que, durante los primeros dos años de desarrollo cerebral, las emociones son las que desempeñan un papel dominante y constituyen la base para el futuro desarrollo intelectual y del lenguaje en el siguiente periodo.*

En esta etapa más temprana, los bebés, a través de los mensajes que reciben de los cuidadores, comienzan a percibir la medida en que son amados. Luego, partiendo de estas percepciones, crean un modelo inicial de trabajo sobre cómo relacionarse con los demás. Por lo tanto, la atención que reciben los bebés durante estos intercambios tempranos afecta directamente a la calidad del apego que establecen con sus cuidadores e influye en la postura emocional que tomarán en las interacciones con los demás.

Los cuidadores de bebés de esta edad deben:

- Ser sensibles a sus necesidades y a los mensajes que transmiten.
- Responder con rapidez a las necesidades que exponga el bebé.
- Entender qué está pidiendo el bebé y qué necesita.
- Estimular de la manera precisa el desarrollo del bebé.

* A. N. Schore, «Attachment and the Regulation of the Right Brain», *Attachment and Human Development*, 2000, 2 (1): 23-47.

De los 7 a los 18 meses

Esta es la etapa en la que el bebé empieza a explorar tanto su entorno como a sí mismo. Gracias a sus incipientes habilidades motoras y a su curiosidad, comienza a adquirir independencia,* aunque sigue dependiendo de sus cuidadores. Gracias a las experiencias que ha ido cosechando en sus primeros meses, va tomando conciencia de lo que es apropiado y lo que no, así como de la existencia del peligro.

En este periodo, la comunicación y las habilidades lingüísticas de los bebés aumentan notoriamente, y estos, aunque no hablan mucho, son capaces de entender prácticamente todo lo que un adulto les dice.

Los cuidadores de bebés de esta edad deben:

• Prestar atención a lo que hace el bebé y explicarle lo que está bien y lo que está mal.
• Fomentar la independencia del bebé en un entorno seguro.
• Estimular sus ansias de experimentación y aprendizaje.

* Calkins, S.D. y A. Hill (2007), «Caregiver Influences on Emerging Emotion Regulation: Biological and Environmental Transactions in Early Development», capítulo 11, en *Handbook of Emotion Regulation*, ed. J.J. Gross, pp. 229-248. Nueva York: Guilford.

De los 15 a los 36 meses

En esta tercera etapa, los niños toman conciencia de sí mismos como individuos* y de su posición frente a los demás. En este sentido, empiezan a ser sensibles a los juicios de sus compañeros, a sentir vergüenza, etcétera. Este período se caracteriza por el crecimiento rapidísimo del cerebro en varias áreas. Si antes predominaba el área emocional, ahora comienza a desarrollarse muy deprisa la parte intelectual y motriz. Los niños de esta edad pueden hablar con mayor fluidez, mantener conversaciones y aventurarse a explorar más sitios gracias a su cada vez mayor control de sus movimientos y a su fuerza. Aparecen asimismo las funciones ejecutivas del cerebro que les permiten establecer, mantener, supervisar, corregir y alcanzar un plan de acción dirigido a una meta dada.

Las interacciones que los niños tienen con sus cuidadores, compañeros y otras personas moldean el futuro social y emocional de su cerebro. Lo que los pequeños experimentan en su vida cotidiana forma sus expectativas sobre lo que constituye una conducta apropiada. Estas experiencias tempranas brindan lecciones para desarrollar códigos morales y éticos, conseguir el control de sus impulsos y emociones y aprender y adaptarse a las reglas de

* Vaughn, B.E., C.B. Kopp y J.B. Krakow, «The Emergence and Consolidation of Self-Control From Eighteen to Thirty Months of Age: Normative Trends and Individual Differences», *Child Development*, 55, 1984, (3): 990-1004.

su familia, su cultura y su sociedad. A medida que experimentan una creciente sensación de independencia y autocontrol, la capacidad de su cerebro para regular su comportamiento continúa desarrollándose; pero todavía necesitan la guía de los adultos, y esta orientación la mayoría de las veces les llega a través de relaciones de cuidado.

Los cuidadores de niños de esta edad deben:

- Establecer rutinas predecibles en entornos seguros y claramente definidos.
- Fomentar los logros de los pequeños, fortaleciendo la autorregulación y los comienzos de la función ejecutiva.
- Permitir la exploración del niño, pero manteniendo la vigilancia en todo momento.

Si los cuidadores cumplen estas funciones, podemos estar seguros de que nuestro bebé recibirá una buena atención.

Dado que se trata de una etapa tan importante, es fundamental tener en cuenta estos requisitos no solo para decidir quién cuidará del bebé, sino también para comprobar periódicamente que el nivel de calidad se mantiene a lo largo del tiempo.

Si se selecciona una guardería, sería interesante conocer con detalle todas sus características, desde la ratio de niños por cuidador hasta las titulaciones y cursos de especialización exigidos al personal, pasando por la índole de las instalaciones en las que el bebé se pasará un buen número de horas. Asimismo, sería muy útil conocer la experiencia de otras personas con el centro y, una vez que el bebé acude allí de manera regular, realizar visitas sorpresa o utilizar el servicio de televigilancia que algunas guarderías ponen a disposición de los padres para comprobar que en todo momento y bajo cualquier circunstancia su hijo se encuentra bien atendido.

En caso de que, por el contrario, decidamos contratar una persona para cuidar a nuestro bebé, deberíamos seleccionarla siguiendo unos criterios de exigencia muy similares a los que debería cumplir una guardería. ¿Esa persona tiene alguna experiencia anterior con niños? ¿Durante cuánto tiempo y con niños de qué edades? ¿Cuenta con alguna titulación o curso de especialización? En caso de producirse una emergencia, ¿sería capaz de actuar de forma resolutiva? ¿Se puede hablar con otras familias que hayan depositado la confianza en ella para que cuidara a sus bebés? Por desgracia en España este sector no está reglado ni lo suficientemente maduro, lo que en ocasiones dificulta mucho encontrar al cuidador perfecto para nuestros hijos.

Mención aparte requiere la decisión de dejar a nuestros bebés en manos de sus abuelos u otros parientes cercanos. La mayoría de las veces podemos estar seguros de su disposición y buena fe; el inconveniente es que esta disposición no es suficiente, sobre todo si tienen una edad avanzada. El cuidado de un bebé requiere mucha dedicación y esfuerzo físico, y es preciso valorar la idoneidad de dejar esta tarea a personas que quizá no estén al cien por cien de sus capacidades. Ahora bien, si los abuelos están en forma y lo desean, confiarles el cuidado de los niños es una opción excelente que resulta positiva tanto para los nietos como para los abuelos. Respecto a esta cuestión, un estudio realizado en Berlín* en los años noventa demostró que atender a los nietos producía una mejora general del estado de los abuelos y alargaba su expectativa de vida gracias a la suma del aumento de la actividad física y el mayor número de interacciones sociales.

En definitiva, si cuando se acabe tu baja maternal no sabes con quién dejar a tu bebé, debes tener en cuenta que, decidas lo que decidas, lo importante es que quien vaya a cuidarlo atienda sus necesidades al instante y no pierda ninguna oportunidad para estimularlo y asegurar su correcto desarrollo y crecimiento. Además, no tienes por qué sentirte culpable, pues, como hemos dicho, la calidad de tus interacciones con el bebé será lo que realmente lo ayudará a desarrollarse.

2.4. Aprender un segundo idioma desde la infancia

En el último siglo, la postura de la ciencia sobre la cuestión de aprender y hablar un segundo idioma pasó de la denostación al aprecio, lo cual es una buena prueba de que muchas de las afirmaciones que la ciencia hace en algún momento hay que revisarlas una y otra vez hasta que finalmente se alcanza un consenso.

* https://www.base-berlin.mpg.de/en

Si a principios del siglo xx se aseguraba que el aprendizaje de un segundo idioma era contraproducente para el desarrollo del niño, a mediados de la misma centuria empezó a creerse lo contrario, hasta tal punto que los científicos sostenían que se trataba de una excelente forma de mejorar las capacidades cognitivas de quienes poseían este conocimiento. Defendían que las personas bilingües presentaban ventajas sobre las monolingües a nivel cognitivo y que el bilingüismo incluso podía, además de elevar el grado de inteligencia, afectar positivamente a la función ejecutiva del cerebro* (el conjunto de operaciones cognoscitivas sustentadas por la actividad de los sistemas más complejos de los lóbulos frontales, las cuales se encargan de la programación, fijación de metas, clasificación, iniciación, ejecución, vigilancia, cambios flexibles y confrontación de todas las funciones mentales).

Sin embargo, los últimos estudios sobre esta materia no solo no han podido confirmar estas supuestas ventajas, sino que más bien encuentran que el bilingüismo no aporta más beneficios** que el monolingüismo a estas áreas.

En nuestro país, donde existen elevadísimos porcentajes de bilingüismo en muchas zonas, el investigador español Jon Andoni Duñabeitia ha realizado varios estudios*** comparando el desempeño de niños monolingües de habla española frente al de niños que se criaron tanto en es-

* https://www.ncbi.nlm.nih.gov/pmc/articles/PMC3583091/
** http://psycnet.apa.org/record/2018-08785-001
*** https://www.ncbi.nlm.nih.gov/pmc/articles/PMC4019868/

pañol como en euskera, y no halló ninguna ventaja significativa en ninguno de los dos grupos.

Aun así, hoy en día, todos los padres queremos que nuestros hijos aprendan un segundo o incluso un tercer idioma, ya que somos conscientes de que cuantos más idiomas hablen más facilidades tendrán en el futuro, con independencia de si este aprendizaje influye o no en el desarrollo de su cerebro. Hablar un segundo idioma ofrece la posibilidad de conectar y comunicarse con personas de otros lugares y culturas, abre puertas a hacer negocios más allá de nuestro entorno y enriquece la visión que tenemos del mundo y de la vida.

Aprender un idioma y llegar a ser bilingüe depende de dos factores: por un lado, la edad de adquisición del idioma y, por el otro, el lenguaje con el que el sujeto se comunica con su entorno. Cuanto más pronto un bebé entre en contacto con un nuevo lenguaje, menos le costará crear las estructuras precisas para su pleno desarrollo. En este sentido, se suele establecer los diez años como el límite de edad a la que se puede aprender un segundo idioma y tener la capacidad de adquirir el nivel de un nativo, si bien cuanto antes se empiece, mejor.

Esto se debe a que los bebés nacen con millones de células en el cerebro que controlan el lenguaje. Al principio de la vida, estas células se conectan con otras formando «caminos». Cuando oyen hablar a los adultos se fortalecen los caminos cerebrales que tienen que ver con el lenguaje. Sin embargo, a los diez años estos caminos ya están bien desarrollados y a partir de ese momento resulta más difícil aprender otro idioma.

Los niños pequeños pueden aprender un idioma con mayor rapidez y facilidad que los adolescentes o los adultos, por eso puede ser una buena idea hablar en casa un segundo idioma siempre que sea posible, pues tanto escucharlo como tratar de hablarlo con frecuencia favorecerá el aprendizaje. Los niños ofrecen menos resistencia a entender mensajes sencillos en otros idiomas y a reproducirlos poco después, así como a imitar otros sistemas fonológicos.

Los niños de hasta tres o cuatro años tienen la capacidad de crecer expuestos a varios idiomas sin mayores problemas. A partir del cuarto año ya no pueden conjugar algunos verbos de un idioma nuevo con tanta rapidez y sin errores. Entre los ocho y los diez años concluye una de las fases principales del desarrollo humano, precisamente en el momento en que los niños suelen empezar a aprender su primera lengua extranjera. A esa edad dejan de aprender de forma intuitiva y tienen que esforzarse de un modo similar a como lo hacen los adultos.

En 1997, el equipo de neurólogos del hospital Memorial Sloan Kettering, de Nueva York, comprobó que el cerebro de un niño es capaz de memorizar dos lenguas simultáneamente en una misma región de la corteza cerebral, utilizando un solo grupo de neuronas, a diferencia de los adultos, quienes al adquirir un segundo idioma lo almacenan en un área distinta del cerebro. En términos prácticos, esto significa que cuanto más pequeños sean los niños más natural y simple les resultará el aprendizaje de idiomas, puesto que no hacen el proceso de traducir el pensamiento de un idioma a otro, como los adultos.

Varios estudios recientes han comprobado que a los bebés que escuchan discursos en una lengua extranjera durante sus primeros meses de vida les es más fácil aprender idiomas en el colegio o una vez son adultos. Un equipo de psicólogos de la Universidad de Bristol indicó que el cerebro infantil en desarrollo pasa por un periodo de «programación» que determina la capacidad que tendrá el individuo durante su vida para reconocer sonidos clave en cualquiera que sea el idioma que se convertirá en su lengua materna. Así, cuando nace, un bebé es capaz de distinguir todos los sonidos. Por ejemplo, un bebé hijo de padres ingleses tiene la capacidad de discernir sonidos vocales griegos y chinos. Sin embargo, cerca de los seis meses selecciona solo aquellos que son relevantes para su lengua.

Por eso los bebés que oyen dos lenguas diferentes desde que nacen rápidamente consiguen comunicarse en ambos idiomas de manera semejante, si bien al principio manejan un vocabulario más limitado que el de un niño que aprende un solo idioma. Este es uno de los inconvenientes que presenta la educación bilingüe, pero se va mitigando conforme pasan los años hasta que el pequeño alcanza el mismo nivel de lenguaje que cualquier otro niño en ambos idiomas. Es decir, aunque es cierto que los niños que reciben una educación bilingüe pueden empezar a hablar un poco más tarde y tener menos vocabulario al principio, esas diferencias desaparecen rápidamente y entonces solo quedan los beneficios de hablar varios idiomas desde la infancia.

El segundo factor que interviene en el aprendizaje de

un segundo idioma es el entorno del niño. Los idiomas se aprenden estando en contacto con ellos, empleándolos en las relaciones con los demás y fijando conceptos y experiencias gracias a ellos.

CÓMO PONERLO EN PRÁCTICA

Si en casa uno de los progenitores habla un segundo idioma, lo mejor sería que este se dirigiera al pequeño exclusivamente en este idioma. Pero si no tenemos esta opción o preferimos descartarla, siempre podemos procurar una exposición a un segundo idioma con otras opciones:

- En la guardería o con la persona que cuide al bebé cuando sea pequeño.
- Pasar las vacaciones en lugares donde se comunique con otros bebés que hablen el segundo idioma deseado.
- Llevar al niño a un colegio bilingüe.
- Ofrecerle libros en castellano, inglés o en los idiomas que esté aprendiendo.
- Ver películas en versión original. Si se opta por esta opción, es importante que los niños vean la película con los padres para que puedan hacer comentarios y resolver dudas.
- Enviar a los hijos al extranjero en un viaje de inmersión ayuda a asentar las bases del idioma en el país donde se habla.

- Conectar con comunidades de extranjeros y hacer que los hijos se relacionen con niños cuya lengua materna es otra.
- Existen canales de televisión infantiles en inglés y programas de dibujos en otros idiomas. Lo mismo ocurre con la música. Es bueno fomentar que los niños escuchen canciones en otros idiomas e intentar que reconozcan las palabras. En ambos casos es importante que no se expongan a los programas o a las canciones de forma pasiva, sino que debemos pedirle al niño que relate la historia o responda preguntas con sus palabras en el segundo idioma. No se trata de corregirle ni de enseñarle, sino de procurar que utilice el vocabulario y las estructuras del idioma en su comunicación diaria.
- También es positivo el uso de recursos TIC, así como de herramientas digitales en otros idiomas, siempre y cuando estén ajustados a la edad del bebé y no se les dedique demasiado tiempo.
- Las clases de refuerzo o tener un cuidador que hable los idiomas que están aprendiendo los pequeños también son iniciativas que respaldan y complementan el aprendizaje de forma natural en su entorno con actividades diarias.
- Cuando el niño aprende a leer y escribir, es imprescindible fomentar en casa la escritura y la lectura en la lengua que no practique en el colegio mediante, por ejemplo, la lectura de cuentos.
- La regularidad es esencial. El progenitor que hable la lengua minoritaria (es decir, la que no es propia

del país en el que vive) no debe cansarse de hablarla y pasar a la otra.

Es muy frecuente que los bebés bilingües respondan en una u otra lengua indistintamente. Esto no significa que no entiendan lo que se les dice ni que no sepan en qué idioma se les habla; lo que sucede es que al principio suelen usar aquel que les es más fácil. Que no cunda el desánimo: si se insiste en el bilingüismo, llegará un momento en que el niño usará siempre la lengua adecuada.

Cuantas más horas pase el pequeño interactuando en una segunda lengua, más deprisa la adquirirá y la incorporará a su día a día. La clave es la interacción y darle al niño oportunidades de utilizar esa segunda lengua.

2.5. Disciplina del bebé

Con el uso, las palabras van perdiendo su sentido original, y en algunos casos vale la pena acudir a su etimología para conocer su verdadero significado y alcance. Cuando hacemos referencia a la disciplina, a menudo nos imaginamos castigos severos, normas rígidas y una riada de sentimientos negativos. Sin embargo, la palabra «disciplina» proviene del latín *disciplina*, que significa «instrucción» o «enseñanza». Y a su vez, el término latino *disciplina* proviene de *discipulus*, es decir, «alumno».

Partiendo de esta consideración, hablar de la disciplina del bebé es hablar de cómo enseñar a un alumno un conocimiento valioso que le será útil en su vida y que le permitirá crecer seguro e integrado en la sociedad. Ni más ni menos. No se trata de imponer castigos, gritar, establecer normas más o menos arbitrarias o hacer que el pequeño se sienta mal con la esperanza de que este condicionante negativo lo lleve a aprender la lección, sino más bien de entender por qué el niño actúa como actúa y de orientarlo e instruirlo con amor y dedicación para que su comportamiento sea el óptimo en función de su edad.

Hemos de tener en cuenta que un bebé de uno, dos o tres años dispone aún de muy poco autocontrol porque la corteza prefrontal del cerebro está en desarrollo y, por lo tanto, está dominado por sus emociones y deseos más básicos. Lógicamente, es normal que tenga poco interés en seguir nuestras absurdas normas y muchas veces termine con una rabieta. Cuando ocurre esto, su cerebro ha sido tomado por los instintos más básicos de pelear o huir y la calma no volverá hasta que se sienta seguro y querido.

De hecho, todos los niños pasan hacia los dos años por una etapa en la que las rabietas son una constante. Y son naturales, ya que en esta época comienzan a desarrollar su personalidad y a mostrar su independencia. Quieren hacer las cosas por sí mismos y obtener todo lo que desean al momento, sin entender que no siempre es posible concederles lo que piden.

Como aún no son capaces de expresarse con toda claridad ni de argumentar o explicar por qué no están de acuerdo con alguna decisión, su única forma de mostrar sus sentimientos es con una pataleta o una rabieta. En general, los niños actúan así cuando no se les permite hacer algo, cuando se les niega un capricho, cuando se les pide hacer algo que no quieren o cuando están muy cansados y frustrados. Saber en qué ocasiones reacciona tu hijo de esta manera es el primer paso para evitar sus rabietas, ya que te permitirá prevenirlas.

Si además se castiga a los niños por este comportamiento, lo más probable es que lo repitan como una manera de llamar la atención, aunque esto implique recibir un nuevo castigo, de tal modo que entran en una espiral destructiva.

En este contexto, ¿es posible que un niño que ha sido castigado y está enfadado, atemorizado o rencoroso atienda a alguna lección? No es razonable pensar que para que un niño se comporte bien es preciso hacer que se sienta mal. Intentemos recordar la última vez que alguien nos humilló o nos trató de una manera que consideramos injusta. ¿Acaso tras ese episodio nos sentimos con ganas de colaborar con quien nos hizo sufrir? ¿El trato injusto sirvió de acicate para que nos esforzáramos en mejorar? La respuesta más probable es que no, que no solemos mejorar en alguna cosa cuando estamos enfadados y resentidos.

Como la palabra «disciplina» está tan cargada de aspectos negativos y se identifica la mayoría de las veces con castigos, quizá sería preferible utilizar a partir de ahora el término «disciplina positiva» cuando nos referimos a los esfuerzos que los padres realizan para educar a sus hijos sin amenazas, coacciones o agresiones.

La gran diferencia entre el castigo y la disciplina positiva radica en que el primero se centra en lo que el niño ha hecho mal, mientras que la segunda asume que el niño quiere y puede comportarse adecuadamente, pero necesita ayuda y tiempo para interiorizar cómo ha de hacerlo. El castigo se basa en la idea de que el niño tiene que sufrir para que comprenda qué es lo que hizo mal y que este sufrimiento lo desaliente de realizar la misma acción en el futuro. Por el contrario, la disciplina positiva se basa en el principio de que los niños pueden aprender más a través de la cooperación y los premios que mediante el conflicto y el castigo. Además, cuando el niño se siente bien, tiende a comportarse bien y cuando se siente mal, tiende a comportarse mal. Pensemos otra vez en nosotros mismos: ¿no tenemos mejores comportamientos cuando nos sentimos seguros y felices que cuando estamos enfadados o tristes?

Los progenitores que utilizan los castigos físicos o las humillaciones para educar a sus hijos están ejerciendo un abuso de poder. Este quizá pueda aportar, y de hecho aporta, beneficios rápidos y a corto plazo, pues detiene un comportamiento indeseado, pero no funciona a largo plazo y además provoca un grave deterioro en la relación entre padres e hijos y afecta profundamente al comportamiento y la salud mental futuros de los pequeños.

En este sentido, existen numerosos estudios que relacionan los castigos en la infancia con una mayor probabilidad de desórdenes psicológicos en la edad adulta, tales como depresión, abuso o dependencia del alcohol y las drogas, comportamientos delictivos, falta de autoestima, etcétera.* Los resultados de los estudios actuales tam-

---

* Tracie O. Afifi, Douglas A. Brownridge, Brian J. Cox y Jitender Sareen, «Physical punishment, childhood abuse and psychiatric di-

bién señalan que la prevalencia de trastornos psiquiátricos es progresivamente mayor a medida que la gravedad de este tipo de adversidad aumenta durante la niñez. De hecho, conforme mayores son los castigos en la infancia, peores son sus efectos en la edad adulta. Además, por desgracia, la mayoría de los niños que han sido maltratados reproducen este comportamiento cuando son mayores y ejercen en sus propios hijos este tipo de prácticas;* se perpetúa así este modelo de crianza generación tras generación. En estos casos requiere mucho trabajo de introspección y autoconocimiento desaprender lo que los padres han enseñado sobre cómo criar a un hijo.

No solo tienen consecuencias negativas para los niños los castigos físicos (azotes, bofetadas, empujones, etcétera), sino también aquellos castigos que consisten en humillaciones de diferentes tipos, también las verbales (retirada de privilegios, gritos, burlas, amenazas...).**

---

sorders», 2006, Canadá; Jennifer A. Bailey, Karl G. Hill, Sabrina Oesterle y J. David Hawkins, «Parenting practices and problem behavior across three generations: Monitoring, harsh discipline, and drug use in the intergenerational transmission of externalizing behavior», 2009, Estados Unidos; http://www.childmatters.org.nz/file/Diploma-Readings/Block-2/Physical-Abuse/2.2-physical-abuse-childhood-abuse-psychiatric-disorders.pdf; Isabel Martínez Sánchez, «Repercusiones de la utilización del castigo físico sobre los hijos: influencia del contexto familiar», 2008, España.

   * Meifang Wang y Xiaopei Xing, «Intergenerational Transmission of Parental Corporal Punishment in China: The Moderating Role of Spouse's Corporal Punishment», 2014, China.

   ** Ljiljana Samardžić, Gordana Nikolić, Grozdanko Grbeša, Maja Simonović y Tatjana Milenković, «Correlation of adverse childhood experiences with psychiatric disorders and aggressiveness in

Como ya hemos visto con anterioridad, practicar uno u otro método de crianza puede tener importantes consecuencias a largo plazo en nuestros hijos. Pero no solo en la vida de un niño determinado, sino también en su entorno más cercano. En un estudio realizado en España* se afirma que los progenitores que dan con frecuencia a sus hijos muestras de afecto negativas o de rechazo por sus comportamientos generan en ellos poca predisposición a la cooperación social, un alto nivel de agresividad y comportamientos violentos o antisociales que lógicamente afectan a su entorno más cercano, desde la escuela hasta el parque.

Por el contrario, aquellos padres que aplican un método de crianza más asertivo ejercen una influencia positiva en la conducta de los hijos y en el estatus social que estos adquieren. Dado que el comportamiento social se aprende en gran medida en el ámbito familiar y desde edades muy tempranas, el nivel de aceptación que tiene un niño y su modo de comportarse y de establecer las primeras relaciones con sus compañeros son consecuencia de la educación recibida en el ámbito familiar.

Sobre esta cuestión existe una evidencia abrumadora de que los jóvenes que ven a sus padres como adultos amables (les brindan apoyo y son receptivos) y firmes (les exigen una mejora continua) tienen más éxito tanto social

adulthood», 2010, Bosnia; https://www.ncbi.nlm.nih.gov/pmc/articles/PMC3507962/; https://onlinelibrary.wiley.com/doi/abs/10.1111/j.1600-0447.2009.01491.x.

* https://dialnet.unirioja.es/descarga/articulo/3265411.pdf

como académico.* Por el contrario, los mismos estudios relacionan los estilos parentales autoritario (con altos grados de exigencia, pero de forma intrusiva y con una baja implicación real), permisivo (el de padres amables, pero sin una dirección clara) o no comprometido con un peor desempeño de los hijos.**

A menos que tengamos la suerte de que nuestro hijo sea un angelito que nunca requiera que le llamemos la atención y jamás se meta en problemas, será preciso asumir que uno de los roles que nos toca desempeñar como progenitores es el de educar y aplicar medidas disciplinarias en positivo cuando sea necesario. Si hemos tomado la decisión de desterrar de nuestro abanico de opciones los castigos físicos y las humillaciones verbales, deberemos encontrar otros métodos para instruir a nuestros hijos y prepararlos para la vida.

No obstante, existe una excepción, que en realidad se presenta en contadas ocasiones, en la que sí es indispensable gritar o hasta empujar a un niño. Son aquellos momentos en que su integridad física corre algún riesgo y es vital que la acción correctora sea tenida en cuenta de inmediato y sin dilación. Si el pequeño está metiendo los dedos en un enchufe, si está gateando por la cornisa de un balcón, si está sacando las manos por la ventanilla del coche o si está a punto de comerse un hongo venenoso mientras paseamos por el bosque, es imprescindible que

* Cohen, 1997; Deslandes, 1997; Dornbusch *et al.*, 1987; Lam, 1997.
** Aquilino, 2001; Baumrind, 1991; Ginsberg y Bronstein, 1993.

lo amonestemos de una manera rápida y enérgica. Eso sí, una vez que se ha detenido la acción que queríamos evitar y que suponía un riesgo inmediato, tenemos que explicar por qué hemos hecho lo que hicimos y asegurarnos de que ha entendido la razón y de que tras el episodio el niño se encuentra tranquilo y feliz.

Cómo ponerlo en práctica

Volviendo al origen de las palabras, *Disciplina positiva* es el título del libro que la doctora Jane Nelsen publicó en 1981, en el que sostiene que no hay niños buenos o malos sino buenos o malos comportamientos. Asimismo, la autora sostiene que estos últimos pueden ir desapareciendo sin necesidad de dañar al niño física o verbalmente, por medio del reforzamiento de los buenos hábitos. La clave para alcanzar este objetivo consiste en el desarrollo e implementación de una serie de técnicas en las que el adulto siempre mantiene una relación respetuosa, amigable y tranquila con el niño para que este, en un tiempo razonable, se porte bien porque quiere hacerlo y no porque teme un castigo.

A continuación se detallan tanto las técnicas sugeridas por la doctora Jane Nelsen como otras que han demostrado su eficacia cuando se trata de guiar y enseñar a los bebés a comportarse teniendo en cuenta su desarrollo y madurez. Todas estas medidas van dirigidas a conseguir que el niño confíe sin reservas en el criterio de sus padres y que vea por sí mismo las ventajas de portarse bien, así como que coopere en todo momento para cumplir esta meta. Si interioriza que sus padres siempre están a su lado y le brindan un amor incondicional, se esforzará en responder a ese amor incondicional haciendo lo que sus padres le piden. Puede que al principio cueste y que incluso falle muchas veces, pero, a la larga, el deseo de amar y ser amado siempre prevalece sobre el miedo al castigo.

Al final del capítulo se aborda una técnica muy recomendada en España, pero que también supone una forma de castigo que conviene desterrar.

Autocontrol y autoconocimiento

En ocasiones, muchos padres pierden el control de la situación y, en vez de actuar asertivamente para solucionar un problema, se ponen a la altura de sus hijos y discuten o se enfadan con ellos como si trataran con iguales. Y nada bueno puede ocurrir cuando el adulto exhibe una conducta irreflexiva para salir vencedor de una discusión con su hijo. Solo podremos educar si estamos lo suficientemente serenos y tranquilos para empatizar con las necesidades que está expresando el niño y buscar una solución que satisfaga a todas las partes.

Los progenitores estrictos que se enfadan muy a menudo terminan criando niños que pierden todo interés en satisfacerlos y solo responden al miedo y la amenaza. En otras ocasiones, los padres se dan por vencidos antes siquiera de intentar educar a sus hijos y les permiten comportarse a su antojo y a merced de sus caprichos.

Tampoco nada bueno puede resultar de este tipo de crianza, ya que los niños dejarán de encontrar en sus padres la guía que buscan y necesitan. A la hora de actuar, hay que evaluar si lo que vamos a hacer reforzará o dañará la relación con nuestros hijos.

Desde luego, no resulta sencillo estar siempre tranquilo, todo el mundo sabe que un niño puede hacer perder la paciencia a cualquier adulto. Aun así, como padres no podemos permitirnos que nos vean enfadados o fuera de nuestras casillas. En estos casos, cuando estemos a punto de explotar, lo mejor es que nos retiremos a otra habitación, respiremos profundamente, nos calmemos y analicemos qué nos enfada tanto y qué necesita realmente nuestro hijo. Una vez tranquilos y sabiendo cómo actuar, podremos afrontar la situación de manera positiva.

El ejemplo y las consecuencias

El ejemplo es una de las herramientas más poderosas de las que disponemos. Nuestros hijos son grandes observadores y los padres somos, queramos o no, sus referentes. Difícilmente les convenceremos de la necesidad de lavarnos los dientes al menos dos veces al día si nosotros no lo hacemos y no nos ven hacerlo. O sería muy raro que lográramos inculcar hábitos de alimentación saludables si en casa no tenemos ninguna bandeja con fruta y solo nos ven comer chucherías, galletas y chocolate. Y es imposible que recojan los juguetes de su habitación después de jugar si no nos ven a nosotros recogiendo nuestras cosas cuando terminamos de usarlas.

Enseñar con el ejemplo de una manera constante a lo largo del tiempo es una herramienta maravillosa que siempre funciona. Solo requiere por nuestra parte tener paciencia hasta que el niño interiorice el hábito que queremos inculcarle y adquiera un comportamiento coherente con lo que queremos conseguir.

Además, podemos enseñar no solo con nuestro ejemplo, sino también con los que se desprenden de las experiencias del propio niño. Por ejemplo, de vez en cuando le recordaremos una buena acción que haya realizado, junto con los beneficios que obtuvo de la misma. Del mismo modo, cuando esté haciendo una mala acción o teniendo un comportamiento inadecuado, podemos advertirle, sin culpabilizarlo, de las consecuencias de su acción mediante un recordatorio: «¿Te acuerdas de cuando te estabas balanceando en la silla y te caíste para atrás y te hiciste muchísimo daño, lloraste un montón y tuvimos que ir al hospital para que te cosieran la cabeza?». Seguramente el niño detendrá en el acto el impulso de volver a hacerlo.

Pero ¿qué pasa si, pese a que damos ejemplo o premiamos las buenas acciones, se sigue reproduciendo un comportamiento indeseado? En estos casos es mejor centrarnos en las consecuencias de ese comportamiento y no en un castigo aleatorio que no será comprendido ni asimilado. Si un niño no recoge los juguetes de su cuarto, castigarlo sin ir al parque supondría imponer un castigo que no tiene ninguna relación con la conducta que se quiere corregir, lo cual ayuda muy poco al niño a entender por qué le pedimos lo que le pedimos. En cambio, siempre podemos explicarle de manera positiva las consecuencias de sus actos. Siguiendo con este ejemplo, sería bueno comentarle que no recoger los juguetes quizá supondría no encontrarlos la próxima vez que quiera jugar con ellos, diciéndole algo como: «Ya sé que ordenar los juguetes no te apetece y es muy aburrido y trabajoso, pero si tengo que ordenarlos yo, es posible que otro día no puedas jugar con tus juguetes porque quizá los guarde en un sitio distinto y cuando vayas a buscarlos no los encuentres. ¿Estás seguro de que no prefieres volver a encontrar tus juguetes donde tú quieras y cuando quieras?».

Precisión y coherencia

No hay nada peor que un hogar donde las normas cambian de un día para otro o son tan flexibles que dejan de ser normas. El bebé necesita saber qué puede hacer y qué no puede hacer, y que los límites se mantengan a lo largo del tiempo. La precisión y la coherencia le darán seguridad, porque sabrá perfectamente hasta dónde puede llegar.

A todos nos gusta saltarnos las normas a veces, aunque sea solo un poco, pero los bebés son especialistas en descubrir las incoherencias que las hacen inútiles o en aludir a ese caso que no estaba previsto.

Si la hora de dormir son las ocho y media, la hora de dormir son las ocho y media. Da igual que haya venido a visitarnos la tía a la que nunca ve o que estemos en la casa de la playa. Cuando se define una norma hay que cumplirla, pues no hacerlo crea un precedente que con toda seguridad el bebé utilizará cuando lo vea necesario, menoscabando nuestra autoridad y confianza.

Además, tenemos que ser conscientes de que un niño pequeño no puede asumir muchas normas al mismo tiempo. Es preferible definir dos o tres como máximo en un momento determinado. Cuando una norma ya se ha interiorizado, por ejemplo, irse a dormir a la misma hora todos los días, podemos introducir otra nueva.

Premios

Premiar la realización de una buena acción es una de las herramientas más poderosas de las que disponemos, siempre y cuando la utilicemos adecuadamente.

Los que más saben cómo crear un hábito en torno a un comportamiento son... los casinos. Las máquinas tragaperras tienen un algoritmo que los conductistas denominan de «refuerzo variable». Esto significa que siempre sale un premio, pero sale en un momento y con un valor aleatorios. De esta manera consiguen que el sujeto, el jugador, vuelva a intentar conseguir su gratificación.

Con los niños pasa lo mismo, si les damos un premio cada vez que hacen una determinada acción y este consiste siempre en lo mismo, terminarán seleccionando sus comportamientos en función de la ganancia prevista con los mismos, o incluso decidirán cuándo les conviene adoptar un comportamiento dado en función del interés que tenga el incentivo. Y este tipo de decisiones no son maquiavélicas, sino que son totalmente humanas y seguro que nosotros también las tomaríamos (o las tomamos cuando fuimos niños).

Así, lo mejor es establecer cierta aleatoriedad, tanto respecto a los comportamientos que premiamos como a los incentivos que los acompañan. Podemos recompensar un comportamiento con una gran sonrisa, y un día que estemos muy cansados podemos no hacerlo. Podemos llevar al parque a nuestro niño cada vez que se acuerde de ordenar su habitación, pero tampoco tiene mucho sentido hacerlo todos los días porque el hábito de ordenar la habitación debe ser diario.

Anticipación

Todos conocemos a nuestros hijos. Los conocemos tanto que, si prestamos atención, sabemos perfectamente cuándo una situación puede derivar en un mal comportamiento o desencadenar una rabieta.

Cuando el niño está inmerso en una rabieta poco podemos hacer más que esperar a que se calme, pero si nos anticipamos a la misma tenemos la posibilidad de explicarle cuál es la mejor solución al problema al que está a punto de enfrentarse, de sacarnos de la chistera una distracción que haga olvidar el posible foco de tensión o quizá de satisfacer sus necesidades de la mejor manera para que no termine en un conflicto.

No obstante, esto solo lo conseguiremos si estamos

atentos e intervenimos cuando aún es posible hacerlo. Aunque es un concepto muy manido, siempre es preferible prevenir que curar. Y si prevenimos una y otra vez es muy posible que el número de factores que desencadenan una pataleta disminuya paulatinamente hasta que las rabietas lleguen a ser esporádicas o desaparezcan por completo.

Otra manera de anticiparnos a los problemas es preparar la casa o el entorno teniendo en cuenta la presencia de un «explorador». En un salón por el que se mueve un bebé, tener un jarrón de la dinastía Ming o una alfombra de Afganistán del siglo XII tal vez no sea lo más adecuado. En esta misma línea, si queremos evitar que el niño pique algo antes de comer es del todo contraproducente permitirle entrar en la cocina, donde existen tentaciones por todos lados.

Comunicación asertiva

En cuanto a la comunicación, se puede definir la asertividad como la habilidad de ser claros, francos y directos, diciendo lo que se quiere y se tiene que decir en cada momento, sin herir los sentimientos de los demás ni menospreciar su valía. Parece algo sencillo, pero para comunicarnos de un modo asertivo con nuestros hijos es imprescindible que sepamos controlarnos, nos conozcamos bien, seamos empáticos y seamos conscientes del poder y el impacto que tiene el lenguaje.

Cada vez que queramos corregir o enseñar alguna

cosa, tenemos que ser amables pero firmes al mismo tiempo, y mostrar empatía y respeto.

En algunas ocasiones hará falta que expliquemos con detalle por qué se puede o no hacer una cosa determinada. Cuantas más explicaciones demos más posibilidades tendremos de hacernos entender. En otras, por ejemplo cuando el niño está encaprichado con hacer una actividad concreta o conseguir un objeto y no es posible satisfacerlo, la solución será buscar alternativas y ofrecerle opciones que le despierten más interés. Imaginemos que tenemos que ir a una boda y no quiere de ninguna manera quitarse el disfraz de Superman. Le hemos explicado que los pajes tienen un traje especial y que a la novia le hace ilusión que todos vayan vestidos igual, pero este argumento no le ha convencido. Siempre podemos darle alternativas, como proponerle que solo se quite la capa y se ponga el vestido de paje encima del disfraz, y contarle que así no será detectado por nadie; o proponerle que se vista de paje para la ceremonia y vuelva a ponerse el traje de Superman en la fiesta (con la esperanza de que al cabo de un rato se olvide del disfraz), o intentar negociar ofreciéndole a cambio alguna actividad que sabemos que quiere realizar. Otra opción es mostrarnos empáticos y decirle lo elegante que está con el vestido de paje y que nunca nadie ha visto a Superman en una boda, mientras que Clark Kent ha ido a muchas...

Debemos estar preparados para manejar cada situación de una u otra forma, pero si lo hacemos de manera asertiva sin duda conseguiremos el objetivo sin provocar ningún berrinche.

En el momento de contarle algo al bebé o negociar con él es preferible que nos explayemos en las explicaciones. El bebé entenderá lo que le decimos y verá que dedicamos todo el tiempo del mundo a sus necesidades. Por otro lado, cuando un asunto ha sido tratado y comentado otras veces a fondo, ya no es necesario explayarse. Una sola frase en tono firme pero amigable debería ser suficiente. Así, a la hora de acostarse, bastaría con un «Es la hora de meterse en la cama».

Contención

Si nuestros hijos confían en nosotros sabrán que pueden contar con nuestra ayuda y seremos su refugio y su guía. Para que esta situación se haga realidad tenemos que esforzarnos en cuidar nuestra relación inspirando confianza y dando contención cuando sea preciso. La contención puede ser una mirada cariñosa, un abrazo o una sonrisa en los momentos en que el bebé está fuera de sí o desolado por alguna razón.

Cuando el niño está en plena rabieta, cogerlo y darle un abrazo sin decir nada a veces hace que comience a calmarse. Al cabo de unos minutos se podrá hablar y encontrar una solución al problema que suscitó la pataleta. En ocasiones incluso ni siquiera es necesario un abrazo real y basta con mantenerse cerca de él con tranquilidad y decirle que estás a su lado por si necesita un poco de mimos y cariño. Es difícil que lo haga de inmediato, pero terminará por arrojarse a tus brazos en muy poco tiempo. Cuanto más practiques esta técnica, más deprisa se serenará.

Una vez haya pasado la rabieta, tendremos la oportunidad de explicarle las emociones y que es normal enfadarse o estar triste, pero que siempre hay maneras mejores de expresarlo.

Muchos expertos señalan la confusión que rodea el llanto. A algunos padres les cuesta entender las rabietas y las lágrimas de sus hijos y acostumbran a intentar calmarlas enseguida; otros las perciban como algo negativo. Sean lágrimas reales o de cocodrilo, no es bueno tratar de coartar el llanto, sino que lo mejor es dejar que fluya e indicarle al niño que estás junto a él para hablar cuando lo crea necesario.

Estos momentos también pueden ser útiles para expresar con palabras los sentimientos que intuyes que tiene: «Entiendo que estás aburrida» o «Sé que estás enfadada porque querías coger ese juguete». Con este ejercicio poco a poco aprenderá a identificar sus propias emociones, lo que facilitará la comunicación más adelante.

Empatizar

Imaginemos que nuestro hijo está a punto de estallar en una rabieta porque su hermana pequeña no le deja jugar con uno de sus juguetes, o que corre un serio peligro porque están intentando meterse en el armario de los productos de limpieza. Como es lógico, actuaremos enseguida para corregir su comportamiento, pero antes tenemos que comprender por qué está haciendo lo que hace.

En el primer caso, el niño simplemente quiere jugar y no entiende por qué su hermana se lo impide. En el segundo, quiere explorar y conocer nuevos entornos. Tanto jugar como explorar son acciones propias de la infancia. De hecho, si no quisiera jugar o explorar significaría que el niño no se encuentra bien o tiene algún problema de salud.

Siempre debemos preguntarnos qué siente nuestro hijo en una situación concreta y cómo se sentirá con nuestra intervención. Las emociones perduran a largo plazo y ejercen una fuerte influencia en la imagen que nos formamos de nosotros mismos y en el modo como nos presentamos ante el mundo. A un niño que se siente mal o al que lo hacemos sentirse mal difícilmente podremos educarlo y guiarlo, pues estará anclado a estos sentimientos negativos. El trato que reciba de nosotros es el que se dará a sí mismo en el futuro. Los adultos con autoestima y confianza en ellos mismos son niños que se criaron con padres empáticos y asertivos.

En general, los niños se portan mal porque no saben qué se espera de ellos, saben lo que se espera de ellos pero no pueden controlarse o saben lo que se espera de ellos pero les da igual. Los dos primeros casos son fáciles de reconducir con las técnicas descritas aquí. En el último, el problema es más grave porque implica una falta de confianza y de seguridad en la relación con los padres, por lo tanto, primero habrá que restaurar la relación de amor y respeto entre las partes para profundizar en su educación.

Es importante en todo momento ponernos en el lugar de nuestros hijos, tanto cuando intentamos evaluar una situación que ha derivado en un comportamiento incorrecto como cuando les fijamos un objetivo. En ocasiones pretendemos cosas que nuestros hijos, por su edad y madurez, no pueden hacer. Para un niño de dos años meter todos sus juguetes en una caja después de haber jugado supone una tarea casi imposible, mientras que ayudarnos a hacerlo sí es un objetivo conseguible, y si se lo pedimos seguramente querrá participar con gusto.

Cuidar y usar el lenguaje

La mayoría de los padres no somos conscientes del dolor y el daño que podemos causarles a nuestros hijos con nuestro lenguaje. De hecho, las heridas provocadas así en los niños a menudo son mucho más profundas y dolorosas que una herida física, y se mantienen abiertas durante largo tiempo.

Evitaremos ese dolor innecesario e inútil teniendo siempre presente el principio básico de que nuestro hijo no es malo ni caprichoso, sino que lo malo es su comportamiento, el cual puede ser corregido.

Cuando a un bebé que ha mordido o pegado a un compañero en la guardería le gritamos: «Has sido muy malo. Ya me has hecho quedar mal otra vez», lo único que conseguimos es promover la idea, tanto en el niño como en nosotros mismos, de que el pequeño es malo de verdad. Las palabras moldean realidades y tenemos que tener cuidado en el momento de usarlas. Es importante no señalar lo que está mal y acusar al niño, sino enseñarle cómo deberían haber sucedido las cosas y cómo arreglar la situación.

Ante este hecho, una respuesta más serena y positiva podría ser: «Este comportamiento no ha estado bien. A un compañero no se le pega. ¿Has pensado en cómo te sentirías si hubiese sido al revés?». Con esta afirmación el niño ya no se identifica como un ser malvado y encuentra una buena razón para dejar de pegar. Quizá este comportamiento se repita porque le cueste controlarse, pero con afirmaciones de este tipo estamos plantando la semilla del futuro autocontrol.

Ahora bien, imaginemos que nuestro hijo responde «Ese niño me quitó el juguete» para justificar su acción. Entonces podemos explicarle qué alternativas tenía en vez de pegar o morder y qué podemos hacer para terminar el incidente de manera positiva. Aunque nos parezca increíble, nuestros pequeños entienden todo lo que decimos, por lo tanto no es descabellado sugerirle lo siguiente: «No sabemos por qué te quitó el juguete. Quizá era suyo o pensó que tú ya habías jugado mucho con él. La próxima vez pregúntale por qué te lo está quitando o incluso proponle que juguéis juntos, que siempre es más divertido. Seguro que le duele mucho el golpe que recibió, así que, por favor, ¿podrías disculparte con él? Cuando lo hagas volveréis a ser amigos».

Los niños necesitan saber una y otra vez que los apoyamos, los entendemos y los protegemos. Podemos darles un abrazo o mimarlos, pero no hay nada más poderoso que decir que los queremos o que estamos orgullosos de lo que han hecho cada vez que consigan un logro o no se enfaden en una situación que con anterioridad derivaba en una pataleta. No se trata de alabar sin sentido todo lo que hacen, pues restaría valor a los halagos, sino de remarcar con palabras positivas los hitos que van alcanzando.

Aplicar estas técnicas desde que el bebé cumple seis meses de manera constante y consistente permitirá instruirlo con respeto y amor.

Y justamente estas dos palabras son el quid de la cuestión que vamos a abordar: la técnica de la «silla de pensar», que desaconsejamos pese a las firmes recomendaciones de todo tipo de expertos, pues supone también una forma de castigo. En la silla de pensar en principio no se utiliza ningún tipo de violencia, parece ser una técnica que respeta al pequeño y ofrece un descanso tanto a este como al progenitor para volver a la calma. Y en efecto, solo lo parece, porque en realidad es una manera de castigar, y así es como lo percibe el niño.

Cuando llevamos a nuestro hijo a su silla de pensar hacemos que se sienta mal, ya que lo señalamos como culpable de una falta, quebramos la relación de respeto y amor entre padres e hijos e impedimos al adulto empatizar con el niño e intentar comprender por qué circunstancias se ha llegado a una situación dada.

La manera más rápida de calmar a un niño en plena rabieta es ofrecerle contención para que se sienta seguro y transmitirle el mensaje de que sus emociones son aceptadas por todos, pero que estas a veces no están bien y pueden regularse. Si lo mandamos a su habitación sin duda terminará calmándose, pero no habrá aprendido ninguna lección.

De hecho, posiblemente aprenderá la lección de que sus emociones son malas, que no pueden ser compartidas con sus seres queridos; además, en el mejor de los casos, tendrá un motivo adicional para pensar que el mundo está en su contra y encontrar una justificación a sus actos, y, en el peor de los casos, aprovechará el tiempo para planificar su venganza. Así, en vez de tener motivos para cambiar y mejorar su comportamiento en el futuro, su motivación será evitar el castigo.

Alejar de ti a tu hijo cuando más lo necesita es cruel, y si la técnica funciona a corto plazo y tu hijo se calma es porque se ve atenazado por el miedo al abandono y la soledad, una experiencia que seguramente se le quedará grabada. En este sentido, un estudio reciente destaca que justamente la percepción de abandono es el más importante de los indicadores de la posibilidad de mostrar violencia en la edad adulta.*

Además, en algunas ocasiones llevar al niño a la silla de pensar no es sencillo y los adultos terminan arrastrando o empujando al pequeño hacia la misma. ¿Vale la pena recurrir a estas agresiones para educar a un niño?

Pese a su gran popularidad como técnica, no sorprende que el estudio sobre disciplina** realizado por el Insti-

* https://www.researchgate.net/publication/324596691_Revisiting_a_Criminological_Classic_The_Cycle_of_Violence
** Michael Chapmany y Carolyn Zahn-Wexler, «Young Children's Compliance and Noncompliance to Parental Discipline in a Natural Setting», *International Journal of Behavioral Development*, 5 (982): p. 90.

tuto Nacional de Salud Mental de Estados Unidos concluyera que su eficacia es solo temporal y que los niños con quienes se emplea esta técnica muestran peores comportamientos incluso si después sus padres le explican con tranquilidad las razones que los llevaron a castigarlo. Asimismo, estos niños terminaron portándose mal más a menudo, como reacción al sentimiento de abandono, lo cual empeoró su salud emocional y su desarrollo moral.

Estos resultados parecen directamente relacionados con el hecho de que los niños necesitan sentirse conectados con su entorno para sentirse seguros.

2.6. Uso de pantallas

Existe un consenso casi unánime en el mundo científico sobre la necesidad de evitar exponer a los bebés menores de dieciocho meses a cualquier tipo de dispositivos electrónicos con pantallas (televisor, tabletas, teléfonos móviles, etcétera) y de limitar el uso que puedan hacer de ellos los bebés y niños mayores.*

Pese a la rotundidad de esta recomendación, probablemente sea una de las que los padres tienen menos en cuenta. A modo de ejemplo, según el informe FAROS** (Observatorio de la Salud de la Infancia y la Adolescencia) del

* https://www.aap.org/en-us/advocacy-and-policy/aap-health-initiatives/pages/media-and-children.aspx
** http://www.hphnet.org/attachments/article/1549/FAROS_ESP_JS_alta.pdf

Hospital Sant Joan de Déu, de Esplugues de Llobregat, con datos de 2013, el 38 % de los menores de dos años utilizaba tabletas y móviles, y el 66 % miraba la televisión de forma regular en su día a día. Y el tiempo que pasan de media los niños y niñas españoles de entre dos y diecisiete años frente al televisor (según datos de 2015) es de casi veinte horas a la semana, unas tres horas al día.

Lo más probable es que estos resultados se deban a que, como a casi todos, a los bebés también les fascinan las pantallas, y los padres encuentran en ellas una manera rápida y sencilla de mantenerlos ocupados o procurarles distracción. Seguramente incluso habrá padres que justifiquen esta sobrexposición aludiendo a las ventajas educativas que ofrecen las aplicaciones para el aprendizaje de las más diversas materias o a que solo dejan ver a su bebé programas de televisión infantiles.

La realidad es, sin embargo, que en términos generales las pantallas no aportan ningún beneficio y, en cambio, tienen bastantes consecuencias negativas.

Un bebé de menos de dos años, como hemos visto, debe recibir estimulación constante por parte de sus cuidadores para desarrollar todo su potencial. El lóbulo frontal del cerebro, el área responsable de decodificar y comprender las interacciones sociales, es el encargado del desarrollo de la capacidad de empatizar con los demás, de captar las señales no verbales mientras hablamos con amigos y colegas y de aprender a leer el lenguaje no verbal (expresión facial, tono de voz, respiración, etcétera) que dota de color y profundidad a las relaciones del mundo real. Este desarrollo solo se produce en la primera infancia y depende de la interacción con personas auténticas, de carne y hueso. Lógicamente, si en este periodo el bebé pasa horas en actitud pasiva frente a una pantalla, la adquisición de estas habilidades será más limitada.*

Lo más preocupante es que las consecuencias del uso de pantallas no se circunscriben solo a esta área. La falta de interacción con otras personas o la deficiente exploración del entorno provocan en general un menor desarrollo cognitivo, problemas en el desarrollo del lenguaje, comportamientos agresivos y antisociales, déficit de sueño, etcétera.

A modo de ejemplo, veamos un estudio longitudinal que analizó el desarrollo de 250 bebés desde los seis hasta los catorce meses. En solo ocho meses se encontró que aquellos que fueron expuestos seis horas al día a las pantallas obtenían 6 puntos menos en la escala del desarrollo del lenguaje y 8 puntos menos en la de capacidades cognitivas.** Por lo que se refiere al sueño, ver la televisión durante noventa minutos afecta a las horas de sueño, que disminuyen de manera notable.*** En cuanto a la conducta, los estudios sugieren que los bebés que más horas pasan frente a una pantalla tienen más problemas de socialización**** y más rabietas y aumenta su agresividad.

Por último, si todo el tiempo que el niño lo dedica a mirar una pantalla no lo emplea para correr, saltar, colum-

---

* https://www.ncbi.nlm.nih.gov/pubmed/?term=Effects+on+children%27s+cognitive+development+of+chronic+exposure+to+screens
** https://www.ncbi.nlm.nih.gov/pubmed/21135338
*** https://www.ncbi.nlm.nih.gov/pubmed/24615283
**** https://www.ncbi.nlm.nih.gov/pubmed/17512884

piarse, meterse en huecos imposibles o trepar, también parece lógico que se aprecie un aumento de la obesidad* y que este niño disfrute de menos oportunidades para desarrollar sus habilidades sociales, que solo pueden potenciarse a través de la interacción con los demás niños y adultos de su entorno.

A la vista de este panorama, cabe preguntarse cuál es la edad recomendada para que los niños se pongan delante de una pantalla. Antes de los dos años, lo mejor es prescindir por completo de las pantallas, y a partir de esa edad se podría empezar a permitir a los niños una exposición de veinte minutos al día como máximo, que podría aumentar conforme los niños se van haciendo mayores hasta un total de una hora a los cinco años.**

Evidentemente, siempre se pueden hacer excepciones en días puntuales, como cuando se realiza un viaje largo en cocheo en avión o el niño está enfermo y se queda en casa. Pero estos casos deben seguir siendo la excepción, no convertirse en la norma.

Cómo ponerlo en práctica

La Academia Americana de Pediatría ha confeccionado una guía con recomendaciones*** para ayudar a

* https://www.ncbi.nlm.nih.gov/pubmed/24415528
** http://pediatrics.aappublications.org/content/early/2016/10/19/peds.2016-2591#ref-49
*** *Family Media Plan*, https://www.healthychildren.org/English/media/Pages/default.aspx#wizard

las familias a utilizar las pantallas de forma que no resulte perjudicial.

De manera genérica, y como en el resto de las facetas de la crianza, el ejemplo es vital para generar hábitos positivos en los niños. Así, los padres también deberían restringir el uso de la televisión y los dispositivos electrónicos, sobre todo cuando están en presencia de sus hijos. Difícilmente podremos hacer cumplir una norma relativa al tiempo máximo que un niño puede estar frente a una pantalla si nosotros no dejamos de consultar el móvil o tenemos el televisor siempre encendido mientras cuidamos a nuestros hijos o jugamos con ellos.

Se recomienda que en la habitación de los niños no haya ningún dispositivo electrónico, que estos no se usen durante las comidas y nunca antes de acostarse. Debido a que generan muchos más inconvenientes que ventajas, no se aconseja que los bebés de entre cero y veinticuatro meses estén expuestos a cualquier dispositivo electrónico ni que los usen, con la única excepción de la utilización de teléfonos móviles o tabletas para comunicarse con otros familiares y amigos en videochat.

Para los niños de esta edad, nada sustituye al juego no estructurado y la interacción humana. La oportunidad de pensar de manera creativa, resolver problemas y desarrollar el razonamiento y las habilidades motoras es más valiosa para el cerebro en crecimiento que la ingesta de medios pasivos.

En caso de que los padres decidan anticiparse a la edad mínima recomendada, se sugiere que para bebés de entre dieciocho y veinticuatro meses se seleccionen programas de televisión, vídeos y aplicaciones con contenido educativo y que estén estructurados de manera que los padres también puedan participar en los juegos. De todos modos, hay que evitar que el bebé esté solo para que el progenitor o cuidador pueda explicarle lo que está viendo, interactuar con él a través de preguntas o ampliar la información cuando se requiera. Además, conviene elegir los contenidos en función de la edad y el desarrollo del pequeño, y evitar contenidos violentos o con un lenguaje inapropiado.

La mayoría de las aplicaciones que se anuncian como «educativas» no han demostrado ser efectivas y no fomentan la socialización o el juego, que son los medios por los que los niños pequeños aprenden. Asimismo, muchas de estas se centran en habilidades como la memoria o algún tipo de motricidad, que son solo unas pocas de las que el bebé necesita desarrollar para desempeñarse de forma satisfactoria en el futuro. Algunas habilidades tan fundamentales como el autocontrol de impulsos, el manejo de las emociones o el pensamiento creativo y flexible se aprenden mejor a través del juego social y no estructurado con familiares y amigos en el mundo real. Por lo tanto, lo mejor es usar estas aplicaciones muy de vez en cuando, en ocasiones como viajes largos o esperas en el médico, pero jamás de manera cotidiana con la excusa de que ayudan al desarrollo del niño. Recordemos que hay modos mucho mejores de estimular y potenciar sus habilidades.

2.7. Los niños y la inteligencia emocional

Históricamente la crianza se ha preocupado del desarrollo físico e intelectual del niño, pero ha dejado desatendidas las emociones y la manera en la que interactuamos con los demás.* No obstante, numerosos estudios han demostrado una y otra vez que aquellas personas con más inteligencia emocional obtienen mejores resultados** académicos,*** logran más éxitos profesionales**** y, en general, están más satisfechos con la vida misma.*****

Cuando se desarrolló el concepto de inteligencia emocional, pronto se convirtió en el eslabón perdido que explicaba un hecho peculiar: las personas con coeficientes intelectuales normales a menudo consiguen logros que superan los de las personas con un coeficiente intelectual más alto. Esta aparente anomalía quedó esclarecida cuando, tras décadas de investigación, se determinó que la inteligencia emocional era el factor clave que diferenciaba a las personas más exitosas del resto.

La inteligencia emocional es «algo» que tenemos cada

* https://developingchild.harvard.edu/wp-content/uploads/2004/04/Childrens-Emotional-Development-Is-Built-into-the-Architecture-of-Their-Brains.pdf

** https://www.ncbi.nlm.nih.gov/pmc/articles/PMC4267171/

*** https://ac.els-cdn.com/S1877042812056327/1-s2.0-S1877042812056327-main.pdf?_tid=ef4aadf4-d7cf-4b26-a491-0270931fc8d6&acdnat=1525593521_e4a45fe48c23d5e3d1eda99a2994376e

**** https://onlinelibrary.wiley.com/doi/abs/10.1002/job.714

***** https://www.researchgate.net/publication/279553404_Emotional_Intelligence_its_relationship_with_Life_Satisfaction

uno de nosotros y que afecta en la forma en que gestionamos nuestro comportamiento, navegamos por las complejidades sociales y tomamos decisiones personales que terminan produciendo resultados positivos. La inteligencia emocional se compone de una serie de habilidades básicas que se combinan en dos competencias principales: la competencia personal y la competencia social.

La competencia personal comprende el conocimiento de las emociones propias y su correcta regulación, mientras que la competencia social se compone de la conciencia social y las habilidades para gestionar las relaciones sociales.

Pero ¿por qué es tan importante la inteligencia emocional y por qué, además, va adquiriendo cada vez más relevancia? Porque somos seres sociales y nuestro desempeño en la sociedad dependerá de cómo nos comunicamos y de cómo gestionamos las relaciones interpersonales, lo que hace necesario conocer las propias emociones y regularlas correctamente, la capacidad de distinguir y ser sensible a las emociones de los demás, la facultad de autocontrol y la destreza para discernir cuándo es adecuado hacer o decir una cosa u otra en relación con los demás.

Las emociones se originan en el sistema límbico del cerebro, que está situado justo debajo de la corteza cerebral y está formado por el tálamo, el hipotálamo, la amígdala cerebral y el hipocampo. Se trata de la parte del cerebro que se conformó primero, en términos evolutivos, y la que da respuesta a las necesidades más básicas del ser humano, tales como la de sobrevivir o la de reproducirse.

Por ello, ante cualquier circunstancia, siempre tenemos una reacción emocional antes de que entre en juego nuestra mente más racional, y es esta primera reacción la que tamiza y condiciona el resto de las respuestas.

Sobra decir que una vida plena se alcanza cuando las emociones se ajustan perfectamente al interés del individuo. Para ello, por fortuna, contamos con la plasticidad del cerebro, que permite que mediante el entrenamiento, es decir, practicando nuevos comportamientos emocionalmente inteligentes, estos comportamientos vayan consolidando las conexiones neuronales precisas para convertirlas en un hábito.

Las personas podemos empezar a entrenar la gestión de las emociones a cualquier edad, pero, como es natural, la iniciación temprana, lo antes posible, dota al niño de utilísimas herramientas que le ayudarán en su desarrollo a lo largo de toda la vida.

Cómo ponerlo en práctica

Los bebés y los niños pequeños circulan por una auténtica montaña rusa de emociones. En un momento se están riendo a carcajadas y al siguiente lloran desolados por el motivo más nimio.

Como padres sin duda nos encantaría que tuvieran una mayor estabilidad emocional, pero nuestros hijos no la alcanzarán hasta que vayan madurando. Mientras tanto, el vaivén de emociones propio de los niños puede convertirse en una increíble oportunidad para enseñarles a nuestros hijos a reconocer las emociones y, eventualmente, a gestionarlas.

Cada vez que ayudamos a nuestro hijo a entender y manejar episodios de enfado o frustración contribuimos a desarrollar su inteligencia emocional. Un niño con un alto grado de inteligencia emocional será capaz de gestionar sus emociones, calmarse por sí solo cuando lo requiera, entender qué les sucede a las personas que están alrededor y socializar más fácilmente que un niño con una inteligencia emocional pobre.

Además, el niño que goza de inteligencia emocional se convertirá en un adulto con mayor autoestima, responsable y con éxito, pues será capaz de sacar hábilmente el máximo provecho de sus relaciones interpersonales.

Para fomentar el desarrollo de estas competencias en nuestros hijos, los padres podemos hacer varias cosas:

Tomar conciencia de las emociones de los niños

En algunas ocasiones, lo único que necesita un niño es que le prestemos atención. Solo eso. Que escuchemos atentamente, sin mirar el teléfono ni hablar con otra persona, lo que nos quiere decir. No es necesario que le demos un consejo, le riamos las gracias o le hagamos mimos en todo momento para que se encuentre bien. El simple hecho de que lo escuchemos con atención le permite saber que es importante y que puede contar con nosotros en todo momento.

Por otro lado, cada emoción sirve a un propósito que

en ocasiones puede estar oculto o no resultar tan evidente. Prestando atención a nuestro hijo hallaremos los fines últimos que desencadenan una emoción u otra para así poder ayudarlo mejor.

Ver las emociones como una oportunidad para conectar y enseñar

Las emociones de los niños pueden convertirse en un incordio constante y en un desafío, pero al mismo tiempo ofrecen la oportunidad de conectar con el niño y enseñarle a gestionarlas de manera óptima.

Cuando hablamos de emociones no solo nos referimos a las emociones negativas, relacionadas con una pataleta o un enfado, sino también a las positivas, como la felicidad de estar en familia o el asombro que puede causar un paisaje espectacular. Hablar sobre este tipo de emociones hará que nuestros hijos crezcan en la confianza de que viven en un mundo maravilloso lleno de oportunidades y no en un entorno hostil y amenazante.

Aprovechar todo el tiempo en que estamos juntos para conectar con ellos apelando a sus emociones creará una relación profunda, duradera y sólida.

Validar las emociones

En vez de minusvalorar una emoción del niño en un momento dado, es importante estar atentos a todas las que experimenta e intentar interpretarlas correctamente para poder explicarlas con precisión y claridad. Si un niño se pone a llorar porque ha perdido en una partida de cualquier juego, más que restarle importancia a su emoción o decirle frases hechas como «A veces se gana, a veces se pierde», sería más útil explicarle: «Es normal que te encuentres frustrado y enfadado porque has perdido. A todo el mundo le gusta ganar. A mí también me gusta ganar. Pero no te preocupes porque siempre hay nuevas oportunidades de hacerlo».

Aprobar sus emociones afianzará su confianza en sí mismo y le dará una lección de empatía, pues el niño comprenderá que es bueno expresar las emociones, así como interpretarlas y respetarlas.

Lo más importante es que el pequeño sepa que no desaprobamos sus emociones, ni siquiera cuando estas son negativas. Estar entrenado para reconocer las emociones propias, así como las de los demás, y expresarlas con libertad le dará una gran ventaja frente a otras personas.

Identificar las emociones

Los niños pequeños tienen un vocabulario limitado y un conocimiento poco preciso de las causas y los efectos, de manera que en ocasiones no son capaces de describir lo que están sintiendo. Para ayudar a nuestro hijo, podemos animarlo a intentar describir lo que siente y, cuando no encuentre la palabra precisa, intentar interpretar su estado: «¿Puede ser que estés triste porque tu juguete favorito se rompió?». Asimismo, es útil interpretar las emociones de otras personas y sugerirle cómo enfrentarse a ellas: «Tu amigo está llorando porque quiere seguir jugando aquí en casa y no quiere marcharse. Está triste y enfadado. ¿Por qué no te acercas y le dices que mañana os veréis en la guardería y puede volver a venir a casa otro día?».

Por último, es bueno ayudarlo a identificar los momentos en los que se experimenta más de una emoción al mismo tiempo, como cuando se sube por primera vez a un avión y se puede estar contento por la experiencia, pero también atemorizado.

Ayudar al niño a gestionar sus emociones

- Aprovechar las pataletas para educar: es muy normal que conforme el bebé se adentra en los dos años tenga episodios recurrentes de berrinches. Su capacidad de autocontrol aún no está madura y se encuentra gobernado por sus deseos. En este marco, una pataleta es el momento ideal para enseñarle a reconocer las emociones. Así, si quiere un helado y no se lo vamos a comprar porque pronto será la hora de comer, una vez que esté en calma podemos decirle: «Yo sé que estás enfadado y decepcionado porque querías un helado ahora. Pero dentro de muy poco rato comeremos en familia todos juntos y, para el postre, podrás pedir el helado que quieras».
- Enseñar a resolver problemas y alcanzar acuerdos: cuando un niño se enfada con otro por cualquier ra-

zón es una excelente oportunidad para explicarle qué comportamientos son aceptables y cuáles no. Por ejemplo, no es aceptable que muerda porque quería un juguete y no lo ha conseguido, pero sí es aceptable pedir por favor que le dejen ese juguete. Igualmente sería aceptable acudir a la monitora a pedir el juguete en cuestión si el otro niño no quiere compartirlo.

Este tipo de conflictos también se pueden aprovechar para enseñar a buscar soluciones que satisfagan a todas las partes, como establecer un tiempo determinado para que cada niño use el juguete; a gestionar los enfados, por ejemplo, sugiriéndole al niño que respire profundamente para volver a la calma, o a comunicar claramente los deseos para que las otras personas puedan entender sin ninguna duda por qué es tan importante el juguete para él en ese momento.

- Educar con el ejemplo: como en las demás áreas de la crianza, educar con el ejemplo es básico para que el niño pueda ver en el espejo de sus padres qué comportamientos son válidos y cuáles no. De hecho, los padres más emocionalmente inteligentes crían niños con mayores niveles de inteligencia emocional.*

---

* https://www.sciencedirect.com/science/article/pii/S18770428 14045996

A modo de ejemplo, si en algún momento estamos enfadados por alguna acción de nuestros hijos, resultaría más positivo decir «Me disgusta y entristece que en esta ocasión esta tarea se haya hecho mal», que gritar «Me enfada que nunca hagas las cosas bien». Es importante centrarse en los actos y no en la persona para evitar ser excesivamente críticos y minar la confianza y autoestima del niño.

Igualmente, es importante compartir nuestros sentimientos, sean cuales sean, para enseñar que no hay temas vedados a la hora de hacer partícipes a los demás de una situación dada. Por ejemplo, cuando hemos tenido un conflicto en el trabajo del que hemos sido responsables y nuestro hijo nos pregunta cómo estamos, podemos responder: «Hoy metí la pata en el trabajo y no hice las cosas del todo bien. Sé cómo arreglarlo y seguro que al final se solucionará, pero ahora mismo estoy enfadado conmigo mismo y tengo un poco de miedo por las consecuencias que puede haber en el futuro». Una declaración de este tipo enseña al pequeño que todos somos falibles y tenemos problemas, que estos se pueden compartir y que, haciéndolo, encontramos el apoyo de nuestros seres queridos.

No hay niño que no pregunte sobre el pasado de sus padres y al que no le fascinen las historias que estos les cuentan. Aprovechemos esta fascinación para, siempre que podamos, enseñar con ejemplos cuál es el mejor comportamiento. Así, al niño que tiene miedo al dentista podemos decirle: «Cuando yo era pequeño también me daba miedo el dentista porque me habían contado que te hacía mucho daño, pero tu tío, que ya había ido muchas veces, me dijo que no hacía ningún daño y eso me reconfortó bastante. No te preocupes porque, efectivamente, que el dentista pueda hacerte daño es un mito».

Por último, podemos aprovechar las historias que leemos en los cuentos o que miramos en la televisión o el cine (en caso de que ya haya empezado a ver este tipo de contenidos) para explicarle qué comportamientos son óptimos y cuáles no. Podemos preguntarle qué piensa sobre lo que un personaje ha hecho o dicho y ponerlo como ejemplo o contraejemplo.

3

La alimentación del bebé

Una de las principales preocupaciones de todos los progenitores es la alimentación del bebé, ya que de esta depende su crecimiento, su desarrollo y su salud presente y futura. ¿Come demasiado o no come bastante? ¿Qué hago si no quiere comer verduras? ¿Es malo que no coma pescado? ¿Debo darle más cantidad de comida o no? ¿Su alimentación es suficientemente sana y variada? ¿Qué pasa si le doy galletas para desayunar?

Las dudas surgen a todas las edades y por cualquier motivo, y las recomendaciones de los pediatras y nutricionistas no siempre las aclaran, pues a veces los consejos pueden parecernos un tanto contradictorios o variar de un año para otro, y lo que era bueno hace unos meses de repente deja de serlo.

Sin embargo, en lo que todo el mundo coincide es en las bondades de la lactancia materna, recomendada por todos los organismos e instituciones como forma de alimentación exclusiva hasta los seis meses. El problema viene cuando la madre no puede o no quiere dar el pecho, o cuando llega la hora de volver al trabajo y toca empezar con la alimentación mixta aunque el bebé tenga apenas cuatro meses. Son muchas las madres que se sienten culpables por privar a su bebé del alimento perfecto para él. Pero ¿es tan perjudicial no darle el pecho nunca o quitárselo antes de los seis meses? ¿Estos bebés serán menos sanos y menos listos que los que estén alimentados con el pecho hasta los seis meses? ¿Son ciertos todos los beneficios de la lactancia materna?

Veamos lo que dice la ciencia al respecto.

3.1. La lactancia materna

Las principales asociaciones científicas nacionales e internacionales —como la Organización Mundial de la Salud (OMS), el Unicef, la Asociación Española de Pediatría (AEP), la Academia Estadounidense de Pediatría (AAP), la Asociación Australiana de Lactancia Materna (ABA), la Asociación de Pediatría Canadiense (CPS), la Academia Estadounidense de Médicos de Familia (AAFP), la Asociación Estadounidense de Dietética (ADA), la Asociación Nacional de Enfermeras Profesionales (NAPNAP) o la Asociación Americana de Salud Pública (APHA)— recomiendan que la lactancia materna sea el único aporte de alimento hasta que el bebé cumpla seis meses, y después complementarla con otros alimentos, al menos hasta que tenga entre uno y dos años, con la posibilidad de mantenerla todo el tiempo que madre e hijo deseen.

Todas estas asociaciones basan sus consejos en los miles de estudios que se han hecho en las últimas décadas, y que demuestran los múltiples beneficios que ofrece la lactancia materna tanto al bebé como a la madre.

El principal beneficio, sin duda, es que la leche materna cubre todas las necesidades nutricionales del pequeño en la etapa inicial de su vida. En el *Manual de lactancia para profesionales de la salud,** elaborado por Unicef, se pueden comprobar todos los componentes de la lecha humana y las ventajas que tiene respecto a la de vaca.

El punto más importante de la lista de beneficios de la leche materna es el relativo a los nutrientes que proporciona, ya que esta contiene todas las proteínas, hidratos de carbono, vitaminas y minerales que requiere un bebé para crecer sano, mezclados en un suero especialmente creado para que el estómago del bebé pueda digerirlo y que contribuye a que el cerebro mande las señales que indiquen al organismo que ha de empezar el proceso de digestión.

Para hacernos una idea de cuál es el valor nutricional de la leche materna, pensemos en que un bebé alimentado exclusivamente con el pecho, a lo largo de solo seis meses aumenta de peso y de talla, se mantiene sano porque refuerza sus defensas, gana fuerza muscular para moverse o incluso se sienta por sí mismo y se desarrolla cognoscitivamente.

Además, la composición de la leche materna es dinámica, lo que significa que la cantidad de sus nutrientes va-

* http://www.unicef.cl/lactancia/docs/mod01/Mod%201 beneficios%20manual.pdf

ría día a día en función de la alimentación de la madre y las necesidades del bebé. Lo que no varía, en cambio, es el alto contenido de proteínas y grasas. Estas últimas son las que aportan la mitad de las calorías de la leche, así como ácidos grasos, entre ellos DHA y ARA, ligados al desarrollo visual y cerebral.

Los principales componentes de la leche materna son los siguientes:

- Agua: el 88 % de la leche es agua, por eso mientras das el pecho no es necesario que le ofrezcas agua a tu bebé.
- Proteínas: constituyen el 0,9 % de la leche; concretamente son caseína, lactosuero, mucinas y nitrógeno no proteico. Además, la circulación materna aporta la seroalbúmina. La caseína representa entre el 30 y el 40 % de las proteínas y su función más importante es aportar aminoácidos, fósforo y calcio; por otro lado, la de la leche materna es más fácil de digerir que la de la leche de vaca. Entre las proteínas del lactosuero destaca la lactoferrina, que contribuye a la absorción del hierro e inhibe el crecimiento de bacterias patógenas en el intestino. Otra proteína del lactosuero que favorece el mantenimiento de la flora intestinal es la lisozima, que también posee propiedades antiinflamatorias.
- Anticuerpos: la leche materna contiene una gran cantidad de anticuerpos (inmunoglobulinas), entre los que destaca la inmunoglobulina A.
- Enzimas: la lipasa facilita la digestión al producir

ácidos grasos y glicerol. Esta liberación de grasas también protege frente a virus y bacterias.

- Nitrógeno no proteico: dentro del nitrógeno no proteico encontramos aminoácidos libres (taurina, glutamina), carnitina, poliaminas, nucleótidos, aminoazúcares y péptidos. La taurina y la carnitina intervienen en el desarrollo del sistema nervioso central y de la visión. La taurina contribuye además a la absorción de lípidos, la osmorregulación o el transporte de calcio, entre otras muchas funciones. Los nucleótidos favorecen el sistema inmunitario, el crecimiento y la maduración del tacto gastrointestinal.

- Grasas: los lípidos o grasas suponen entre el 3 y el 5 % de la leche. La grasa contribuye a la absorción y la circulación de las vitaminas liposolubles y es fuente de ácidos grasos esenciales. Las principales grasas de la leche materna son los triglicéridos, los fosfolípidos, los ácidos grasos y los esteroles. Los triglicéridos representan el 99 % del total de los lípidos de la leche. Los ácidos grasos saturados son el 40 % de los ácidos grasos; les siguen los monoinsaturados y los poliinsaturados, aunque su volumen depende de la dieta de la madre.

- Carbohidratos: el principal carbohidrato de la leche materna es la lactosa, que se produce en la glándula mamaria a partir de la glucosa. Aporta el 40 % de las calorías de la leche. La primera función de la lactosa es aportar energía; además, ayuda a la absorción del calcio, el magnesio, el hierro y otros minerales. La galactosa (uno de los dos componentes de la lactosa;

el otro es la glucosa) es indispensable en el desarrollo del sistema nervioso del niño. Asimismo, la lactosa, junto con otros elementos, favorece la colonización de *Lactobacillus bifidus* en el intestino, que lo protege del crecimiento de bacterias y virus.

- Vitaminas: el aporte de estas varía según el estado nutricional y las vitaminas que recibe la madre. Entre las vitaminas liposolubles que encontramos en la leche están las vitaminas A, K, E y D. Algunas de las hidrosolubles son el complejo vitamínico B (B12, B6, B1, B9, B3 y B5) y la vitamina C.
- Minerales: la leche materna contiene todos los minerales necesarios para el crecimiento y desarrollo del bebé. Los más importantes son el calcio, el fósforo, el hierro, el zinc, el potasio, el flúor y el magnesio.
- Hormonas: a través de la leche materna el bebé recibe TSH (hormona tiroidea estimulante), tiroxina, hormona liberadora de tirotropina, oxitocina, gonadotropinas, corticoides, insulina, prostaglandinas, relaxina y prolactina.
- Factores de crecimiento: estimulan la síntesis de ADN y ARN, la proliferación celular y la maduración de algunos órganos.

Aunque las leches de fórmula son muy funcionales y han logrado grandes avances en la mejora de la tolerancia y el aporte vitamínico, distan mucho de igualar las bondades de la leche materna. De acuerdo con los estudios realizados, existen todavía diferencias evidentes entre los niños alimentados con leche de fórmula y los que consumen solo leche materna; en el segundo grupo se ha observado una disminución en la incidencia o en la gravedad de enfermedades como meningitis bacteriana, bacteriemia, diarrea, infecciones respiratorias, otitis media o infecciones en vías urinarias, e incluso se ha comprobado una disminución del síndrome de muerte súbita del lactante, la diabetes 1 y 2, el linfoma, la leucemia, la enfermedad de Hodgkin, el sobrepeso, la obesidad y la hipercolesterolemia.

El segundo beneficio, derivado del anterior, es que la leche materna ofrece protección inmunológica al bebé. La leche contiene anticuerpos que lo protegen de enfermedades e infecciones cuando su sistema inmunitario aún no está del todo desarrollado. De hecho, el calostro, la leche que empieza a segregar el pecho tras el nacimiento, se considera el mejor alimento para el recién nacido durante sus primeros días de vida, puesto que tan solo unas mínimas cantidades son suficientes para nutrirlo. El calostro es rico en vitaminas, grasas y proteínas. Es de fácil digestión y posee un efecto laxante que favorece la eliminación del meconio. Además, contiene una gran cantidad de inmunoglobulinas, motivo por el cual se lo ha llegado a presentar como la primera vacuna.

En el manual de lactancia de Unicef mencionado más arriba se detallan todos los componentes inmunológicos de la leche materna. Y la lista es larga:

1) *Componentes humorales*: son las inmunoglobulinas A, M y G (IgA, IgM, IgG), la lisozima y otras enzimas, la lactoferrina, el factor bífido, el interferón, los gan-

gliósidos, las prostaglandinas y otras sustancias inmuno-rreguladoras.

La mayor parte de la IgA la produce el mecanismo bronco-entero-mamario como reacción a los gérmenes con los que la madre ha tenido contacto, es decir, las defensas llegan al bebé a través de la leche que la madre produce. En el tejido linfático adyacente al tubo digestivo y a la mucosa respiratoria materna se generan linfocitos que luego migran a la glándula mamaria y aportan a la leche células inmunológicamente activas que secretan inmuno-globulinas específicas (IgA, IgA secretora) para proteger al niño de los gérmenes que lo rodean. La IgA también se produce en la glándula mamaria.*

La IgA es resistente a las enzimas proteolíticas y al pH bajo. Hasta el 88 % de la IgA ingerida puede ser recuperada en las heces del lactante. Se cree que los anticuerpos de la IgA aglutinan a las toxinas, a las bacterias y a los antígenos macromoleculares, impidiendo de ese modo su acceso al epitelio.

La protección que el niño recibe a través de la leche materna es considerable. En cuanto a la IgA, calculada por kilos de peso corporal, el niño que solo se amamanta recibe 0,5 gramos de IgA por día, que en las cuatro o seis primeras semanas de vida obtiene de la leche materna. Esta también estimula la producción del niño de su propia IgA, en las células plasmáticas de su tracto intestinal.

* L. Hanson, M. Korotkova y E. Telemo, «Breast-feeding, infant formulas and the inmune system», *Ann Allergy Asthma Immunol*, 2003; 90 (suppl 3):59-63.

2) *Componentes celulares*: los leucocitos están en una concentración similar a la que se encuentran en la sangre periférica, pero predominan los macrófagos (células del sistema inmunitario que se localizan en los tejidos) en vez de los neutrófilos (un tipo de leucocitos).

De la actividad de los elementos celulares de la leche se sabe todavía muy poco. Los macrófagos son los que se encuentran en la leche en mayor cantidad (80 %), seguidos de los linfocitos y luego los granulocitos neutrófilos. Su mecanismo de acción es la fagocitosis (proceso inmunológico por el cual algunas células destruyen las bacterias dañinas) y la secreción de ciertas sustancias inmunológicas que actúan contra los gérmenes con los que la madre ha tenido contacto. Los macrófagos contienen a su vez IgA, lisozima y lactoferrina. La concentración de todos estos elementos es mayor en el calostro que en la leche madura, pero la aportación se compensa por el mayor volumen de leche madura que toma el bebé, de manera que la cantidad total se mantiene relativamente constante durante toda la lactancia.

Diversas experiencias *in vitro* han permitido comprobar que la leche humana *in vitro* es activa contra muchos patógenos. De estas actividades inmunológicas, las principales son las siguientes:

- Actividad antibacteriana: actúa contra *E. coli*, *C. tetani*, *C. diphteriae*, *K. pneumoniae*, *Salmonella* (6 grupos), *Shigella*, *Streptococcus*, *S. mutans*, *S. sanguis*, *S. salivarius*, *S. pneumoniae*, *H. influenzae* y otras bacterias.

- Actividad antiviral: actúa contra poliovirus de los tipos 1, 2 y 3; Coxsackie de los tipos A9, B3 y B5; echovirus de tipos 6 y 9; rotavirus; citomegalovirus; reovirus de tipo 3; virus rubeola; Herpes simplex: parotiditis; influenza; sincitial respiratorio y otros virus.
- Actividad antiparasitaria: actúa contra *G. lamblia*, *E. histolytica*, *S. mansoni* y *Cryptosporidium*.

3) *Otros componentes* de la leche que tienen una función inmunológica:

- Lactoferrina: es resistente a la actividad proteolítica.
- Lactoperoxidasa: *in vitro* presenta actividad contra *Streptococcus*, *Pseudomonas*, *E. coli* y *S. typhimurium*.
- Factor bífido: dificulta el desarrollo de *E. coli* y algunos hongos, como *Candida albicans*.
- Lípidos: los ácidos grasos insaturados y monoglicéridos *in vitro* han demostrado actividad contra: *S. aureus*, virus del herpes simple, virus del bosque Semliki, influenza, dengue, virus del río Ross, encefalitis japonesa B, virus Sindbis, virus West Nile, *G. lamblia*, *E. histolytica*, *T. vaginalis*.
- Fragmentos virales: se han encontrado fragmentos virales en la leche humana que no han podido ser replicados, pero se sabe que estimulan la respuesta de anticuerpos en los lactantes.

Además de la protección inmunológica, la leche materna ofrece protección ante ciertas alergias. Por ejemplo, la IgA del calostro y de la leche madura recubre la mucosa intestinal y previene la absorción de macromoléculas extrañas al sistema inmune del niño aún en desarrollo.

Por otro lado, como las proteínas de la leche materna son específicas de la especie humana, los niños amamantados no desarrollan anticuerpos contra ellas. En cambio, la beta-lactoglobulina, la porción proteica más importante del suero de la leche de vaca, tiene un gran potencial alergénico. La hipersensibilidad a la leche de vaca es responsable de al menos el 20 % de las alergias infantiles debido a que la mucosa intestinal del lactante no tiene un mecanismo que impida el paso de proteínas enteras a la sangre. Los síndromes alérgicos asociados con la leche de vaca incluyen gastroenteropatías, dermatitis atópica, rinitis, enfermedad pulmonar crónica, eosinofilia (cantidad muy elevada de eosinófilos —leucocitos— en la sangre), alteración del crecimiento y muerte súbita.

La leche materna también cuenta con una serie de bacterias que, actualmente, se sabe que son beneficiosas. Hasta hace poco tiempo se sostenía que la colonización intestinal del recién nacido se iniciaba en el canal de parto, debido al contacto bucal del pequeño con la microbiota vaginal e intestinal de su madre, y que después él mismo era quien aumentaba la colonización a través de la lactancia y las bacterias presentes en la piel de su madre. Pero en los últimos años la investigación científica ha dirigido su mirada hacia las glándulas mamarias de la madre como fuente de bacterias beneficiosas para el neonato: «Ninguna de las vías clásicas —boca del niño, piel de la madre— puede explicar la diversidad bacteriana que existe en la leche humana», explica Juan Miguel Rodríguez, profesor del Área de Nutrición de la Universidad Complutense de Madrid y experto en lactancia materna, quien también es miembro de la Junta Directiva de la Sociedad Española de Probióticos y Prebióticos.

Investigaciones recientes sostienen que algunas bacterias del intestino materno podrían colonizar las glándulas mamarias durante la última etapa del embarazo y la lactancia a través de la ruta entero-mamaria, de ahí la riqueza bacteriana de la leche. «La exposición del lactante a ese amplio espectro de bacterias puede ejercer efectos beneficiosos frente a enfermedades gastrointestinales y respiratorias, así como reducir el riesgo de desarrollar otras enfermedades como la diabetes o la obesidad —expone el profesor Rodríguez—. Pueden contribuir a reducir la incidencia y severidad de una amplia gama de infecciones, participar en la correcta maduración del sistema inmunitario infantil e incluso prevenir la caries dental y las enfermedades periodontales.»

La riqueza de la leche humana es tal que los investigadores estudian el aislamiento de algunas de sus bacterias para emplearlas como probióticos en el futuro, por ejemplo, para tratar la mastitis, una de las causas principales del destete precoz.

Asimismo, se investigan sus propiedades para inhibir la transferencia del virus VIH. Ciertos estudios *in vitro* demuestran que algunas de las cepas presentes en la leche humana son capaces de inhibir el VIH-1. «Evaluamos la capacidad de 38 cepas bacterianas aisladas de la leche materna de mujeres sanas para inhibir la infectividad del VHI-1 *in vitro*. Los resultados indicaron que la leche humana posee ciertas bacterias con capacidad para inhibir el virus *in vitro* y hay que evaluar su posible papel en los mecanismos de protección frente al VIH», explica el profesor Rodríguez.

Todas estas propiedades de la leche materna hacen que también sea fácil de digerir, puesto que está especialmente «diseñada» para el todavía inmaduro aparato digestivo del recién nacido. Su sabor, asimismo, varía según la alimentación de la madre. Y su concentración y composición lo harán a lo largo de la tetada. Primero es más acuosa, para calmar la sed del bebé, y progresivamente se hace más grasa y calórica para saciarlo.

Otro beneficio de la lactancia materna es que reduce la posibilidad de que el bebé sufra síndrome de muerte súbita del lactante (SMSL). Son muchos los estudios que confirman este punto, como uno publicado en la revista *Pediatrics* en 2011[*] que revelaba que la incidencia del síndrome de muerte súbita del lactante era un 60 % menor cuando los bebés recibían leche materna y más de un 70 % menor en aquellos alimentados con lactancia materna exclusivamente. Otro más reciente,[**] publicado en la misma revista, afirma que la lactancia materna durante al

---

[*] J. C. Buñuel Álvarez y J. J. Cuervo Valdés, «La lactancia materna se asocia a menor riesgo de síndrome de muerte súbita del lactante», *Evid Pediatr*, 2011; 7: 61.

[**] John M. D. Thompson, Kawai Tanabe, Rachel Y. Moon, Edwin A. Mitchell, Cliona McGarvey, David Tappin, Peter S. Blair y Fern R. Hauck. «Duration of Breastfeeding and Risk of SIDS: An Individual Participant Data Meta-analysis», *Pediatrics*, 2017; e20171324 DOI: 10.1542/peds.2017-1324.

menos dos meses reduce a la mitad el riesgo de muerte súbita del lactante. Esta investigación analizó ocho estudios internacionales previos con datos de lactancia que examinaron más de 2.200 casos de SMSL y más de 6.800 casos de niños que sobrevivieron. Los investigadores encontraron que cualquier lactancia mantenida entre dos y cuatro meses reduce el riesgo en un 40 %; cualquier lactancia a lo largo de entre cuatro y seis meses reduce el riesgo en un 60 %, y cuando la lactancia dura más de seis meses reduce el riesgo en un 64 %.

También se ha hablado mucho sobre si la lactancia materna, al ser a demanda, protege al bebé de desarrollar obesidad en la infancia, con la hipótesis de que el hecho de que sea el propio bebé quien regula la cantidad que tiene que comer lo ayudará en el futuro a no comer más de lo necesario. En este caso, los estudios científicos han encontrado una relación entre ambos factores muy pequeña. Por ejemplo, en el estudio «Breast feeding and obesity in childhood: cross sectional study», realizado para determinar la relación entre la duración de la lactancia materna y el posterior desarrollo de obesidad en niños de edades comprendidas entre cuatro y dieciocho años, los autores llegaron a la conclusión de que no existe un efecto protector de la lactancia materna para disminuir la prevalencia de la obesidad en etapas posteriores de la vida,. Pero el análisis que hace de este estudio la Asociación Española de Pediatría de Atención Primaria* afirma que «si la aso-

* https://www.aepap.org/sites/default/files/lactancia_y_obesidad_avc44.pdf

ciación es causal, el efecto es probablemente pequeño en comparación con otros factores que influyen sobre la obesidad infantil, como por ejemplo la obesidad de los padres. No obstante, este pequeño efecto puede ser de relevancia en términos de salud pública de toda la población teniendo en cuenta la actual epidemia de obesidad infantil. Y es que los pediatras de Atención Primaria hemos de tener presente que si el efecto protector de la leche materna existe realmente, aunque sea de poca magnitud, el impacto final sobre la población podría ser muy beneficioso al tratarse de una medida susceptible de ser aplicada al cien por cien de los niños. Una medida que, además, es barata y que conlleva de por sí otros beneficios añadidos (prevención de infecciones, atopia)».

En general, casi todos los estudios realizados al respecto señalan que la lactancia materna tendría un pequeño pero consistente efecto protector contra la obesidad.

¿Y frente al cáncer? ¿Es cierto que la lactancia materna protege frente al cáncer? Eso es al menos lo que confirman numerosos estudios que se han hecho en los últimos años. Algunos experimentos afirman que la leche humana *in vitro* induce a la muerte celular de diversas variedades de células cancerosas. Otros estudios afirman que los altos niveles de estriol que se registran en la lactancia pueden proteger a una mujer de desarrollar cáncer de mama. Sea como sea, resulta evidente que aquellas mujeres que han tenido hijos y les han dado el pecho un tiempo prolongado tienen menos posibilidades de padecer cáncer de mama.

También existen estudios que afirman que la lactancia

prolongada reduce el riesgo de cáncer de ovario. Además, parece que cuanto más tiempo se alargue la lactancia, más aumenta esta reducción.

Recientemente, un grupo de investigación ha hecho ensayos *in vitro* e *in vivo* con muestras de animales y humanas que demuestran que la leche humana puede ser utilizada en tratamientos contra el cáncer. Este estudio fue liderado por la doctora Catharina Svanborg, responsable del Departamento de Microbiología, Inmunología y Glicobiología del Instituto de Medicina de Laboratorio. Asimismo, el equipo de la doctora Svanborg averiguó cómo combate la leche humana contra las células tumorales. La unión de la lactoalbúmina —proteína de la leche— con un ácido graso da lugar a un complejo llamado HAMLET —lactoalbúmina alfa humana letal para células tumorales— que elimina células tumorales sin dañar a las células sanas.

Este complejo ha demostrado una gran efectividad en la vejiga. El resultado de las pruebas realizadas con pacientes que padecían este tipo de cáncer ha sido una disminución de los tumores en periodos cortos de tiempo. Es decir, al cambiar su tratamiento normal a base de fármacos por los componentes de la leche humana, en solo cinco días los pacientes lograron eliminar las células tumorales a través de la orina. Gracias a los cambios en el tamaño y la apariencia de los tumores se está ampliando esta investigación.

Los efectos de la leche humana en el cáncer de colon solo se han investigado con ratones, pero los resultados son esperanzadores. Puede reducir hasta un 60 % el tamaño del tumor, con lo que aumenta la esperanza de vida.

Igualmente, el uso de leche humana de forma preventiva se relaciona con una menor aparición de tumores y metástasis en los ratones sanos. Como consecuencia, se harán investigaciones para fabricar fármacos preventivos indicados para personas más vulnerables o con antecedentes de cáncer.

En cuanto al cáncer de mama, una investigación[*] basada en 47 estudios realizados en 30 países ha probado que doce meses de lactancia pueden reducir el riesgo en un 4,3 % con efecto acumulativo, y que cuanto más prolongada es la lactancia menor es el riesgo de desarrollar la enfermedad. Es decir, el riesgo se reduce en un 4,3 % por cada doce meses de lactancia, a lo que se suma otro 7 % de reducción del riesgo por el parto. Los resultados también demuestran que las mujeres que han dado el pecho tienen una mayor tasa de supervivencia al cáncer de mama.

Las claves de esta relación se basan en dos consecuencias de la lactancia materna: el retraso en el restablecimiento de la función ovárica y la disminución de los niveles séricos de estrógenos.

Además de los beneficios físicos mencionados, cabe hablar de otro tipo de ventajas, pues se dice que la lactancia materna fortalece el vínculo entre la madre y el hijo, aumenta el coeficiente intelectual del pequeño o favorece la comprensión del lenguaje y la visión espacial.

[*] M.ª J. Aguilar, E. González, J. Álvarez, C. A. Padilla, N. Mur, P. A. García y M.ª C. Valenza, «Lactancia materna: un método eficaz en la prevención del cáncer de mama», *Nutr. Hosp.*, vol. 25, n.º 6, Madrid, nov./dic. de 2010.

En relación con el primer punto, la oxitocina es la responsable de estrechar este vínculo. La liberación pulsátil de esta hormona genera en la madre sentimientos de amor hacia su hijo, así como de bienestar, confianza o autoestima, y en el lactante produce relajación, serenidad y un mayor interés por las relaciones sociales. Del mismo modo, la lactancia materna favorece el contacto íntimo entre madre e hijo tras el nacimiento y causa una elevación de los niveles de oxitocina en el cerebro del bebé que, a su vez, implica una serie de cambios neuroanatómicos que perduran con el tiempo y permiten que, llegada la edad adulta, el individuo tenga una actitud de apego mayor para con sus descendientes.

Respecto a que la lactancia incrementa la inteligencia del niño, podemos examinar los resultados, publicados en la revista *The Lancet*, de un estudio* llevado a cabo en la zona urbana de Pelotas, Brasil, que siguió durante treinta años una cohorte de nacidos en 1982 para comprobar si la duración de la lactancia se podía asociar con un mayor coeficiente intelectual (CI), más años de escolaridad y una renta económica más alta al llegar a los treinta años, en un entorno en el que no existe una gran promoción de la lactancia materna.

Un dato curioso revelado por este estudio, según Bernardo Lessa Horta, de la Universidad Federal de Pelotas, principal autor de la investigación, es que «en la población

---

* Cesar G. Victora, «Association between breastfeeding and intelligence, educational attainment, and income at 30 years of age: a prospective birth cohort study from Brazil», *The Lancet Global Health*, 2015, DOI: 10.1016/S2214-109X(15)70002-1.

estudiada, la lactancia materna no era más común entre las personas con mejor nivel educativo o aquellos con mayores ingresos económicos, sino que se distribuye de manera uniforme por las diferentes clases sociales».

El estudio se realizó con casi 3.500 individuos de una cohorte original de cerca de 6.000 niños nacidos en cinco hospitales de Pelotas. Se recogieron datos acerca de la renta familiar, la educación materna, el tabaquismo materno, la edad materna, el índice de masa corporal y el peso de la madre antes del embarazo, el tipo de parto y la edad gestacional y el peso del bebé al nacer.

La información sobre la duración de la lactancia materna y la edad de introducción de alimentos complementarios se recogió cuando los niños tenían diecinueve meses en el 95 % de los casos y cuando tenían cuarenta y dos meses en el 5 % restante. Se definió como duración de la lactancia materna predominante el tiempo hasta la introducción de alimentos distintos de la leche materna.

Después, se estudió a los mismos individuos a una edad media de 30,2 años, es decir, en 2012. Se evaluó en ese momento su inteligencia (según la escala de inteligencia de adultos de Wechsler), su nivel educativo y la renta en el mes anterior. Además, se recogió información sobre el nivel educativo de los padres, el índice de trabajadores activos de los hogares y la ascendencia genómica (proyecto HapMap).

La comparación de los datos dio como resultado que solo en el 12 % de los casos la lactancia materna predominante superó los cuatro meses.

A la edad de treinta años, el CI medio fue de 98 y el

promedio de años de educación, 11,4 años. Los ingresos familiares mensuales se correlacionaron positivamente con el nivel educativo y el CI.

Así, estos datos revelan que la duración de la lactancia materna se asocia con un CI, un nivel educativo y unos ingresos más altos. En concreto, el estudio revela que la duración de la lactancia materna se asocia a un mayor CI a los treinta años, con un efecto máximo, cuando la lactancia se mantiene más allá de los doce meses de vida, de 3,8 puntos de CI. Este mayor CI parece justificar hasta un 75 % del efecto encontrado en la duración de la educación (0,9 años más de escolaridad) y los ingresos económicos (98 euros más al mes).

En resumen, la lactancia materna está asociada con un mejor desempeño en las pruebas de inteligencia treinta años después, y podría tener un efecto importante en la vida real, al aumentar el nivel educativo y la renta económica en la edad adulta.

«El efecto de la lactancia materna prolongada influye en el desarrollo cerebral y la inteligencia de los niños, pero estos efectos persisten también en la edad adulta», señaló Lessa.

Los autores subrayan que la leche materna tiene una composición única en la que destacan los ácidos grasos de cadena larga, «que son esenciales para el desarrollo cerebral. Hemos encontrado que la lactancia materna prolongada está ciertamente relacionada con el cociente intelectual en la edad adulta, lo que refleja que la cantidad de leche materna consumida juega un papel importante», dijo Horta.

Según Erik Mortensen, de la Universidad de Copenhague, en Dinamarca, «con la edad, los efectos del desarrollo temprano pueden diluirse debido a factores ambientales posteriores, o mejorar como consecuencia de los logros educativos o profesionales, pero este estudio sugiere que los efectos de la lactancia materna prolongada en el desarrollo cognitivo persisten en el adulto y son importantes para la salud».

Asimismo, diversos estudios realizados con técnicas de neuroimagen han demostrado que la lactancia materna prolongada favorece la maduración de áreas relacionadas con la inteligencia.

Una investigación de Mandy Belfort* y su equipo del Hospital Infantil de Boston (Estados Unidos) revela que los bebés que han sido alimentados de forma prolongada con el pecho de sus madres muestran un desarrollo cognitivo más avanzado. Belfort y su equipo examinaron el efecto que podía tener la duración y la exclusividad de la lactancia materna de 1.312 mujeres en el desarrollo cognitivo de sus pequeños hasta los siete años de edad. Los investigadores comprobaron que los niños que habían sido alimentados al menos durante los primeros seis meses de vida con leche materna a los tres años mostraban un nivel más alto de inteligencia verbal-lingüística y a los siete, su coeficiente intelectual también era superior al de los niños que no habían tomado pecho.

* Mandy B. Belfort, Peter J. Anderson, Victoria A. Nowak, Katherine J. Lee, Charlotte Molesworth, Deanne K. Thompson, Lex W. Doyle y Terrie E. Inder, «Breast Milk Feeding, Brain Development, and Neurocognitive Outcomes: A 7-Year Longitudinal Study in Infants Born at Less Than 30 Weeks' Gestation», *J. Pediatr.*, 2016.

Sin embargo, «no vimos relación con la memoria o la capacidad de aprendizaje», apostilla Belfort. De alguna manera, subraya el autor del editorial que acompaña al estudio, Dimitri Christakis, del Instituto de Investigación del Hospital Infantil de Seattle (Estados Unidos), «la lactancia materna durante el primer año de vida podría incrementar la inteligencia del niño hasta cuatro puntos». Estos resultados demuestran «una relación causal entre la lactancia materna durante el primer año del bebé y el desarrollo de la inteligencia en los años siguientes», concluyen los autores del estudio.

La lactancia prolongada favorece asimismo la comprensión del lenguaje y la visión espacial. En este sentido, los niños alimentados con leche materna durante más tiempo tienen más facilidad para poner en práctica las funciones ejecutivas, la planificación, la inteligencia social y emocional y el lenguaje, muestran un mayor interés por las relaciones sociales.

Por tanto, dar el pecho a nuestro hijo de manera exclusiva hasta los seis meses y junto con la alimentación complementaria todo el tiempo posible es muy beneficioso para su salud y su desarrollo. Sin embargo, muchas mujeres se enfrentan a problemas diversos que las hacen abandonar la lactancia antes de tiempo.

CÓMO PONERLO EN PRÁCTICA

Para que no dejes la lactancia a causa de creencias erróneas y puedas mantenerla hasta que tu hijo y tú lo deseéis, es conveniente que tengas en cuenta los siguientes consejos.

La lactancia no se debe hacer esperar

Es recomendable comenzar a amamantar al bebé lo antes posible después del parto y sin fijar horarios de tomas. El bebé debe mamar con frecuencia y a demanda, es decir, siempre que lo pida y durante el tiempo que él considere necesario. Así se evitan molestias en las mamas y se mantiene un buen nivel de producción de leche, ya que cuanto más mame el bebé, más leche se producirá.

El calostro y la subida de la leche

Cuando el bebé nace, las glándulas mamarias se ponen en funcionamiento y la expulsión de la placenta provoca una bajada del nivel de progesterona y de estrógenos que permite la actuación de la prolactina. Por lo tanto, el alumbramiento es lo que desencadena el proceso. A continuación, la succión del niño contribuirá a que se produzca más leche, pues cada vez que este mama estimula el pecho y los niveles de prolactina aumentan.

Durante los primeros días, el pecho de la madre genera el llamado calostro, una sustancia precursora de la leche materna que contiene los nutrientes necesarios para el niño en ese instante de su vida, por lo que es el mejor suministro inicial para el bebé. Aunque esta escasa y primera sustancia pueda parecernos insuficiente, para el pequeño es tan importante o más que la leche madura que se segregará días después, y el bebé no necesitará ningún suplemento artificial extra, ya que la leche materna se adapta a su crecimiento y sus necesidades en cada momento.

En torno al tercer o cuarto día después del parto —en algunas mujeres puede ser más tarde—, el calostro empieza a transformarse en leche, y su composición varía para estar más acorde a las nuevas necesidades del bebé. Los pechos comienzan a hincharse y a endurecerse, con lo que la piel se nota más tersa y tirante y las venas del pecho se vuelven más visibles y azuladas. Todo esto es debido a que el flujo sanguíneo aumenta de repente para favorecer la producción de leche. Esta fase del proceso, que suele durar un par de días, es conocida como lactogénesis, y la sensación característica que provoca (y que no todas las mujeres experimentan de igual forma) puede llegar a resultar un tanto molesta. Popularmente se conoce con el nombre de «subida de leche», y aunque con frecuencia (¡y de forma equívoca!) se piensa que la inflamación se debe a que el pecho está rebosante de leche, la realidad no es exactamente así, sino que el incremento del tamaño del pecho tiene más que ver con la vascularización y la concentración de sangre en la zona.

La leche se produce en el pecho materno por la acción de varios factores, uno de los cuales es la succión del niño. La leche que se fabrica no se va acumulando en el seno de las mujeres como ocurre, por ejemplo, en las vacas lecheras, por ello no hay que esperar a que se llene para dar de mamar. El pecho producirá leche siempre que el bebé mame.

Lo que no se puede negar es que la sensación de tener los pechos llenos, inflamados y sensibles es real y puede ser causa de molestias o dolor, hasta tal punto que suponga un obstáculo a la hora de adoptar ciertas posturas al dormir o, lo que es peor, al amamantar, pues esto podría impedir o dificultar al bebé prenderse del pezón correctamente.

Extraerse un poco la leche (manualmente o con un sacaleches) puede favorecer el agarre del pequeño al pezón. La mama se «vaciará» ligeramente y no estará tan tirante. Ten en cuenta que la extracción estimula la producción, por lo que solo debes sacarte una pequeña cantidad, la suficiente para estar más cómoda o para que el bebé mame con facilidad.

Los síntomas de la subida de la leche no suelen durar más de tres días. La transición del calostro a leche madura es gradual, y aproximadamente después de diez o doce días tras el parto dará paso a la leche definitiva, una leche más blanquecina y abundante. Si el pequeño se agarra bien al pecho y el amamantamiento se está llevando a cabo de forma adecuada (a demanda, sin saltarse tomas, etcétera), pronto todo volverá a la normalidad y las molestias desaparecerán.

Los síntomas de la subida de la leche son:

- Aumento del tamaño de la mama
- Endurecimiento del pecho (y reblandecimiento tras la toma)
- Inflamación del seno
- Pecho caliente

- Ligero enrojecimiento
- Piel tirante y brillante
- Pezón tirante
- Sensibilidad en el pezón
- Febrícula (fiebre por debajo de los 38 °C)

Sentada, acostada o recostada, pero sobre todo a gusto

Dar de mamar al bebé puede hacerse en la postura que más cómoda resulte. Lo adecuado es que el cuerpo de la madre y el del bebé estén frente a frente. Suele ser más confortable apoyar la espalda y los brazos en una almohada. Además de la posición, debe cuidarse el ambiente. Es muy recomendable elegir un lugar tranquilo, con luz suave, por ejemplo, para estar relajada y dedicar el tiempo necesario al amamantamiento.

Enganche al pecho total, nunca parcial

Cuando el bebé se agarra al pecho correctamente, la lactancia no es dolorosa y él ingiere suficiente leche. Por ello, su boca debe estar bien abierta para que pueda abarcar no solo el pezón, sino también gran parte de la aréola, ya que de otro modo podría lastimar el pezón.

Para saber si el niño está bien agarrado, mira que tu cuello quede derecho y ligeramente curvado hacia atrás, y que su cuerpo esté vuelto hacia ti, cerca del tuyo y bien apoyado. La cabeza, el hombro y el cuerpo de tu bebé han de estar en línea recta. El recién nacido tiene que poder prenderse a tu pecho sin necesidad de estirarse o torcerse.

Acerca a tu niño al pecho y toca su labio inferior con el pezón. En cuanto abra la boca, empújalo hacia ti para que se prenda. Tu pezón debe estar dirigido hacia su paladar. Sabrás que lo has hecho correctamente si se cumple lo siguiente:

- El mentón del bebé está tocando el pecho.
- Su boca está muy abierta.
- Su labio inferior se vuelve hacia fuera.
- Puedes ver más superficie de la aréola por encima que por debajo de su boca.
- No sientes ningún dolor.

Un bebé que mama bien empieza con sorbitos breves y continúa con sorbitos profundos, lentos y con pausas. Es fácil ver y oír cómo traga. Dar el pecho no tiene que ser doloroso. Es normal que el pezón esté más sensible durante los primeros días, pero si te duelen, te sangran o te salen grietas debes consultar a tu médico.

Soltarse sin tirar

El bebé lactante hace vacío en el pecho, por lo que cuando haya terminado, puede que tengas que liberar el pezón de su agarre introduciendo tu dedo meñique por la comisura de su boca. Nunca tires del pezón, ya que podrías hacerte daño.

Apurar las tomas hasta el final

Es importante que el bebé vacíe totalmente un pecho antes de ofrecerle el otro, puesto que la leche del final es más rica en grasa y tiene mayor aporte calórico, lo que le producirá mayor sensación de saciedad. Por ello el amamantamiento debe durar hasta que el bebé vacíe, al menos, un pecho; la siguiente toma siempre comenzará por la última mama que se le ofreció.

Sin molestias por congestión

En los casos en que la madre tiene más leche de la que el bebé pide, se recomienda utilizar un sacaleches para vaciar el pecho del todo. Si las mamas están congestionadas, un masaje en dirección al pezón ayuda a vaciarlas. Aplicar almohadillas calmantes en la mama, calientes antes del amamantamiento y frías después de la toma, aliviará las molestias de la congestión.

Higiene suave y frecuente

Los pezones deben lavarse solo con agua y dejarse secar al aire libre o al sol. Es mejor no usar jabones astringentes ni cremas protectoras si no son necesarios. Los discos absorbentes o protectores del pezón son un buen recurso para mantener aireados y sin humedad los pezones.

Usar ropa interior apropiada

Los sujetadores adecuados para la lactancia son muy fáciles de desabrochar, sujetan la mama sin comprimirla y están confeccionados con fibras naturales como el algodón.

Buena alimentación, también para la madre

La alimentación de la madre lactante debe ser variada y rica en productos naturales. Además, debe aumentarse la cantidad de líquidos ingeridos para conseguir una buena hidratación y una producción láctea suficiente.

Lactancia a demanda

Lo mejor, al menos las primeras semanas, es darle de mamar al bebé cuando lo pida y olvidarse de horarios. La mayoría de los recién nacidos a término y sanos saben perfectamente cuándo necesitan comer, durante cuánto tiempo y qué cantidad. Al principio, tu bebé hará unas seis u ocho tomas al día. Dale el pecho con la frecuencia y la duración que quiera, también de noche. A medida que crezca, se irá alargando el intervalo entre tomas.

Dificultades

A pesar de todo, en ocasiones surgen dificultades que interfieren en el buen desarrollo de la lactancia. Por eso conviene conocer cuáles son los problemas más importantes que puedan aparecer y qué debes hacer para solucionarlos y poder alargar todo lo que quieras la lactancia materna.

Pezón plano o invertido

La forma del pezón no suele impedir o dificultar la lactancia. La mayoría de los casos de pezones planos se solucionan cuando el bebé empieza a mamar, aunque hace falta un poco de ayuda los primeros días para que el recién nacido se agarre al pecho.

Puedes hacer una prueba: aprieta con los dedos índice y pulgar en dos puntos opuestos de la aréola y observa qué ocurre con el pezón:

- Si sale hacia fuera, no es un pezón invertido, solo aplanado. Se resolverá poco a poco.
- Si se hunde más, es un pezón invertido «verdadero» (no protráctil) y será más difícil conseguir que el niño se coja bien, pero no imposible.

En el primer caso, lo que habrá que cuidar al principio de la lactancia es que el bebé abra mucho la boca. Luego, al iniciar la succión se crea un vacío y el pezón va saliendo poco a poco. También se han diseñado dispositivos para sacar el pezón por medio del vacío.

En el segundo caso, el pezón hacia dentro de la aréola dificulta que el pequeño se agarre, por tanto a veces es preciso recurrir al sacaleches. Antes puede intentarse dar de mamar con pezonera los primeros días; a menudo esto consigue que el bebé aprenda a cogerse y se vaya formando un poco de pezón. Las pezoneras, que no son esenciales y no siempre son eficaces, a algunas mujeres les causan molestias y dolor. Si es tu caso, no las emplees.

Solo en raras ocasiones la lactancia no es posible directamente del pecho.

Ingurgitación mamaria

En ocasiones, especialmente en la primera semana del posparto, los pechos se hinchan demasiado, se ponen turgentes y llegan a molestar. Suele creerse que esto ocurre porque ha subido la leche y el pecho se ha llenado, pero esto no es del todo cierto. Para entender lo que ocurre, conviene saber que, en realidad, la inflamación es general, el interior de los senos cambia para servir leche al bebé, las células se multiplican, los vasos sanguíneos se dilatan, la cantidad de agua aumenta, etcétera.

Esta inflamación es normal y remitirá cuanto más mame el bebé. Si, por el contrario, este no mama, o no lo hace con suficiente frecuencia, la leche se acumula e incrementa la congestión general, provocando una ingurgitación mamaria, es decir, una inflamación del pecho, con lo que se corre el peligro de entrar en un círculo vicioso del que es difícil salir. En estos casos es frecuente que la madre reduzca las tomas debido al dolor que produce la ingurgitación, con lo que no se extrae la leche y vuelve a acumularse. En consecuencia, los conductos por los que pasa el flujo lácteo se obstruyen, y de no tratarse el problema adecuadamente, puede acabar en una mastitis o un absceso.

La ingurgitación, a diferencia de la mastitis u otras complicaciones que afectan al pecho, suele presentarse en ambos senos, por ello no es extraño confundirla con la sensación fisiológica de tener el pecho lleno por la subida de la leche. En el pecho lleno la piel y el pezón tienen un aspecto normal, y la leche fluye sin problemas. Sin embargo, cuando hay ingurgitación la piel está brillante, tensa y enrojecida; la aréola se pone tirante, la leche no fluye y el pecho duele más.

La prevención es la mejor de las soluciones para la ingurgitación. Consiste en amamantar con mucha frecuencia, iniciar la lactancia en cuanto nazca el bebé, asegurarse de que la técnica de amamantamiento es la correcta y el pequeño se agarra bien, y dar el pecho sin límite de tiempo, esperando a que sea el propio niño quien suelte el pezón.

Si, por desgracia, la ingurgitación ya se ha producido, no hay que dejar de dar el pecho ni sustituir tomas por biberón o leche artificial. Interrumpir la lactancia materna solo empeorará la situación. Además, puedes tomar las medidas que se explican a continuación.

Antes de la toma:

- Aplicar sobre el pecho compresas o paños fríos o calientes, según sea lo que más te alivie. También puedes alternar frío y calor: calor para dilatar los vasos y conductos y favorecer el paso de la leche y frío para desinflamar y calmar.
- Colocarte hojas de col en los senos. Aunque su eficacia no está demostrada científicamente, esta práctica la recomiendan los ginecólogos, pues muchas mujeres dicen sentir una mejoría con este método natural. En cualquier caso, no te hará ningún daño.

Después de la toma:

- Aplicarte calor o frío sobre el pecho dolorido.
- Darte masajes circulares en la zona mientras estás tumbada.
- Tratar de relajarte con métodos naturales (baño, música, ejercicio, lectura, etcétera).

Si el bebé puede mamar y se agarra bien:

- Ofrecerle a menudo el pecho.
- Asegurarte de que vacía el pecho, esperando a que sea él quien lo suelte.

Si no puede mamar porque no se agarra bien:

- Extraerte un poco de leche manualmente o con un extractor antes de la toma para descongestionar un poco el pecho y favorecer el agarre.
- Corregir la postura, informándote sobre la forma adecuada de hacerlo.
- Si no es posible el agarre, extraerte la leche y ofrecérsela en biberón, cucharilla, vaso o con el medio que te vaya mejor.

Mastitis

A veces la flora bacteriana que se encuentra de forma habitual en los conductos y en la leche materna se altera por diferentes causas y origina la obstrucción de los conductos, la inflamación y la infección que van asociadas a la mastitis.

La mastitis se reconoce porque la zona afectada suele estar enrojecida, dolorida, caliente, tensa o dura. Además, puede provocar sensación de quemazón, pinchazos o dolor en el pezón.

El tratamiento consiste en la administración de antibióticos y en continuar con la lactancia materna. Si no se cura en unos días, puede ser necesario realizar un drenaje.

La mastitis es uno de los problemas asociados a la lactancia materna más dolorosos. Para evitarla debes seguir los siguientes consejos:

- Lleva una dieta sana y equilibrada.
- Bebe mucha agua mientras estás dando el pecho.
- Descansa lo más posible para mantener tu sistema inmunológico fuerte.
- Si después de las tomas te sobra mucha leche, sácatela para evitar que se acumule.
- En cuanto notes un conducto obstruido, aplícate compresas calientes en la zona y date masajes para que la leche salga.
- Cambia la postura al dar de mamar para que el pecho se vacíe por igual de todas partes
- En las primeras semanas, es importante que te pongas el bebé al pecho a menudo, no es bueno que pasen muchas horas entre toma y toma, aunque la frecuencia siempre dependerá del bebé.
- Usa sujetadores de lactancia que no te aprieten el pecho.
- Cuida la higiene de las mamas.

Dolor de pezones

En la mayoría de los casos el dolor en los pezones es consecuencia de una mala postura al amamantar, un mal agarre del niño o una combinación de ambas cosas. En ocasiones tiene otras causas, pero todas pueden solucionarse.

- Mala posición. Como hemos dicho, que el bebé esté mal colocado cuando mama puede provocar dolor.

El remedio es corregir la posición. Prueba diferentes posturas (sentada, tumbada, etcétera) hasta encontrar la que te resulte más cómoda. El cuerpo del niño debe estar pegado al tuyo y su cabeza, en línea con el pezón. Estimula el reflejo del bebé rozándole el labio, espera a que abra la boca e introduce el pezón en ella, empujando al bebé suavemente por la espalda (si le empujas la cabeza, instintivamente la echará hacia atrás). El bebé debe cubrir con la boca toda la aréola, no solo el pezón (a no ser que la aréola sea muy grande, entonces cubrirá una parte). Así la presión se concentrará en la aréola y se evitará la masticación directa del pezón y la aparición de grietas. El labio superior del niño debe quedar vuelto hacia fuera y el pezón, más cerca de este que del inferior para dejar sitio a la lengua. El cuello del niño tiene que estar recto y su barbilla y su boca, pegadas a tu pecho para que no tenga que girar la cabeza, que reposará en tu brazo. Evita también ponerle el chupete o darle biberones los primeros días, hasta que la lactancia se establezca correctamente. Con las tetinas artificiales, los recién nacidos pueden aprender a succionar mal.

- Grietas. Se forman cuando el bebé, al mamar, coge solo el pezón y lo aprieta con las encías. La humedad y la continua succión impiden que se curen, y si el niño sigue mamando en una posición incorrecta se agrava el problema. La primera medida que debes tomar es corregir la postura del bebé. Y para aliviar las grietas, aplícate un poco de tu leche directamente en los pezones y déjalos secar al aire. La leche materna tiene propiedades antiinfecciosas y antiinflamatorias. También puedes usar cremas antigrietas. Si el dolor es muy intenso, mientras se curan las grietas se recomienda extraerse la leche del pecho afectado (o de los dos si fuera el caso) en alguna de las tomas para dejarlo descansar de la succión. En caso de que te moleste el roce con la ropa, prueba los discos de lactancia o conchas protectoras de pezones. Algunas mujeres son partidarias de ponerse pezoneras para aliviar el dolor cuando el bebé está mamando; no obstante, con ello se corre el riesgo de que el pequeño no aprenda a succionar correctamente, que al fin y al cabo es la manera en que desaparecen las grietas.

- Candidiasis. La infección por cándida, un tipo de hongos, es frecuente en los lactantes. En la boca les provoca muguet, unas placas blanquecinas que se forman en las mucosas y las encías. A veces se confunden con restos de leche (si se pueden retirar, es leche; si se quedan pegadas, es muguet). Se cree que existe la posibilidad de que estos hongos se extiendan al pezón de la madre y provocar ardor o molestias en el pecho. No obstante, los últimos estudios ponen en duda que la candidiasis pueda afectar al pecho, ya que la glándula mamaria no es el entorno adecuado para el crecimiento de los hongos. Consulta a tu pediatra. Un tratamiento contra los hongos debería poner fin al problema.
- Infección de pezón. Cuando a pesar de que la posición del bebé al mamar es la correcta el dolor con-

tinúa, quizá se ha producido una infección bacteriana. En este caso el pezón suele estar enrojecido e irritado, incluso puede supurar. Otras veces no aparece ninguno de estos síntomas porque la infección está dentro de los conductos mamarios (por donde fluye la leche), sin embargo, el dolor es el mismo. Las bacterias habituales de la piel pueden entrar en el pezón a través de las fisuras o grietas del mismo y generar una infección que ocasiona dolor, enrojecimiento, inflamación... Las mujeres que han padecido esta infección describen el dolor que sienten al dar de mamar como «un intenso y penetrante pinchazo» o como «el efecto de si te clavasen una aguja ardiendo en el pezón». La infección se combate con la administración de antibióticos. Lo ideal sería hacer un cultivo, pues existen diferentes tipos de bacterias que pueden causar la infección y algunas son resistentes a los antibióticos habituales, con lo que el problema no se solucionaría. Con un examen microbiológico se conocería exactamente qué bacteria está implicada en la infección, y esto permitiría prescribir el antibiótico adecuado. Mientras tanto, y durante el tratamiento, se puede y se debe seguir dando el pecho. El niño no corre peligro de contagio. Si se deja la lactancia bruscamente solo se conseguirá que la producción de leche disminuya e incluso que los síntomas empeoren por la retención de leche.

Dudas frecuentes

¿Cómo saber si el bebé engorda adecuadamente?

Esta es, con toda probabilidad, la mayor preocupación de cualquier madre: saber si su hijo está ingiriendo la cantidad necesaria de leche y si su crecimiento es satisfactorio. Para comprobarlo, verifica si cumple esta serie de pautas:

- El bebé moja uno o dos pañales los primeros días, mientras recibe calostro.
- Después, durante el tercer y cuarto día, moja de seis a ocho pañales.
- Hace al menos de dos a cinco deposiciones cada veinticuatro horas durante los primeros meses, aunque algunos bebés empiezan a hacer deposiciones menos frecuentes y mayores hacia las seis semanas.
- Toma el pecho con frecuencia, con un promedio de seis a diez sesiones cada veinticuatro horas.
- Se oye como traga cuando está mamando.
- Gana al menos de 120 a 210 gramos por semana tras el cuarto día después del parto.
- Está despierto y activo, tiene buen aspecto, buen color y la piel tersa. Crece en longitud y su cabeza aumenta de tamaño.

Al margen de que puedas vigilarlo tú, el crecimiento del niño debe controlarlo el pediatra. No te obsesiones con el tema y no lo peses cada día en la farmacia. De hecho, pasado el primer mes no hace falta ni pesarlo cada semana, salvo circunstancias especiales.

¿Qué hago si me pongo enferma?

Las enfermedades comunes, como un catarro, no impiden que sigas dando el pecho, aunque probablemente te encuentres más cansada. Pide ayuda para que te lleven al bebé a la cama o sácate la leche para poder dormir más horas y que tu pareja se encargue de darle alguna de las tomas. Determinados medicamentos sí están contraindicados durante la lactancia; consulta a tu médico antes de tomar cualquier fármaco.

¿Puedo beber alcohol?

No. El alcohol pasa a la leche igual que pasa a la sangre, por lo que terminaría llegándole a tu bebé. Aunque antes se creía que la cerveza estimulaba la producción de leche, se ha demostrado que no es cierto, por lo que deberás esperar a dejar de dar de mamar para poder volver a tomarte una copa de vino.

¿Puedo seguir amamantando si me quedo embarazada?

En principio sí se puede, no hay ningún inconveniente físico ni médico. El problema es que durante el embarazo se liberan estrógeno placentario y otras hormonas que disminuyen la producción de leche y cambian un poco su sabor. Algunos niños notan la diferencia, rechazan la leche y se destetan; otros siguen mamando igual, y otros rechazan el pecho al principio pero «se reenganchan» después. A algunas madres les cuesta más dar el pecho porque los pezones se quedan más sensibles, pero muchos bebés siguen mamando y la succión remonta la producción de leche.

Sí es preciso dejar de dar el pecho cuando hay amenaza de aborto. Si se notan contracciones, en algunos casos será necesario suspender la lactancia porque la succión estimula la producción de oxitocina.

Qué hacer si el bebé rechaza el pecho

En ocasiones ocurre que el bebé rechaza un pecho; normalmente es a causa de una mala postura, alguna enfermedad o, simplemente, porque prefiera el otro pecho. Una vez descartadas enfermedades o corregida la postura, el niño puede continuar alimentándose solo de un seno. El único problema es que el tamaño de este pecho será mayor que el otro, una contrariedad que solo es estética y que se corregirá de forma natural cuando se termine la lactancia.

Cuando rechaza ambos pechos suele ser porque el niño esté enfermo (por ejemplo, tiene la nariz tapada por los mocos) o, lo que es más frecuente, debido a que lo incomoda algún cambio que nos ha pasado inadvertido: la menstruación, un nuevo embarazo, alteraciones en el sabor de la leche por los alimentos consumidos, el olor de un jabón o un desodorante nuevo, el estrés de la madre o un trastorno en la rutina del bebé.

El rechazo bilateral suele ser pasajero, hay que tener un poco de paciencia y preparar un ambiente relajado y tranquilo durante las tomas. Puedes probar también a darle el pecho mientras esté adormilado, y en diferentes posturas. Si no funciona nada, quizá te ayuden algunos trucos como untar de leche el pezón para animarlo a que se agarre o extraerte la leche y ofrecérsela con un vaso o una cuchara (los biberones y tetinas pueden empeorar la situación).

La crisis de los tres meses

Al cumplir esta edad, los bebés suelen estar raros durante unos días: están más inquietos, lloran más, se agarran peor al pecho, duermen menos... Es probable que se deba a la maduración de su cerebro.

En esta crisis de los tres meses, los lactantes reclaman mamar más a menudo, lo que las madres interpretan como que tienen hambre, pero ellas a su vez se notan el pecho menos lleno. En consecuencia, muchas madres deciden dejar de dar de mamar, lo cual es un error.

En realidad, el bebé pide más porque está creciendo y su apetito aumenta, y la madre nota menos leche porque a esa edad la producción se ha adaptado a las necesidades del bebé y el pecho ya no gotea, ni se siente tan lleno, ni se nota tanto la subida de leche... Además, el lactante vacía el pecho con más eficacia y hace la toma en menos tiempo.

De modo que lo adecuado es intentar adaptarse al bebé. Si pide más pecho porque necesita comer más, la solución es ponerlo a mamar más tiempo para que aumente la producción de leche. Darle un biberón en lugar de pecho hará que no se incremente la producción y empeorará la situación.

Mi hijo me muerde. ¿Qué debo hacer?

Como es muy doloroso, lo más normal es que reacciones con brusquedad y te enfades, pero no debes gritar al niño ni regañarlo. Es evidente que él no se da cuenta del daño que te hace. Para intentar que no vuelva a pasar, lo mejor es hacer lo siguiente:

- Decir «¡No!» de un modo seco y claro.
- Poner cara seria mirando al niño a los ojos.
- Quitarle el pecho de la boca (pero sin apartar al niño del regazo).

Los mensajes no verbales (gestos) refuerzan tus palabras y ayudan al bebé a comprender lo que le transmites. A fin de cuentas, es pequeño y no sabe que duele. Luego debes ofrecerle el pecho de nuevo a la vez que le dices: «No muerdas». Suele ser necesario repetirlo, pero en pocas sesiones aprenden la lección. Si se asusta cuando le digas «¡No!», consuélalo sin ponerlo a mamar al momento. Espera que se tranquilice antes de ofrecerle el pecho.

Tengo poca leche

En general, todas las madres producen la cantidad exacta de leche que necesitan sus bebés. Cuando una madre nota que tiene poca leche, lo habitual es que la carencia se deba a que la posición al dar de mamar es incorrecta, por lo que el bebé no vacía bien las mamas y estas dejan de producir la cantidad precisa, o a que el niño haya crecido y le haga falta más cantidad. Asimismo, la sensación de falta de leche a veces está motivada por el hecho de que la madre no siente la «subida» y cree que tiene poca, cuando en realidad no es así.

Para solucionar este problema, hay que poner al pequeño a mamar siempre que lo requiera y asegurarse de que se agarra bien. Dándole el pecho a menudo se estimula la producción y se asegura el funcionamiento de las hormonas de la lactancia. Puede ser útil, además, usar un sacaleches para vaciar del todo los pechos y estimularlos a que fabriquen más.

Mi leche está aguada

«Mi leche parece agua, es de mala calidad.» Este lamento, muy común en el pasado, todavía se oye de vez en cuando como expresión de una creencia —la de que la leche, por ser muy aguada, no alimenta al bebé— que lleva a muchas madres a abandonar la lactancia.

Esta confusión acostumbra a derivarse de la comparación de la leche materna con la de vaca. Al extraer la leche materna se observa que, efectivamente, es más transparente que la que consumimos los adultos. Esto es porque la leche de vaca es más densa y más rica en proteínas, por eso tiene ese aspecto más blanco.

Pues bien, conviene saber que cualquier madre produce la leche mejor y más apropiada para su hijo. Los bebés humanos no necesitan la misma cantidad de proteínas y grasas que los terneros, por eso la leche humana es diferente a la de vaca. La leche de cada mamífero tiene la composición ideal para los requerimientos específicos de sus crías.

Además, la leche materna tiene la peculiaridad de variar su composición durante la mamada. Así, al principio es más aguada, para saciar la sed del lactante, y a lo largo de la toma se va volviendo gradualmente más grasa (¡hasta cinco veces más que al inicio!) y, por lo tanto, más concentrada y más calórica, para satisfacer las demandas nutricionales del bebé. Por eso es tan importante dejar que el niño mame cuanto quiera, sin límite de tiempo, hasta que se suelte por sí mismo.

Cambiarlo de pecho cuando aún no ha acabado con el primero puede hacer que, al tomar solo la leche del principio en ambos pechos, menos concentrada y con menos calorías, no se sacie; sin embargo, como su pequeño estómago se ha llenado de leche, no puede comer más. ¿Qué ocurrirá? Probablemente al poco tiempo pida comer de nuevo porque vuelve a tener hambre.

En definitiva, podemos concluir que el niño es quien controla con su mamada (a través de la duración, la frecuencia, etcétera) la composición y la cantidad de leche que quiere o necesita tomar. Esto explica la conveniencia de amamantar los bebés a demanda, en función de su apetito y no de horarios estrictos.

¿Y si son gemelos?

Como ya hemos dicho varias veces, el cuerpo es muy sabio y produce la cantidad necesaria de leche para alimentar a un bebé, y también a dos, si vienen gemelos, produciendo el doble. Con un poco de práctica hasta es posible darles de mamar al mismo tiempo.

Al principio conviene que se enganchen al pecho por separado. Te resultará más fácil y además te permitirá conocer a cada niño. Cuando tengas más maña, puedes amamantarlos a la vez. Para ello túmbalos de lado, uno bajo cada brazo y con la cabeza hacia delante, apoyada en almohadones. Si uno de los dos come más deprisa, ponlo al pecho en segundo lugar, así estimulará la producción de leche.

¿Hay que darle agua al bebé?

Normalmente, a los bebés que toman el pecho no les hace falta agua, ni siquiera a los que viven en climas muy calurosos, pero cuando empiezan con la alimentación complementaria sí se puede comenzar a ofrecérsela.

¿Qué métodos anticonceptivos se pueden usar durante la lactancia?

Mientras le das el pecho a tu hijo, los mejores métodos anticonceptivos son los de barrera (preservativos) o las píldoras que solo contienen progesterona, puesto que no afectarán a la cantidad y calidad de la leche materna. Los demás anticonceptivos orales (la píldora) contienen estrógenos y progesterona y no están indicados en el periodo de lactancia, pues los estrógenos pueden pasar a la leche materna y, por consiguiente, al niño, e inducir cambios hormonales en el bebé.

La minipíldora es un anticonceptivo similar a la píldora convencional pero que solo contiene gestágeno (no estrógeno) y debe tomarse diariamente a la misma hora; si la toma se retrasa tres horas, es preciso utilizar un método anticonceptivo adicional durante las cuarenta y ocho horas siguientes. La minipíldora no afecta a la cantidad ni a la calidad de la leche materna.

También cabe la posibilidad de utilizar un DIU (dispositivo intrauterino) de cobre, que se coloca dentro del útero a partir de entre la cuarta y la sexta semana después del parto. Hay otros dispositivos intrauterinos que liberan progesterona, que son muy eficaces como método anticonceptivo. El DIU tiene pocas contraindicaciones y dura hasta cinco años, por lo que es un método ideal para aquellas mujeres que han decidido no tener más descendencia a corto plazo.

El diafragma es un sistema más delicado, pues además de tener que añadirle cremas espermicidas para aumentar su eficacia, los cambios operados en la vagina tras el parto hacen que sea necesario esperar a que esta haya involucionado para utilizarlo y asegurarse de que sigue siendo del tamaño adecuado.

¿Cómo puede ayudar el padre en la lactancia materna?

Que solo la madre puede amamantar es un hecho, pero no impide que los padres formen parte de este proceso ayudando a la madre con el enganche en las primeras semanas, cambiando al bebé en medio de la toma o dándole un biberón de leche materna cuando la madre esté cansada o no pueda dar el pecho directamente por el motivo que sea. De esta manera, podrá crear un vínculo con su bebé mientras le da el biberón.

3.2. Lactancia con biberón

Después de haber leído todas las bondades de la lactancia materna, puede que te sientas mal si estás alimentando a tu bebé con biberón y leche de fórmula, tanto si lo haces por motivos de salud como por una decisión personal. ¿Es tan perjudicial alimentar al bebé con leche artificial desde el nacimiento? ¿Los bebés alimentados así serán más obesos y menos inteligentes? ¿Contraerán más enfermedades?

Eso es lo que se preguntan la mayoría de las madres

que se encuentran en esta situación. De hecho, una revisión de diversos estudios mostró que más de 13.000 madres se sentían culpables por alimentar a su hijo con biberón y olvidadas por el servicio de salud. Por añadidura, pensaban que habían fracasado por no haber sido capaces de dar el pecho. Otras mujeres estaban convencidas de que las matronas ayudaban con más dedicación a las madres lactantes que a las que utilizaban el biberón, según los expertos dirigidos por un equipo de la Universidad de Cambridge.

Por eso es importante ver si realmente hay estudios científicos que avalen que sea tan perjudicial para el bebé alimentarse exclusivamente con biberón y leche de fórmula desde el momento en que nace.

Uno de los principales males que se achaca al biberón es que crea bebés con más peso de lo recomendado para su edad y sin capacidad de regular por sí solos lo que quieren comer, lo que puede aumentar la posibilidad de sufrir obesidad en la infancia y la juventud. Respecto a lo primero, el peso depende mucho del niño, y también hay bebés alimentados al pecho muy gorditos.

En cuanto al tema de la obesidad, es cierto que algunos estudios, entre otros el titulado «Bottle-Feeding Practices During Early Infancy and Eating Behaviors at 6 Years of Age»,* llegan a la conclusión de que la alimentación con

---

* Ruowei Li, Kelley S. Scanlon, Ashleigh May, Chelsea Rose y Leann Birch, «Bottle-Feeding Practices During Early Infancy and Eating Behaviors at 6 Years of Age», *Pediatrics*, 2014 Sep; 134 (Suppl 1): S70-S77.

biberón durante la infancia puede tener efectos a largo plazo en el modelo de alimentación materna y los comportamientos alimenticios del bebé. Según el estudio mencionado, que las madres estimularan con frecuencia a sus hijos para que vaciaran el biberón durante la primera infancia aumentó la probabilidad de que, cuando los niños tenían seis años, las madres los presionaran para que comieran y de que los niños, al comerse toda la comida del plato, terminaran siendo poco receptivos a la sensación de saciedad. La alta intensidad de la alimentación con biberón durante la primera infancia también aumentó las probabilidades de que, años más tarde, las madres pusieran especial cuidado en asegurarse de que su hijo comía lo suficiente. Debido al excesivo control materno de las prácticas de alimentación y a la falta de autorregulación de la ingesta energética de los niños, se veía aumentado el riesgo de obesidad infantil.

Otro estudio* que sigue la misma línea de investigación afirma que los bebés alimentados con biberón tienen un 20 % más de probabilidades de sufrir obesidad cuando sean mayores debido a que, mientras que los bebés amamantados limitan su propia ingesta de leche porque tienen que trabajar duro para obtenerla, los bebés alimentados con biberón se recuestan y se tragan lo que se les da. El peligro es que se les ofrece más de lo que necesitan, lo cual aumenta el apetito en el futuro.

Para evitarlo, los pediatras deben aconsejar a las ma-

* Atul Singhal, profesor del MRC Centro de Investigación de Nutrición Infantil del Instituto de Salud Infantil de Londres.

dres que den el biberón a demanda, como lo harían si die-
ran el pecho.

En cuanto a la disminución del sistema inmunológico,
si bien es cierto que las leches artificiales cada vez son mejores y más completas, y aportan muchos de los nutrientes inmunológicos que contiene la leche materna, todavía
no son comparables a esta, y está comprobado que los niños alimentados con leche artificial enferman con mayor
frecuencia de diarreas, dolencias respiratorias, otitis y
alergias.

Respecto a las alteraciones que el uso continuado de
biberón (y chupete) puede provocar en el área maxilofacial, se ha demostrado que la forma del biberón y el modo
en que el bebé extrae la leche de él puede afectar de diversas maneras a esta zona de la cara. Por ejemplo, hay estudios que han relacionado la manera de succionar el biberón —diferente a como el lactante succiona el pecho— con
alteraciones de la función succión-deglución-respiración.
El niño que se alimenta con biberón debe improvisar patrones funcionales de succión-deglución-respiración para
dosificar la leche extraída y deglutirla sin atragantarse
(disfunción motora oral).

Succionar el biberón también causa apneas prolonga-
das y aumenta el riesgo de aspiración de alimentos debido
a la desorganización neuromuscular de la succión-deglución-respiración.

Por otra parte, se ha barajado la hipótesis de que la leche artificial sea una de las causas de muerte súbita en los
lactantes. La explicación podría estar en la alteración que
la leche artificial produce en el sueño: los bebés que to-

man preparados artificiales suelen tener un sueño más profundo y despertarse menos veces por la noche que los bebés que toman el pecho.

Esto no es todo: el uso prolongado de tetinas interfiere en la maduración de futuras funciones bucales, y puede llegar a causar deglución atípica, respiración bucal, disfunción masticatoria, dificultades en la fonoarticulación del lenguaje, alteración de la postura corporal, etcétera.

Asimismo, el sistema adenoideo de la retrofaringe, compuesto por múltiples ganglios y vasos linfáticos, se congestiona fácilmente cuando el bebé tiene una función de succión-deglución anormal, lo que aumenta el riesgo de otitis. Si los episodios de congestión de la mucosa respiratoria y del sistema adenoideo son frecuentes, el niño adquiere el hábito de respirar por la boca, con todas las consecuencias que ello acarrea, como falta de ventilación adecuada, infecciones respiratorias recurrentes, hipoacusia, alteración del desarrollo torácico y de la postura corporal, alteraciones del desarrollo maxilofacial o facciones con un alargamiento típico y con la boca abierta.

Las diferencias entre las posturas que se adoptan al dar el pecho y al dar el biberón pueden causar una mala posición compensatoria de la cabeza y el cuello con respecto a la cintura escapular y el eje vertical del cuerpo.

Por último, las tetinas en ocasiones alteran el desarrollo maxilodentario y aumentan el riesgo de padecer caries, sobre todo en bebés que se acostumbran a dormir con el biberón lleno de leche. Por ello, la Asociación Española de Pediatría recomienda usar el chupete y el biberón hasta el primer año de vida del niño, pero no después.

En cuanto a la inteligencia, los mismos estudios que confirman que los bebés alimentados con leche materna tienen un coeficiente intelectual más alto muestran también que los alimentados con leche de fórmula no lo tienen. Pero la inteligencia depende de muchos otros factores, especialmente si hablamos de inteligencia emocional.

Así, una investigación realizada por el University College Dublin* (Irlanda) afirma que los niños de entre tres y cinco años que habían sido amamantados obtenían puntuaciones más altas en las pruebas de vocabulario y de resolución de problemas. Y generalmente también tenían menos problemas de comportamiento, según manifestaban los padres. Sin embargo, la mayoría de esas circunstancias parecían explicadas por otros factores, como la educación de las madres y la clase social de la familia. La lactancia materna estaba igualmente relacionada con otro efecto positivo: menos problemas con la hiperactividad a la edad de tres años. No obstante, este efecto desaparecía a los cinco años, según los investigadores.

Para Lisa-Christine Girard, directora de este estudio, al menos en los países desarrollados, las madres que amamantan tienden a ser diferentes de las que no amamantan. Acostumbran a tener un mayor nivel educativo y son menos propensas a fumar o a mantener otros «comportamientos de riesgo» durante el embarazo, por ejemplo. Por eso los investigadores creían que el hecho de que los niños

* Lisa-Christine Girard, Orla Doyle y Richard E. Tremblay, «Breastfeeding, Cognitive and Noncognitive Development in Early Childhood: A Population Study».

amamantados fueran más inteligentes o tuvieran menos problemas de comportamiento se debía más bien a otros aspectos del cuidado del bebé, no a la lactancia materna en sí.

Hay que tener en cuenta que este estudio presenta un gran fallo: menos del 5 % de los bebés había sido alimentado en exclusiva con lactancia materna durante los primeros seis meses de vida, una condición que, según parece, es la que proporciona los mayores beneficios de la lactancia. Aun así, Girard tiene razón en una cosa: aunque amamantar sea muy bueno, no es lo único que se puede hacer para aumentar el coeficiente intelectual de los hijos, pues la estimulación prenatal y temprana también influyen mucho en su desarrollo cerebral, probablemente más que el hecho de ser alimentado al pecho o no.

Esto mismo sugiere otro estudio realizado por la Universidad Estatal de Ohio, publicado en la revista *Social Science & Medicine*. Este trabajo analizó datos longitudinales de tres poblaciones separadas: 8.237 niños sin relación entre ellos, 7.319 hermanos amamantados por igual y 1.773 hermanos cuando al menos un niño fue amamantado y al menos un niño no. Los investigadores midieron once variables que previamente se habían visto afectadas por la lactancia: índice de masa corporal (IMC), obesidad, asma, hiperactividad, apego parental, cumplimiento del comportamiento, logros en vocabulario, reconocimiento de lectura, capacidad matemática, inteligencia y competencia escolar.

Cuando analizaron datos de todas las familias, los niños alimentados con lactancia materna tuvieron mejores resultados que los alimentados con biberón al analizar las diferentes variables. Sin embargo, cuando los investigadores observaron los hermanos alimentados de manera diferente, los beneficios no fueron estadísticamente significativos.

Es bien sabido que las madres con mayor nivel de educación, ingresos más altos y horarios más flexibles tienen más probabilidades de amamantar a sus hijos. Y ya se han hecho muchos estudios que han demostrado claras disparidades raciales y socioeconómicas entre las familias en las que las madres amamantan y las que no amamantan.

Los autores sugieren, por tanto, centrarse en otros factores que también pueden afectar al desarrollo posterior del niño, como el cuidado infantil, el permiso de maternidad, la calidad de la escuela, la vivienda y el empleo.

Cómo ponerlo en práctica

¿Soy una mala madre si le doy el biberón a mi hijo? ¿Estará el niño en desventaja frente a los demás? ¿Será irremediablemente menos listo y más obeso y tendrá más problemas de salud? ¡No! Nada de esto sucederá, especialmente si sigues una serie de consejos.

Calidad de la fórmula

Elige leche de fórmula de calidad, con la mayor cantidad posible de nutrientes y elementos que protejan el sistema inmunitario. Busca una lo más parecida a la leche materna, aunque sea más cara.

Sigue las instrucciones

Es fundamental que sigas las instrucciones del fabricante a la hora de preparar el biberón, ya que echar más o menos cantidad de leche de la aconsejada por mililitros de agua puede causar alteraciones en la salud en el bebé, como desnutrición o problemas en el riñón.

Lactancia a demanda

No obligues al bebé a comer, la lactancia, aunque sea con biberón, debe ser a demanda, al igual que la lactancia materna. Dale al bebé lo que quiera y cuando quiera.

Limita el biberón a un año

Deja de usar biberón cuando el niño cumpla los doce meses para no entorpecer su desarrollo maxilofacial. Con esta edad ya puede beber en vaso o taza de aprendizaje.

Vínculo con el bebé

Dale el biberón a tu hijo como si fuera el pecho; establece una interacción igual y crea el mismo vínculo. Los pediatras de la Asociación Española de Pediatría aconsejan que «los bebés alimentados con leche artificial en biberón reciban la estimulación e interacción que proporciona la lactancia para facilitar un desarrollo saludable». Las personas expertas señalan que hay que tratar de que sea solo la madre la que dé el biberón y, si esto no es posible, intentar que sean solo dos o tres personas, siempre las mismas, las que se ocupen de su alimentación. «Masajes, porteo, cosquillas y caricias sirven para potenciar en el bebé la liberación de las mismas sustancias beneficiosas que produce la lactancia materna», aseguran.

Para conseguir esta interacción aconsejamos lo siguiente:

- Prepara el momento de darle el biberón a tu hijo como si fueras a darle el pecho. Poneos cómodos, abrázalo y mantenlo cerca de ti. Cuando un bebé toma el pecho, puede sentir el calor corporal de su madre, incluso oír su corazón. Así pues, al darle el biberón procúrale este contacto cercano, que aporta beneficios para ambos. El niño estará más tranquilo y feliz y tú podrás disfrutar de sus tomas como un momento de tranquilidad y placer.
- Dale a tu hijo el biberón a demanda, igual que se hace con el pecho. Evita regular los horarios de las tomas de tu bebé y ofrécele el biberón cuando adviertas los síntomas que indican que tiene hambre, sin esperar al llanto, y déjalo cuando notes que está satisfecho. No fuerces las tomas.

- Prueba a cambiar al bebé de lado en cada toma o incluso en la misma.
- Intenta que sea un grupo reducido de personas el que alimente al bebé, como máximo de dos o tres personas. Esto ayuda a la formación de un vínculo sano y a acostumbrarlo a vivir su alimentación como algo placentero e íntimo.
- Puedes seguir el método de Dee Kassing, asesora de lactancia estadounidense que ideó un procedimiento de alimentación con biberón similar a la lactancia materna; en él se recrean condiciones parecidas a las del amamantamiento natural en cuanto a agarre, esfuerzo y succión. El bebé, en lugar de esperar a que caiga la leche, necesitará hacer un esfuerzo para succionar del biberón como lo hace con el pecho.

A continuación te explicamos cómo poner en práctica el método Kassing. Pero, antes de empezar, comprueba que realmente el bebé no se agarra y no puede mamar: dale la oportunidad de intentarlo poniéndolo al pecho en cuanto sea posible. Si no consigues darle de mamar y no te queda más remedio que recurrir al biberón, hazlo de esta manera:

- Utiliza preferiblemente biberones rectos en lugar de los curvos o con ángulo. Si no, la leche caerá más con mayor facilidad y el bebé hará menos esfuerzos para succionar y extraerla.
- Elige tetinas redondas. Varios estudios han demostrado que la forma de succionar las tetinas redondas es la más parecida a succionar el pezón.

- La tetina debe ser de flujo lento. Si tiene un flujo medio, aunque el biberón esté en posición horizontal, la leche saldrá fácilmente, sin necesidad de que el bebé se esfuerce en sacarla. Lo ideal es que tarde alrededor de veinte minutos en acabarse un biberón, que es más o menos el tiempo que emplearía en mamar de los dos pechos (diez minutos por pecho), aunque evidentemente el tiempo depende de varios factores, como la edad del bebé o el hambre que tenga. Los veinte minutos pueden servirnos de referencia para saber si la tetina del biberón tiene el flujo adecuado para llevar a cabo el método: si el bebé se acaba el biberón en cinco o diez minutos, el orificio de la tetina es demasiado grande y el flujo, muy rápido. Si, por el contrario, el pequeño tarda más de treinta o cuarenta minutos, entonces el flujo es demasiado lento para la capacidad del niño.
- Opta por tetinas suaves, lo más parecidas posible al pezón materno. Las de silicona suelen ser más suaves que las de látex. Las que son demasiado rígidas podrían dañar el paladar al bebé.
- Cuando tengas el biberón preparado coloca al niño sentado sobre tu regazo. La posición es tan importante como el tipo de biberón. El bebé debe estar incorporado formando un ángulo de 90 grados. Con una de las manos debes sujetarle la cabeza y la nuca, y con la otra darle el biberón, que tendrá que estar en posición horizontal, de forma que la leche no caiga directamente en la boca del bebé por la acción de la gravedad.

- Antes de introducir la tetina en la boca del bebé, estimula el reflejo de búsqueda tocándole con la punta de la tetina las mejillas, la nariz y los labios, especialmente el inferior. Espera a que abra la boca como si estuviera bostezando e introduce la tetina con suavidad. Debe ser lo más similar posible al amamantamiento. Una vez que toda la tetina está dentro de su boca, levanta ligeramente la parte baja del biberón hasta la posición horizontal y comprueba que no haya aire en la tetina. Al final de la toma, cuando tienes que inclinar el biberón para mantener la tetina llena de leche y no de aire, es importante que la barbilla y el cuello del niño sigan a la misma distancia, sin elevar la barbilla. Para ello se le puede recostar la espalda levemente, manteniendo la barbilla alineada con el cuello. Si se eleva el mentón podría atragantarse.

- Como la tetina artificial es más rígida que el pezón, debe mantenerse entera dentro de la boca, de manera que el niño tenga que presionar con la lengua para extraer la leche, tal como haría con el pezón si mamara. El biberón, al estar colocado horizontalmente, no deja caer la leche y el niño no utilizará la lengua para parar el flujo y controlar la leche que cae, como hace cuando bebe de un biberón vertical.

Con este método, los bebés se alimentan de una forma muy parecida a los que maman del pecho. Es el propio niño el que controla la succión y la cantidad de leche que toma. De otro modo la gravedad hace que la leche caiga en la boca del niño, lo que le obliga a tragar y respirar a la vez. Con el método Kassing el niño regula lo que come y apenas traga aire, de modo que no es necesario parar para que eructe durante la toma. Además, es él quien decide hasta cuándo quiere comer, como lo hace con el pecho, y para de succionar cuando se ha saciado. De la otra forma seguiría tragando antes de darse cuenta de que no quiere más, lo que conlleva un peligro: sobrealimentarlo.

3.3. Introducción de alimentación sólida

A los seis meses llega el momento de comenzar a introducir la alimentación complementaria, es decir, de darle al bebé alimentos diferentes de la leche materna o de fórmula. Ha de ser un proceso gradual, probando primero con aquellos alimentos más fáciles de digerir y menos alergénicos para evitar que tenga problemas digestivos y reacciones alérgicas.

Hasta unos años atrás, lo normal era comenzar con las papillas de fruta y los purés de verduras, a los que se iba añadiendo pollo, pescado, huevo... Sin embargo, hace un tiempo surgió una nueva forma de introducir los alimentos en la dieta del bebé denominada Baby Led Weaning (BLW) o alimentación dirigida por el bebé, que consiste en no darle purés en ningún momento, sino trocitos de comida que pueda masticar, chupar y tragar para acostumbrarse a comer como un adulto desde el principio sin pasar por la fase de transición de los purés.

Los defensores del BLW aseguran que es mucho mejor para los bebés, ya que no se les enseña primero a comer con cuchara para luego, a los pocos meses, tener que enseñarles a masticar, y aprenden directamente a comer normal. Además, aseguran que este método de alimentación les ofrece muchas más ventajas.

Ventajas del BLW

Ayuda a que aprendan a comer solos

Este método evita que tengan que acostumbrarse a comer de una determinada forma, con alimentos triturados, y a desacostumbrarse al poco tiempo. Si bien es cierto que el BLW consigue esto, los defensores de este modo de alimentación dan por hecho que los niños que no siguen este método se alimentan solo de purés hasta los doce meses y que los padres les dan la comida siempre, sin animarlos a coger ellos la cuchara o los alimentos. Pero esto no es así, pues la mayoría de los padres comienza a dar alimentos sólidos a sus hijos a medida que ven que están preparados para masticar y tragar sin atragantarse, combinando las tomas de puré con la lactancia o con trocitos de comida, por lo que aprenden igualmente a masticar y tragar como un adulto. Además, lo normal es dejar que el niño coja la cuchara o el tenedor para comer él solo en cuanto sea capaz de hacerlo, por lo que también aprende a usar los cubiertos y el vaso.

Por lo tanto, este beneficio no es exclusivo del BLW,

sino que depende de la autonomía y la libertad que den los padres a su hijo, tanto si este come purés como si no.

Permite descubrir distintos sabores, olores y texturas, al tiempo que se acostumbra a comer de todo

Igual que la cuestión de aprender a comer solos, esta depende de cómo los padres alimenten a sus hijos, ya que los niños que comen puré pueden perfectamente acostumbrarse a distintos sabores, texturas y olores, y a comer verduras, frutas, pescado y legumbres sin problemas si sus padres les ofrecen este tipo de alimentos tanto en puré como en trocitos y van introduciéndolos poco a poco en su dieta.

Así, esta tampoco es una ventaja exclusiva del BLW ni implica que los niños alimentados con puré coman mal; en este punto influye mucho la educación alimentaria de sus padres, aunque un estudio del que más tarde hablaremos apoya que el BLW puede disminuir los problemas a la hora de comer.

Fomenta el desarrollo de la psicomotricidad fina y la coordinación mano-ojo

Esta ventaja se consigue igualmente cuando los padres dejan que sus bebés cojan la cuchara ellos mismos para tomarse el yogur, o cojan las galletas o el pan ellos solos para llevárselos a la boca.

Favorece su independencia y autonomía

De nuevo, no hay estudios que muestren que los niños que se alimentan mediante el BLW sean más independientes y autónomos, aunque efectivamente puedan serlo porque sus padres les dan libertad para elegir su comida, pero los pequeños alimentados con purés tienen las mismas posibilidades de ser independientes y autónomos, ya que estas características dependen de la educación general que les den los padres en todos los ámbitos, no solo en la alimentación.

No hay que cocinar una comida especial, ni triturarla ni tenerla preparada. Puede comer en cualquier sitio la misma comida que los padres

Esta es una ventaja evidente, puesto que los purés de los bebés se hacen aparte y requieren preparar para cada día un puré diferente que combine verduras, legumbres, carne y pescado.

Permite prolongar la lactancia materna

Aunque la lactancia materna se puede mantener mientras se dan purés, es cierto que en el BLW, al ser esta la principal fuente de nutrientes, las tomas siguen siendo frecuentes. Para muchos expertos, no obstante, esta no es una ventaja, ya que los bebés de seis meses necesitan nutrientes nuevos que la leche materna ya no proporciona, y el BLW no suele aportarlos.

Ayuda a prevenir la obesidad

Al igual que ocurría con la lactancia materna y el biberón, se cree que el BLW ayuda a prevenir la obesidad porque permite al bebé decidir qué y cuánto quiere comer, sin forzarlo. Según explica la doctora Ana Martínez Rubio, pediatra de la Asociación Española de Pediatría de Atención Primaria, el objetivo del BLW es «conseguir que la alimentación sea a demanda de las necesidades del niño. Así, el bebé puede mostrar hambre y saciedad con gestos, evitando forzarlo a comer». A través del BLW, el niño desempeña un papel más activo, con lo cual puede regular las cantidades de alimento que ingiere con mayor facilidad y desarrollar sensaciones de saciedad. Esto le ayuda, incluso, a prevenir la obesidad.

Sin embargo, un estudio realizado por investigadoras de la Universidad de Otago, en Nueva Zelanda, y recogido en la revista *JAMA Pediatrics*,* afirma que este método no evita que los niños tengan sobrepeso a edades tempranas. «Siempre se ha asumido que si se dejaba que los niños controlaran su propia ingesta de comida, serían capaces

---

* Rachael W. Taylor, Sheila M. Williams, Louise J. Fangupo *et al.*, «Effect of a Baby-Led Approach to Complementary Feeding on Infant Growth and Overweight», *JAMA Pediatrics*, 2017;171(9):838-846. doi:10.1001/jamapediatrics.2017.1284.

de juzgar mejor cuándo tenían suficiente», explican las investigadoras Anne-Louise M. Heath y Rachael W. Taylor, pero, según los datos del estudio, «tienen las mismas probabilidades de tener sobrepeso que los bebés alimentados con papilla».

Las investigadoras realizaron un experimento con 206 mujeres y sus bebés. La mitad de las madres hicieron lactancia materna exclusiva durante los primeros seis meses de vida de sus hijos y aplicaron el BLW a partir de entonces. Las mujeres de este grupo, además, contaron con una asesora para la lactancia que las acompañó durante todo el proceso y recibieron los consejos y ayuda necesarios para aplicar el BLW de tal forma que proporcionaran a los bebés alimentos energéticos y ricos en hierro, y evitaran atragantamientos.

Los resultados muestran que el BLW, bien realizado, es seguro para los bebés, pero no prueban que este método evite la obesidad y el sobrepeso infantil. Ni a los doce ni a los veinticuatro meses los bebés de los dos grupos del estudio presentaban diferencias en cuanto al peso. Pero sí es cierto que los que seguían el sistema BLW desde el inicio se enfrentaban a la comida con una mejor actitud y tenían menos problemas a la hora de comer y de probar alimentos nuevos que los alimentados con cuchara.

No obstante, hace falta realizar estudios a más largo plazo y con niños mayores, ya que esta investigación habla de menores de dos años y los niños de esta edad no suelen manifestar ni sobrepeso ni obesidad, de modo que no forman el grupo diana. La clave sería saber si el BLW sirve para prevenir el sobrepeso y la obesidad en la edad adulta y en la niñez avanzada, entre los ocho y los doce años, que es un periodo de alto riesgo de sobrepeso y obesidad.

INCONVENIENTES DEL BLW

Numerosos pediatras no hablan sobre el BLW a los padres de sus pacientes por miedo al atragantamiento, pues piensan que este método aumenta el riesgo de que el bebé se atragante con la comida o que provoca deficiencias nutricionales en el pequeño, especialmente de hierro.

En cuanto al primer punto, el artículo «La alimentación complementaria a demanda con apoyo parental educativo no aumenta el riesgo de sofocación», publicado en *Evidencias en Pediatría*, revisa un ensayo clínico aleatorizado en 206 lactantes sanos que evaluó el riesgo de asfixia y náuseas en la introducción de sólidos en la alimentación de los bebés (BLW). Vale la pena señalar que se ofreció una gran cantidad de alimentos que entrañaban un riesgo de asfixia a los bebés del grupo alimentado con cuchara a los del grupo que practicaba BLW. Los bebés del grupo del BLW a cuyos padres se les había enseñado cómo minimizar el riesgo de asfixia no experimentaron más episodios que los bebés alimentados con métodos convencionales. Por todo lo anterior, aunque se necesita más investigación que lo confirme, se puede decir que el BLW, especialmente a partir de los seis meses, y siempre que el bebé esté en una postura adecuada (sentado en posición vertical), bajo la supervisión y el control de un adulto, y habiendo enseñado a la familia qué alimentos no deberían ofrecerse, podría permitir aprovechar los beneficios potenciales de este sistema sin aumentar el riesgo de asfixia.

En cuanto a las deficiencias nutricionales, el estudio de la Universidad de Otago afirma que los bebés del grupo del BLW no presentan bajo peso, ni tampoco sufren anemia ni carencia de hierro. «No hallamos pruebas que justificaran afirmaciones previas relativas a que los bebés que seguían el sistema BLW no comían lo suficiente, ni tampoco señal alguna de que tuvieran bajo peso», explicó una de las coautoras del trabajo, Heath, en un comunicado de prensa de la universidad. La cuestión es que a los seis meses aumentan las necesidades de hierro, por eso es la edad a la que se recomienda comenzar con la alimentación complementaria, especialmente con los cereales infantiles, que aportan mucho hierro, mientras que en el BLW se potencia en los primeros meses el consumo de frutas y verduras, que tienen poco hierro, por lo que podría darse este caso.

El problema es que hay pocos estudios que confirmen si esto es así o no. Una investigación realizada en abril de 2016 y publicada en el *British Medical Journal** comparaba el método tradicional de alimentación con papillas y el BLW. Las conclusiones fueron que los niños que seguían el BLW obtenían un aporte de calorías similar al de los niños alimentados con el método tradicional, aunque recibían una mayor cantidad de grasas totales y grasas satura-

* https://www.ncbi.nlm.nih.gov/pmc/articles/PMC4861100/

das pero menos hierro, zinc y vitamina B12. No obstante, la diferencia no parecía ser importante.

Este estudio tiene ciertas limitaciones y haría falta hacer más investigaciones al respecto, ya que es habitual que los niños menores de dos años sufran anemia ferropénica, con lo que no se puede dirimir si la falta de hierro es debida solo al tipo de alimentación seguida.

Cómo ponerlo en práctica

Tanto los purés como el BLW tienen cosas buenas y cosas malas, por eso es importante que elijas el método que mejor se ajuste a vosotros y a vuestras circunstancias. Los purés son mejores para los bebés que han abandonado la lactancia materna o la han reducido mucho, los que van a la guardería o los que están al cuidado de otras personas. Por su parte, el BLW suele ser el método preferido de las madres y los padres que no trabajan y continúan con la lactancia materna exclusiva, ya que requiere mucho tiempo.

Sigas el sistema que sigas, debes alimentar al bebé de forma responsable, respondiendo cuando da señal de que tiene hambre o está saciado, sin obligarlo a acabarse el plato si no quiere. Tiene que ser el bebé el que dirija su alimentación, tanto si es en forma de purés como en trocitos de comida sólida.

Si te decantas por los purés tradicionales, sigue estos consejos para potenciar su autonomía y evitar problemas a la hora de introducir los sólidos:

- Nunca lo obligues a comer.
- Introduce todo tipo de alimentos triturados gradualmente.
- A medida que el niño esté preparado, comienza a darle los purés menos triturados o trocitos de alimentos blandos que pueda chupar y tragar. Combina los purés con los trocitos para que ejercite la masticación y aprenda a tragar. Poco a poco, ve sustituyendo los purés por platos similares a los que coméis vosotros para que a los dos años coma como un adulto.
- Anímalo a experimentar y jugar con la comida. Dale una cuchara para que coja él el puré o el yogur, déjale que agarre los trocitos de comida con las manos, etcétera.

Si te decantas por el BLW, es bueno atender las recomendaciones que se dan para evitar el riesgo de atragantamiento y las deficiencias nutricionales. El niño debe estar realmente preparado, no es cuestión de empezar sin más el día que cumple seis meses. Sabrás que tu hijo está listo para comenzar cuando:

- Es capaz de sentarse erguido solo.
- Hace pinza con la mano y coge cosas.
- Muestra interés por la comida del resto de la familia.
- Ha superado el reflejo de extrusión (expulsa todo lo que se mete en la boca para evitar el atragantamiento).
- Se lleva cosas a la boca.

A las horas de comer, es preferible sentar al niño en una trona a la mesa, cuando sea posible junto al resto de la familia. Entonces se comienza ofreciéndole trozos grandes de comida, mejor si es blanda y de forma alargada (plátano, pasta, verdura cocida, pollo...) para que pueda agarrarla bien con una mano. La comida se deja a su alcance, en la mesa o la bandeja de la trona, para que sea él quien la coja, y se la puedes acercar a la mano pero no metérsela en la boca ni forzarle a comérsela.

Mientras tanto, hay que continuar dando el pecho o biberones de fórmula a demanda, pues hasta que cumpla el primer año la lactancia es de donde el niño obtiene todo el alimento.

De manera paulatina, debes incrementar la variedad de alimentos, así como la presentación de los mismos. En estos primeros momentos, olvídate de las cantidades y no esperes que coma mucho al principio (empezará royendo o simplemente manoseando y chupando la comida).

Siguiendo este método, el niño es el que dirige el destete, marcando su propio ritmo y de forma natural, tomando cada vez menos leche y más comida sólida. Por tanto, debes ofrecerle alimentos ricos en hierro para evitar la posible deficiencia de este elemento. Así, además de frutas o verduras cocidas, es bueno darle legumbres, carne, pescado blanco o huevos (siempre esperando unos días entre la introducción de un alimento y otro para comprobar que no presenta intolerancia o alergia a ninguno).

Los niños de hasta tres años necesitan ingerir 7 miligramos al día de hierro. Junto a los alimentos ricos en este mineral, conviene que coma alimentos con vitamina C para que absorba correctamente el hierro. Por ejemplo, si toma legumbres, acompáñalas de cítricos, pimiento, fresas, kiwis, brócoli o perejil para fomentar la absorción del hierro que contienen. Y procura no mezclar alimentos ricos en hierro con alimentos ricos en calcio en la misma comida, ya que el calcio disminuye la absorción del hierro.

El bebé tiene unas necesidades específicas y no se le pueden ofrecer los alimentos cocinados igual que los de un adulto, ya que es preciso no añadirles sal ni azúcar, ni tampoco freírlos. La mejor forma de cocción es hervirlos o asarlos al horno.

Asimismo, es aconsejable evitar alimentos con los que pueda atragantarse, como frutos secos, verdura cruda, patatas fritas de bolsa, manzana cruda, etcétera.

Por último, se recomienda que la comida sea muy variada y, en cada toma, ofrecerle al menos un alimento rico en hierro (legumbres, carne roja, semillas, cereales...), uno rico en energía y fruta o verdura. Es decir, entre tres y cuatro alimentos diferentes por comida. Al principio va bien preséntaselos de uno en uno para que no se aturulle.

3.4. Vegetarianismo

Aunque en España el número de personas vegetarianas no es muy alto (entre el 1 y el 1,5 % de la población), al menos en comparación con otros países, como Estados Unidos, cada vez más personas se decantan, por motivos ideológicos o de salud, por este tipo de dieta, que básicamente implica no comer ningún producto de origen animal. Los vegetarianos se agrupan en diversas corrientes, como la de los veganos, que excluyen cualquier tipo de carne y de producto de origen animal; la de los lactovegetarianos, que consumen productos lácteos además de los productos de origen vegetal, o la de los ovolactovegetarianos, que toman huevos, productos lácteos y productos de origen vegetal. Los más restrictivos, por tanto, son los veganos.

Los padres que son vegetarianos, sobre todo si lo son por motivos ideológicos, querrán que sus hijos sigan esa misma dieta, pero lo normal es que se pregunten si esto es conveniente o no para ellos, qué deficiencias nutricionales puede acarrearles o cómo afectará a su crecimiento y desarrollo. Pues bien, todos los expertos, academias, asociaciones y estudios están de acuerdo en lo mismo: una dieta vegetariana proporciona todos los nutrientes necesarios para el crecimiento infantil y aportar beneficios al niño, a condición de que se siga de la manera adecuada y bajo el control de un nutricionista o pediatra que pueda detectar enseguida si al niño le falta algún nutriente. De hecho, las dietas vegetarianas pueden ocasionar serias deficiencias nutricionales, pero estas pueden solventarse siempre que se cumplan ciertas pautas.

La Asociación Española de Pediatría, por ejemplo, en el Curso de Actualización en Pediatría de 2017[*] señala,

---

[*] M. Martínez Biarge (2017), «Niños vegetarianos, ¿niños sanos?». En: AEPap (ed.). *Curso de Actualización Pediatría 2017*. Madrid: Lúa Ediciones 3.0; pp. 253-268.

en un interesante artículo escrito por Miriam Martínez Biarge, que «aunque la Academia Americana de Nutrición, así como otras sociedades médicas y dietéticas, consideran que estas dietas, bien planeadas, son perfectamente adecuadas para los niños de todas las edades, una dieta vegetariana o vegana mal planificada puede, como cualquier otro tipo de alimentación desequilibrada, tener consecuencias negativas sobre la salud y el crecimiento de niños y adolescentes».

Las principales consecuencias negativas a las que se refiere esta pediatra son:

- Deficiencia de vitamina B12, conocida también como cobalamina, esencial para la síntesis de la hemoglobina y la formación de células, así como para el buen estado del sistema nervioso. Es un producto propio del metabolismo del organismo, es decir, no puede obtenerse mediante el consumo de vegetales, dado que no está presente en ninguno de ellos. Los productos animales, como el huevo, las carnes rojas o las vísceras, sí son fuente de vitamina B12, pues los animales de los que proceden ya la han sintetizado. La dieta vegetariana estricta o vegana prohíbe incluso el consumo de huevo, por lo que los niños veganos necesitarán suplementos de esta vitamina para no desarrollar anemia, degeneración nerviosa o entumecimiento y hormigueo en las extremidades. Para los niños esta deficiencia es más seria que para los adultos. Si bien es probable que los adultos vegetarianos no presenten a corto o a medio plazo ningún síntoma «visible» de la deficiencia de B12, los niños pueden manifestar muy pronto síntomas graves. ¿Por qué se retrasa la aparición de los síntomas en los adultos? La respuesta tiene que ver con otra vitamina, el ácido fólico. Las personas vegetarianas suelen consumir mucha cantidad de ácido fólico, muy presente en alimentos vegetales, y ello puede «enmascarar» el principal (pero no único) síntoma que se produce cuando falta esta vitamina: la anemia megaloblástica. Este tipo de anemia consiste en la mala formación de los glóbulos rojos, que se quedan sin capacidad para transportar correctamente el oxígeno a los tejidos (cuando ocurre esto el paciente suele presentar síntomas de agotamiento). La vitamina B12 participa, junto al ácido fólico, en la producción de glóbulos rojos. Si falta B12 pero existe una suficiente cantidad de ácido fólico, los glóbulos rojos se crean bien y no aparece la anemia megaloblástica. Aun así, no se evitan otras patologías específicas de la deficiencia de B12. El ácido fólico no protege del daño neurológico asociado a la falta de B12, cuyos síntomas en bebés o niños se observan al poco tiempo de existir la deficiencia de B12, pero que en adultos pueden tardar en manifestarse.

- El exceso de fibra en este tipo de dieta puede disminuir el consumo de calorías, principalmente en los primeros años de vida del bebé.
- Las dietas que tienen un alto contenido de fitato y otros modificadores de la absorción mineral se asocian con una mayor prevalencia de raquitismo y

anemia por deficiencia de hierro,* sin contar con que suelen aportar menos vitamina D al no haber consumo de lácteos.

- Los estudios realizados en niños y adolescentes de países occidentales que siguen dietas vegetarianas y veganas muestran que su crecimiento y desarrollo está dentro del rango normal para su población de referencia, aunque generalmente tienen un menor índice de masa corporal.

- Cuando se analiza la ingesta de los niños vegetarianos y veganos, se observa que en comparación con los no vegetarianos acostumbran a consumir más fruta, verduras y legumbres, por lo que su ingesta de fibra, vitaminas A, C y E, folato, hierro, magnesio y potasio suele ser mayor, mientras que el consumo de calorías totales, grasas saturadas y proteínas es menor.

- El número de casos de anemia ferropénica es similar en las poblaciones de niños vegetarianos y en las de no vegetarianos, aunque los niveles de ferritina suelen ser más bajos en los vegetarianos.

- Los adolescentes vegetarianos y veganos suelen tener niveles de zinc en sangre más bajos que los de los no vegetarianos, aunque en general no por debajo de los niveles normales.

- Sin el control y los suplementos adecuados, estas

---

* T A B Sanders y S Reddy, «Vegetarian diets and children», *The American Journal of Clinical Nutrition*, Volume 59, Issue 5, 1 de mayo de 1994, pp. 1176S-1181S, https://doi.org/10.1093/ajcn/59.5.1176S.

dietas pueden tener efectos nocivos en la salud del niño. Las deficiencias nutricionales, en particular al inicio de la vida, pueden afectar negativamente el crecimiento, el contenido mineral óseo y el desarrollo motor y cognitivo.

- El exceso de volumen de algunos alimentos combinado con una baja densidad de energía puede ser un problema para niños de hasta cinco años e incluso provocar un deterioro del crecimiento.*

A pesar de estos posibles riesgos, tanto la Academia Americana de Nutrición como el Sistema de Salud Británico, las asociaciones de dietética de Canadá, Australia, Reino Unido y los países nórdicos o la Fundación Española de Dietistas-Nutricionistas (FEDN) afirman, en un documento oficial, que «las dietas vegetarianas adecuadamente planificadas, incluidas las dietas cien por cien vegetarianas o veganas, son saludables y nutricionalmente adecuadas y pueden proporcionar beneficios para la salud en la prevención y en el tratamiento de ciertas enfermedades. Las dietas vegetarianas bien planificadas son apropiadas para todas las etapas del ciclo vital, incluidos el embarazo, la lactancia, la infancia, la niñez y la adolescencia, así como para deportistas».

Entre los principales beneficios que aportan este tipo de dietas a los niños y adolescentes se hallan los siguientes:

---

* Tanya Di Genova y Harvey Guyda, «Infants and children consuming atypical diets: Vegetarianism and macrobiotics», *Paediatr Child Health*, marzo de 2007; 12(3):185-188.

- Suelen consumir con menos frecuencia bebidas azucaradas y alimentos procesados. En general, su forma de alimentarse se acerca más a las recomendaciones oficiales actuales que las dietas occidentales típicas.
- Muestran un mejor estado antioxidante y un patrón lipídico en sangre más favorable que el de los no vegetarianos.
- Consumen gran cantidad de frutas y verduras. Al no tomar más que este tipo de alimentos, tienen un nivel de colesterol bajo y el nivel adecuado de proteínas, vitaminas, minerales y calcio. En cuanto al calcio, el Comité de Nutrición de la Asociación Americana del Corazón indica en su página web que «los estudios muestran que los vegetarianos absorben y retienen más calcio de los alimentos que los no vegetarianos». Además, están expuestos a una cantidad menor de carcinógenos y mutágenos, puesto que no consumen carne.
- Existe una significativa correlación entre el consumo frecuente y continuado en el tiempo de alimentos de origen animal ricos en grasa y colesterol y la incidencia de enfermedades del corazón, ciertos tipos de cáncer, ataques apopléjicos y diabetes. La dieta vegetariana, al evitar estos alimentos y proveer un mayor consumo de fitoquímicos y alimentos ricos en fibra, protege de estas dolencias.
- La mayoría de los vegetarianos no tiene problemas de sobrepeso porque apenas ingieren grasas y colesterol. El llamado *Consenso FESNAD-SEEDO*, publi-

cado en 2011, detalló que: «El consumo de dietas vegetarianas podría conducir a una menor ganancia de peso con el tiempo en adultos sanos». Sin embargo, no debemos olvidar que el exceso de grasas también puede proceder de aceites vegetales, que deben consumirse de forma moderada.

- La falta de fibra en la alimentación es otro de los problemas de las sociedades industrializadas, en las que abundan las dietas poco equilibradas. La ausencia de fibra en las comidas produce estreñimiento, cáncer de colon, varicosis y problemas en el sistema circulatorio y cardiovascular. Los cereales, las frutas con piel y las verduras son muy ricos en fibra y, generalmente, los vegetarianos no suelen tener carencias de este elemento.

- Los vegetarianos adultos ingieren menos grasas y tienen un índice de masa corporal más bajo y menos cantidad de colesterol en el suero que los individuos no vegetarianos. Por lo tanto, estos hallazgos sugieren que la dieta vegetariana influye de forma indirecta en la reducción de la prevalencia de la enfermedad de la arteria coronaria, con una disminución del posible riesgo de mortalidad en el futuro. No obstante, hay que tener en cuenta que se han realizado pocos estudios que analicen los efectos en la salud a largo plazo de las dietas vegetarianas o macrobióticas en los niños.

En definitiva, los niños pueden seguir una dieta vegetariana desde bebés. Lo importante es tener en cuenta una serie de recomendaciones y consejos para evitar las carencias nutricionales que hemos descrito, causadas por una dieta libre de productos de origen animal.

Hierro

Los bebés nacen con su propia reserva de hierro, pero esta se agota a los seis meses. Aunque el cuerpo absorbe el hierro de fuentes no animales con más dificultad, existen muchas fuentes vegetales excelentes. Algunos alimentos ricos en hierro apropiados para los bebés después de los seis meses son: zumo de ciruelas, albaricoques triturados, lentejas refinadas, cereales, judías bien desmenuzadas y hortalizas verdes.

Calcio

La leche materna o adaptada contiene todo el calcio que el bebé necesita inicialmente. Buenas fuentes de calcio para las últimas etapas del destete son la leche de vaca y la leche de soja enriquecida, el queso, las hortalizas verdes, el pan integral, las judías, las lentejas, las almendras molidas, la pasta de sésamo (tahini) y el tofu.

Proteínas

Los niños necesitan más proteínas que los adultos para crecer, cosa que hacen a un ritmo muy rápido. Durante los primeros meses con la leche materna es suficiente, pero una vez que el bebé deja de tomarla, y ya que no obtendrá de la carne las proteínas que le hacen falta, deberás incluir judías, lentejas, cereales, frutos secos y leche de vaca en su dieta.

Energía

Los bebés de entre seis y doce meses necesitan de 700 a 1.000 calorías por día, de modo que requieren fuentes concentradas de energía. Asegúrate de que tu hijo toma alimentos energéticos concentrados como lentejas con aceite vegetal, aguacate, queso o cremas finas de frutos secos. El azúcar no es una buena fuente de energía para los bebés.

Vitamina B12

Los bebés muy pequeños obtendrán toda la vitamina B12 que necesitan de la leche materna o adaptada. Posteriormente, los vegetarianos deberían ingerir la cantidad suficiente a través de los productos lácteos y los huevos. Los bebés veganos (aquellos que se abstienen por completo de los alimentos de origen animal) necesitarán vitamina

B12 procedente de alimentos enriquecidos, como algunas leches de soja, extracto de levadura bajo en sal o hamburguesas vegetales.

Vitamina D

La vitamina D se encuentra en los productos lácteos, los huevos y los alimentos enriquecidos, como la margarina y algunos cereales para el desayuno, y puede ser sintetizada por la acción de la luz solar sobre la piel. La proporcionan exclusivamente alimentos de origen animal, de modo que los bebés veganos tal vez necesiten un suplemento de vitamina D.

Fibra

No pretendas que el niño tome grandes cantidades de cereales integrales o legumbres, sobre todo si es menor de dos años. Su gran cantidad de fibra puede hacer que el niño no absorba suficiente energía, por lo que en la dieta de los bebés vegetarianos tiene sentido combinar productos integrales con productos refinados.

Suplementos

Los bebés veganos que no sean amamantados (lo ideal es que lo sean más allá de los dos años) deben tomar hasta que cumplan un año una leche infantil de fórmula que esté enriquecida en hierro. La Academia Española de Nutrición y Dietética, en todo caso, aconseja que los niños vegetarianos tomen a partir de los seis meses y hasta el año bien alimentos enriquecidos con hierro, bien suplementos de hierro (pregunta a tu pediatra si este es tu caso).

El único suplemento imprescindible para todas las personas vegetarianas y veganas es la vitamina B12 en forma de cianocobalamina. Incluso para las personas ovolactovegetarianas o que consuman habitualmente alimentos fortificados, tomar una dosis semanal de refuerzo es la mejor forma de garantizar unos niveles óptimos de esta vitamina. La vitamina B12 debe tomarse siempre por vía oral; en personas sanas la administración intramuscular no aporta ningún beneficio y conlleva el riesgo, bajo pero posible, de reacción alérgica grave.

En cualquier caso, seguir este tipo de dietas puede acarrear complicaciones en la salud del bebé de manera puntual. Por ello, antes de alimentar a tu hijo con una dieta vegetariana y luego periódicamente, es recomendable consultar con el pediatra y confirmar que el niño esté sano y no presenta ninguna deficiencia nutricional. El médico será quien mejor te aconseje qué alimentos necesita consumir para cubrir sus necesidades.

DESARROLLO DE LA ALIMENTACIÓN VEGETARIANA MES A MES

Los primeros meses no implican ninguna dificultad, ya que tu bebé tomará lo mismo que cualquier otro: leche materna. El problema aparece a la hora del destete, puesto que una dieta poco equilibrada podría generarle deficiencias nutricionales y de crecimiento.

6 meses

La leche materna o adaptada es todavía la fuente de alimento más importante. Los alimentos sólidos aún no son necesarios, puesto que la leche todavía cubre todas las necesidades del bebé. Una sola toma sólida al día es suficiente para la mayoría de los bebés en esta etapa. Los primeros alimentos que debes darle son: verduras trituradas (como patatas, zanahorias o espinacas), frutas trituradas (como manzana, plátano o pera) y arroz infantil, harina de maíz, sagú o mijo.

7 meses

Las legumbres son el sustituto natural de la carne en la alimentación vegetariana y vegana por su alto contenido en proteínas, hierro y zinc, por lo que son uno de los primeros alimentos que deben introducirse en la dieta del lactante vegetariano, generalmente acompañados de verduras y hortalizas. La mejor legumbre para empezar es la lenteja roja pelada, que tiene poca fibra y se digiere muy bien. Más adelante se puede añadir tofu, garbanzos cocidos, guisantes tiernos y lentejas sin pelar.

De acuerdo con la Academia Estadounidense de Alergia, Asma e Inmunología, no hay razón para retrasar la introducción de alimentos tradicionalmente considerados alergénicos, como la soja, los cacahuetes, las nueces u otros frutos secos. Estos alimentos se pueden y se deben ir incorporando a la dieta a partir de los seis o siete meses, una vez que otros alimentos más comunes como los cereales, las frutas, las verduras y las legumbres ya lleven un tiempo formando parte de la dieta y se toleren bien.

8-12 meses

Tu bebé cada vez más aceptará alimentos con grumos. Puedes darle los alimentos que lleváis a la mesa en las comidas en familia, mientras no contengan sal. En este periodo es cuando se agregan los guisantes y las judías bien cocidos y triturados, pues son difíciles de digerir y si se introducen antes pueden causar problemas. Evita las galletas dulces y los bizcochos. Intenta darle trozos de manzana pelada, de zanahoria cruda o mendrugos de pan. Cuando sea capaz de masticar trozos de fruta, los sándwiches y las tostadas pueden convertirse en alimentos cotidianos. A los doce meses tu hijo debería disfrutar ya de tres comidas diarias.

EJEMPLOS DE MENÚS PARA LACTANTES VEGETARIANOS

EDAD		
7 meses	Mañana	Papilla de copos de avena preparada con leche materna o de fórmula.
	Mediodía	Puré de zanahoria y boniato con lentejas rojas. 2-3 cucharadas de zumo de naranja.
	Merienda	Papilla de frutas con una cucharadita de almendras molidas.
	Noche	Pecho o leche de fórmula.
	Además	Pecho a demanda o 4-5 tomas/día de fórmula.
10 meses	Mañana	Tostada de pan integral con aguacate. Rodajitas de manzana.
	Mediodía	Arroz integral con verduras y lentejas. Yogur de soja.
	Merienda	Compota de pera o manzana con una cucharadita de nueces molidas.
	Noche	Puré de patata, cebolla, brócoli y tofu.
	Además	Pecho a demanda o 4-5 tomas/día de leche de fórmula.

14 meses	Desayuno	Bizcocho de plátano y nueces. Yogur de leche de vaca o de soja.
	Media mañana	Hummus con pan de pita, palitos de zanahoria y rodajitas de tomate.
	Mediodía	Filetes de seitán con guisantes y puré de patata.
	Merienda	Macedonia de frutas.
	Noche	Tortilla francesa o revuelto de tofu con flores de brócoli al vapor aliñadas con salsa de tahini. Fruta.
	Además	Pecho a demanda o 2-3 tomas/día de leche de fórmula.
20 meses	Desayuno	Tostada de pan integral con aceite y tomate. Batido de leche de vaca o soja con plátano y fresas.
	Media mañana	*Crockers* untados con mantequilla de cacahuete.
	Mediodía	Pasta con tofu y salsa de tomate y hortalizas.
	Merienda	Compota de pera o manzana con una cucharadita de nueces molidas.
	Noche	Guiso de quinoa con verduras. Yogur de soja o queso fresco.
	Además	Pecho a demanda o 2-3 tomas/día de leche de fórmula.

4

El sueño del bebé

No nos damos cuenta de cuánto queremos a alguien hasta que lo perdemos. Algo parecido pasa con el sueño: no nos damos cuenta de lo importante que es dormir bien hasta que alguna circunstancia nos lo impide, y dicha circunstancia es, en muchos casos, la llegada de nuestro primer hijo. Por mucho que los amigos y familiares te hayan dicho que te prepares, que cuando nazca tu bebé se acabó lo de dormir del tirón, seguro que no te haces la idea de lo que esto significa, hasta que de repente te resulta imposible dormir más de tres horas seguidas. Y esa es la realidad que muchos padres viven, sobre todo mientras tienen hijos de menos de un año. Por eso, el sueño se convierte, junto con la alimentación del bebé, en una de las cuestiones más importantes para los progenitores.

A menudo los padres no saben qué hacer ni cómo encarar esta situación, buscan soluciones en libros, foros, webs o en familiares y amigos, y pronto se topan con un nuevo problema: no hay un remedio mágico para lograr que un bebé duerma mejor y, por ende, sus padres puedan descansar. Por si esto fuera poco, las numerosas teorías y consejos contradictorios que encontrarán liarán aún más a los progenitores: ¿el colecho aumenta las posibilidades de que el bebé sufra muerte súbita o, por el contrario, las disminuye? ¿Es cruel aplicar el método Estivill? ¿Es cierto que hace que los niños sufran problemas de mayores o no es para tanto y es muy efectivo?

Sobre este asunto parece que ni asociaciones, ni médicos, ni expertos ni nadie se ponga de acuerdo. Veamos qué dice la ciencia al respecto.

4.1. Método conductista

El método conductista se basa en enseñar a los niños a dormir mediante unas normas y rutinas, todo lo contrario a lo que defiende el método naturalista, que cree que es algo que no se puede enseñar porque se nace sabiendo dormir.

El creador del método conductista es el médico pediatra americano Richard Ferber, fundador del Centro Pediátrico para los Trastornos del Sueño del Hospital Infantil de Boston. Ferber publicó en 1985 su libro *Solucione los problemas de sueño de su hijo*, que se convirtió rápidamente en un éxito y tuvo miles de seguidores que aseguraban que ese método funciona en el 95 % de los casos.

A España este método llegó de la mano del doctor Eduard Estivill con su libro *Duérmete, niño*, del que también se han vendido miles de ejemplares. Estivill fue alumno de Ferber cuando se formó como especialista en medicina del sueño, y de él copió su método conductista, seguido durante años por muchos padres, hasta que la crianza natural o de apego empezó a demonizarlo. A raíz de las polémicas que se desataron, tanto Ferber como Estivill publicaron diversas reediciones de sus best seller para modificar aquellas partes que pudieran resultar más controvertidas.

Lo cierto es que para muchos progenitores este método ha sido la solución a todos sus problemas de sueño, mientras que otros consideran que el hecho de no ser atendidos crea traumas emocionales en los niños que perdurarán toda la vida. Y habitualmente lo que ocurre es que la gente habla de oídas, sin haber leído ninguno de estos libros, y exagera sus tesis o no las acaba de entender. Así, muchas personas creen que este método consiste en «dejar llorar», lo cual es verdad solo en parte.

De la lectura del libro *Duérmete, niño,*[*] de Eduard Estivill, podemos extraer las indicaciones que detallamos a continuación.

Niños menores de 3 meses

No se debe aplicar este método en los niños menores de tres meses, aunque sí es positivo comenzar a seguir los siguientes consejos:

[*] Eduard Estivill y Silvia Béjar, *Duérmete, niño*, Plaza y Janés, Barcelona, 2003.

- Marcar la diferencia entre la luz típica del día y la oscuridad propia de la noche. El niño, desde los primeros meses, debe aprender que de día hay luz (conviene evitar que el niño duerma durante el día en completa oscuridad) y que cuando es de noche todo está completamente oscuro (por la noche no va bien ni encender lámparas pequeñas ni que entre en la habitación del niño la luz indirecta de otras estancias).
- Enseñar a distinguir el ruido habitual del día y el silencio que reina en la noche. Durante el día el niño debe aprender a dormir con los ruidos habituales que hay en una casa: voces que conversan, música, ruidos típicos de la cocina, etcétera. En cambio, durante la noche hay que procurar que los ruidos sean menos intensos, bajando el volumen del televisor o no elevando la voz, por ejemplo. Siempre sin exagerar, no se necesita un silencio sepulcral para que un bebé duerma.
- Establecer la rutina de cada día, con un horario fijo y acciones repetitivas. Es muy aconsejable dejar el baño del niño para antes de su última toma de alimento.
- El bebé debe dormir en su cuco o cuna en la misma habitación que los padres, pero nunca en la cama con ellos. Se recomienda trasladarlo a su cuarto a partir de los tres meses.

- Fijar la hora de acostarse. Se aconseja poner al niño a dormir entre las ocho y las ocho y media en invierno, y retrasar la hora de acostarse hasta las nueve de la noche en verano, dado que el día es más largo.
- Establecer una serie de rutinas previas al momento de acostarse, que deben repetirse a diario. Por ejemplo, leerle un cuento antes de llevarlo a la cama o decirle las mismas palabras, siempre sin juegos ni acciones que puedan excitarlo en los momentos previos al sueño nocturno. Pueden emplearse peluches, chupetes u otros objetos que acompañen al niño mientras duerme.
- Diferenciar su habitación de las demás estancias de la casa. Su cuarto es el lugar elegido para dormir, por ello el niño no debe comer en él. Es importante separar la comida del sueño.
- Si llora en el momento de dormir, puede deberse a diferentes causas que debemos solucionar antes de volver a acostarlo. Puede que necesite un cambio de pañal, que tenga frío o calor, que la última toma de alimento del día haya sido insuficiente y que tenga hambre, que no se encuentre bien, etcétera.
- En caso de que todo esté correcto y el niño llore en el momento de dormir, ni los padres ni los cuidadores deben acudir al primer llanto. Quizá si le damos un poco de tiempo no habrá más lloros.

Más de 6 meses

Solo para bebés de más de seis meses que padecen algún problema de sueño, el doctor Estivill propone un plan de reeducación del sueño basado en los siguientes pasos:

- Mostrar en todo momento, tanto los padres como los cuidadores, firmeza y seguridad ante el niño.
- Reemplazar en la habitación del niño la figura del padre, la de la madre o la de ambos por un dibujo, un muñeco, un móvil o un objeto querido por él, y explicarle que este objeto cuidará de él durante la noche.
- En el caso de que use chupete, dejar varios en la cuna para que pueda encontrar alguno si se despierta por la noche.
- Poner a dormir al niño, separarnos de él una distancia prudencial y, sin tocarlo, desearle buenas noches, con un discurso que dure aproximadamente treinta segundos.
- Al salir de la habitación, apagar la luz y dejar la puerta abierta.
- Si el niño empieza a llorar, los padres deben permanecer fuera de la habitación y volver a entrar tras esperar el tiempo indicado en la tabla que se muestra a continuación, un tiempo que irá variando a medida que pasen los días. Cuando toque acudir a consolarlo, irá siempre una persona sola y se mantendrá a una distancia del niño que impida que este la toque.

Le explicará, en no más de diez segundos, que sus padres no lo han abandonado y que únicamente le están enseñando a dormir.

	TIEMPOS DE ESPERA EN MINUTOS			
Día	1.ª espera	2.ª espera	3.ª espera	4.ª espera
1	1 min	3 min	5 min	5 min
2	3 min	5 min	7 min	7 min
3	5 min	7 min	9 min	9 min
4	7 min	9 min	11 min	11 min
5	9 min	11 min	13 min	13 min

Al principio, el bebé no dejará de llorar, pero en la mayoría de los casos después de acudir unas cuantas veces a su lado (unas noches dos veces, otras tres, otras más), finalmente el niño deja de llorar. Con el paso de los días hay que acudir cada vez menos, hasta que llega una noche en que el niño deja de llorar y aprende a dormir solo.

Estivill, inmunizado ya ante las críticas, afirma que su método se basa en la evidencia científica y lo defiende de esta manera: «Lo que yo propongo no es dejar llorar a los niños: se trata de seguir unas tablas de tiempos que nos hacen estar a su lado, a pequeños intervalos, para que no se sientan nunca abandonados. Dormir es un hábito y, como tal, se aprende». Para ello, según este especialista, hay unas normas, «y ningún niño se traumatiza por ello:

lo demuestran los más de trescientos estudios científicos publicados».

Pero ¿es esto cierto? ¿Hay estudios científicos que avalen el método conductista?

Para justificar su método, Ferber y Estivill se basan en diversos estudios y libros que hablan de los beneficios de las terapias cognitivo-conductuales y la modificación de los hábitos de sueño para tratar el problema del insomnio en los niños, como el estudio de Estíbaliz Barredo Valderrama y Concepción Miranda Herrero sobre «Trastornos del sueño en la infancia. Clasificación, diagnóstico y tratamiento»,* en el que sostienen que «los trastornos del sueño son un motivo de consulta cada vez más frecuente en niños y adolescentes, tanto en atención primaria como en atención especializada. […] Los trastornos del sueño, además de por su alta prevalencia, son importantes por su impacto en el desarrollo del niño y en la calidad de vida de sus familiares. Además de afectar al comportamiento y al estado de ánimo, pueden alterar las funciones cognitivas disminuyendo la atención selectiva y la memoria, con el consiguiente peor rendimiento escolar». Para estas investigadoras del Hospital General Universitario Gregorio Marañón, «en el tratamiento de los trastornos del sueño existen unas medidas generales no farmacológicas de higiene de sueño y terapia cognitivo conductual, y

* E. Barredo Valderrama y C. Miranda Herrero, «Trastornos del sueño en la infancia. Clasificación, diagnóstico y tratamiento», *An Pediatr Contin*, 2014;12:175-82 - vol. 12, núm. 04, http://www.apcontinuada.com/es/trastornos-del-sueno-infancia-clasificacion/articulo/90339619/.

un tratamiento específico de cada uno de los trastornos en el que puede ser necesario el uso de fármacos». Para ellas, las medidas de higiene del sueño son un conjunto de recomendaciones y hábitos de conducta que favorecen el inicio y el mantenimiento del sueño, como levantarse y acostarse a la misma hora, establecer una rutina presueño de unos veinte o treinta minutos o promover la capacidad de dormirse sin la presencia de los padres.

En cuanto a la terapia cognitivo conductual, «son un conjunto de medidas implicadas en la mejora en la relación del paciente con el entorno del sueño, así como la identificación y la extinción de respuestas cognitivas del paciente en relación con el sueño y su entorno, que favorecen la aparición de ansiedad, angustia e inquietud a la hora de dormir, de tal manera que las sustituyamos por razonamientos lógicos. Se utilizan diferentes técnicas, como la terapia de restricción del sueño, terapias de control de estímulos, la extinción gradual y las técnicas de relajación progresivas además de terapia cognitivas y educación parental».

Otro de los estudios que Ferber y Estivill mencionan para avalar sus tesis es el de B. L. Goodlin-Jones, M. M. Burnham, E. E. Gaylor y T. F. Anders, titulado «Night waking, sleep-wake organization, and self-soothing in the first year of life».* Este estudio transversal examinó a 80 bebés clasificados en cuatro grupos de edad (tres, seis, nueve y

---

* B. L. Goodlin-Jones, M. M. Burnham, E. E. Gaylor y T. F. Anders, «Night waking, sleep-wake organization, and self-soothing in the first year of life», *J Dev Behav Pediatr*, 22 (2001), pp. 226-233.

doce meses) durante cuatro noches mediante el uso de videosomnografía para codificar los despertares nocturnos y las interacciones entre padres e hijos. Se observó un alto grado de variabilidad en el hecho de que los padres pusieran al bebé en la cama despierto o dormido y en respuesta a las vocalizaciones después del despertar nocturno. La mayoría de los bebés de los cuatro grupos se despertaron durante la noche. En general, los más pequeños requirieron la intervención de los padres para volver a dormirse, mientras que los mayores mostraron tener más capacidad para calmarse solos al despertarse en plena noche. Sin embargo, incluso en el grupo de niños de doce meses, el 50 % de los bebés solía requerir la intervención de los padres para volver a dormirse. Los resultados pusieron de manifiesto los factores individuales y contextuales que afectan el desarrollo del comportamiento autocalmante durante el primer año de vida.

La consolidación y la regulación son dos procesos biopsicosociales que interactúan para facilitar el establecimiento de patrones organizados de sueño y vigilia. La consolidación, referida en la lengua vernácula como dormir durante la noche, refleja el desarrollo gradual de un patrón diurno de periodos largos de sueño por la noche y largos periodos de vigilia durante el día. La autorregulación se refiere al proceso mediante el cual un bebé puede ir mejorando progresivamente el control de los estados internos de excitación y, por la noche, quedarse dormido sin ayuda, tanto al comienzo de un periodo de sueño como al despertarse a media noche. Esta capacidad cada vez mayor de autorregularse durante las horas nocturnas se ha denominado «autocalmante». Un estudio preliminar* indicó que los bebés que podían calmarse solos por la noche a los doce meses tenían menos probabilidades de padecer un trastorno relacionado con el sueño a los dos años.

El estudio es muy completo y tiene en cuenta variables como la edad, el sexo, una evaluación del estado de salud por parte del padre, el estado de la lactancia y el informe de los padres sobre los eventos estresantes. En general, no hubo diferencias significativas entre los dos estilos (calmarlos o que se calmen solos) en ninguna de las variables analizadas, con la excepción del sexo y la edad. Las importantes diferencias observadas según el género son intrigantes. Las niñas demostraron tener una mayor capacidad para el sueño tranquilo y sueños más largos. En cuanto a la proporción de tiempo de vigilia en la cuna y al número de despertares durante la noche no se hallaron diferencias significativas entre niños y niñas. Sin embargo, los bebés varones fueron sacados de sus cunas por un tiempo proporcionalmente mayor. Además, en los cuatro grupos de edad, los bebés varones tenían un estilo no autocalmante como patrón modal más a menudo que las niñas.

Y también fueron importantes las diferencias entre los dos estilos calmantes y los dominios relacionados con el sueño. Se encontró que los bebés que se clasificaron como SS (autocalmantes) tenían periodos de sueño más largos y un mayor porcentaje de tiempo de sueño tranquilo en

* E. E. Gaylor, B. L. Goodlin-Jones y T. F. Anders, «Classification of young children's sleep problems: a pilot study», *J Am Acad Child Adolesc Psychiatry*, enero de 2001; 40(1):61-67.

comparación con los niños que no se sabían calmar solos (NSS). Curiosamente, los bebés autocalmantes se despertaron con la misma frecuencia que los bebés que no se sabían calmar solos a lo largo de la noche. Sin embargo, los autocalmantes tenían menos probabilidades de vocalizar después de un despertar, lo que aumentaba las posibilidades de que las madres no fueran conscientes del despertar en absoluto.

De acuerdo con algunas investigaciones previas, este estudio concluyó que los bebés a los que sus padres colocaban en la cuna despiertos eran más propensos a ser autocalmantes que los bebés a los que sus padres los acostaban dormidos. Además, los bebés que requerían la ayuda de los padres para conciliar el sueño al comienzo de cada noche eran más propensos a requerirla también al despertarse a media noche. Finalmente, y no es sorprendente, los bebés cuyas cunas estaban ubicadas en el dormitorio de los padres tenían más posibilidades de ser clasificados en el grupo de los que no se sabían calmar solos. Estos bebés tenían a los padres más a mano, pero es importante ver que la relación entre el estado calmante y la ubicación de la cuna se confundió con la edad: los bebés más pequeños tenían más probabilidades de dormir en las habitaciones de sus padres que los bebés mayores.

Otro estudio, en la línea del anterior, es el titulado «Factors Associated With Fragmented Sleep at Night Across Early Childhood»,* de Évelyne Touchette, Domi-

---

* Évelyne Touchette, Dominique Petit, Jean Paquet, Michel Boivin, Chista Japel, Richard E. Tremblay y Jacques Y. Montplaisir,

nique Petit y Jean Paquet. Las conclusiones de esta investigación afirman que el porcentaje de niños que duermen al menos seis horas consecutivas durante la noche aumenta significativamente entre las edades de cinco y diecisiete meses y se mantiene estable entre los diecisiete y veintinueve meses. Ese estudio, por lo tanto, apoya la idea de que la consolidación del sueño evoluciona rápidamente en los primeros años de vida. Sin embargo, los investigadores también detectaron que los niños con problemas de sueño a los ocho meses tenían más probabilidades de sufrir problemas de sueño a los tres años.

Además, confirmaron que dormir menos de lo necesario para la edad se asocia significativamente con una mayor somnolencia durante el día, lo que puede desarrollar complicaciones como mal humor, problemas de conducta o deficiencias sociales. Una falta crónica de sueño también puede contribuir a déficits cognitivos, sobre todo en las funciones ejecutivas, y afecta negativamente al rendimiento académico.

En cuanto a qué factores intrínsecos y extrínsecos pueden interferir en el desarrollo de la consolidación del sueño, el estudio muestra que, entre los numerosos factores biopsicosociales estudiados, el comportamiento de los padres al acostar al niño y en respuesta al despertar nocturno es fundamental. Así, en una nueva clasificación de los trastornos del sueño en niños pequeños, la presencia

«Factors Associated With Fragmented Sleep at Night Across Early Childhood», *Arch Pediatr Adolesc Med*, 2005;159(3):242-249. doi:10.1001/archpedi.159.3.242.

continua de los padres a la hora de acostarse se considera protodisomnia del sueño (trastornos del sueño de origen externo, en este caso causadas por los padres). El neurólogo Van Tassel descubrió que las interacciones entre padres e hijos antes de acostarse eran los mejores predictores de problemas del sueño en la primera infancia. Además, se demostró que los niños que aprenden a dormirse solos a la hora de acostarse normalmente tienen periodos de sueño más prolongados que los que no lo hacen. El presente estudio respalda la recomendación de acostar a los niños todavía despiertos para que puedan desarrollar asociaciones apropiadas al inicio del sueño. De manera similar, en respuesta a los despertares nocturnos, según el estudio, reconfortar a los niños fuera de su cama (por ejemplo, llevarlos a la cama de los padres o mecerlos fuera de la suya) se asocia con la mala consolidación del sueño en la primera infancia. «Llevar al niño a la cama de los padres en respuesta a un despertar (cuando se trata de un arreglo del sueño esporádico, es decir, puntual) puede ser perjudicial para la consolidación del sueño. Se observó un mayor porcentaje de problemas perturbadores del sueño entre los niños que dormían en la cama de los padres, especialmente de manera reactiva, es decir, como respuesta a los despertares nocturnos. Sin embargo, compartir la cama tiene una serie de ventajas, al menos en la infancia, cuando es el arreglo habitual del sueño. Los presentes resultados sugieren que los padres deben limitar tanto como sea posible el número y la duración de las intervenciones "fuera de la cuna" en respuesta al despertar nocturno.»

Asimismo, este estudio afirmaba que compartir la

habitación o la cama con padres o hermanos estaba asociado con un sueño fragmentado, aunque los investigadores reconocían que «se necesitan más investigaciones para comprender las asociaciones entre diferentes entornos de sueño, compartir la cama y el sueño consolidado».

Ferber y Estivill también se apoyan en diversas investigaciones que hablan de la importancia de detectar los trastornos del sueño y tratarlos en la infancia, pues pueden cronificarse y dar lugar a serios problemas cuando el niño crece. Una de ellas es el estudio de L. Meltzer, M. Plaufcan, J. Thomas y J. Mindell, «Sleep problems and sleep disorders in pediatric primary care: treatment recommendations, persistence, and health care utilization»,[*] en el que se dice que «el sueño interrumpido o deficiente afecta a todos los aspectos del funcionamiento del niño. El sueño deficiente en los jóvenes puede tener una serie de causas, entre ellas, los trastornos del sueño y los problemas para dormir. Los "trastornos del sueño" generalmente son problemas de sueño que cumplen con los criterios que permiten diagnosticar un trastorno, como la apnea obstructiva del sueño, las parasomnias, la narcolepsia y el insomnio. Los "problemas de sueño", por otro lado, abarcan una serie de problemas de sueño, entre ellos los problemas a la hora de acostarse, los despertares nocturnos, la ansiedad relacionada con el sueño, el sueño defi-

* L. Meltzer, M. Plaufcan, J. Thomas y J. Mindell, «Sleep problems and sleep disorders in pediatric primary care: treatment recommendations, persistence and health care utilization», *J Clin Sleep Med*, 10 (2014), pp. 421-426, http://dx.doi.org/10.5664/jcsm.3620.

ciente y la mala higiene del sueño. Se ha informado de que hasta el 40 % de los niños experimenta un problema de sueño en algún momento entre la infancia y la adolescencia, sin embargo, los diagnósticos de trastornos del sueño son menos comunes. Como el sueño interrumpido o deficiente puede ser el resultado de ambos tipos de problemas de sueño (trastornos y problemas), es importante conocer mejor cómo se presentan los problemas de sueño en la atención primaria pediátrica».

Este argumento, además, es una crítica directa a la idea que tienen los seguidores de la crianza natural de que los problemas de sueño no existen. Según esta corriente, los niños pequeños no duermen mal, simplemente lo hacen como corresponde a su edad y grado de desarrollo, y a medida que crezcan aprenderán a dormir bien, algo que casi todos consiguen a los cuatro años. Para ellos, la inmensa mayoría de los niños no tienen problemas de sueño, por lo que no hace falta buscar tratamientos ni métodos, como el conductista, que solucionen un problema que no existe.

Sin embargo, la realidad es que muchos padres sufren y se desesperan durante los años de la primera infancia de sus hijos por los continuos despertares de estos, y es a ellos a quienes van dirigidos este tipo de métodos para que los niños aprendan a dormirse solos.

Por otro lado, también es cierto que ninguno de estos estudios sobre los problemas del sueño en los que se apoyan dichos métodos dice cuál es el mejor tratamiento para estos trastornos, solo que el sueño es fundamental y que hay que procurar que los niños y los adolescentes duerman bien, sin indicar si el método conductista es mejor que otros para tratar los casos de falta de higiene del sueño.

Los detractores del método conductista le achacan varios efectos nocivos, como que socava la sensación de confianza del niño en el mundo, aumenta su estrés al verse separado de su madre por la noche y puede causarle un trauma de por vida. En este sentido, la Sociedad Americana de Pediatría ha encargado estudios y revisiones sobre el tema, y una y otra vez estos han concluido que los métodos de este tipo no provocan daños de ninguna clase en el niño. La Academia Americana de Medicina del Sueño, por ejemplo, señala que «existe un total de 13 estudios seleccionados para esta revisión que reportaron resultados concernientes al funcionamiento diurno de los niños, como el llanto, la irritabilidad, el desapego, la autoestima o el bienestar emocional. […] En ninguno de los estudios se identificaron efectos secundarios adversos como resultado de participar en programas de sueño conductuales. Al contrario, se encontró a los bebés que participaron en intervenciones del sueño más seguros, más predecibles y menos irritables, y que lloraban y se alteraban menos después del tratamiento. Las madres indicaron que las intervenciones conductuales del sueño no afectaron al mantenimiento de la lactancia materna».

La misma academia, en una nueva revisión publicada en 2014, afirma: «Ningún estudio publicado ha mostrado efecto adverso alguno de las intervenciones conductuales para los problemas a la hora de acostarse y los despertares nocturnos en niños pequeños, incluyendo intervenciones que implicaban periodos de llanto en bebés y niños pequeños. Los estudios han mostrado sistemáticamente que no hay efectos negativos en el apego ni cambios en el comportamiento paterno general o la salud emocional del bebé. Dos estudios recientes han examinado el desempeño de los niños en varios años posteriores a la intervención sin haber encontrado diferencias en problemas de conducta externalizante o internalizante o de salud general comparados con los controles».

Examinemos un poco más a fondo el primer estudio del que habla la Academia Americana de Medicina del Sueño, el de Lynn Loutzenhiser, John Hoffman y Jacqueline Beatch, titulado «Parental perceptions of the effectiveness of graduated extinction in reducing infant night-wakings».* En él leemos que «el objetivo de este estudio fue analizar una muestra de la comunidad para determinar el uso que hacen los padres de la extinción gradual (dejar llorar al bebé) y la percepción que tienen de su efectividad. La popularidad de los libros y artículos que brindan asesoramiento a los padres para ayudar a sus hijos a dormir toda la noche sugiere que muchos progenitores están empleando la extinción gradual para controlar estos comportamientos de vigilia nocturna. Sin embargo, hay una escasez de investigaciones sobre el uso de las estrategias de control del sueño por parte de los padres fuera de los entornos clínicos o de investigación. [...] Casi la mitad de

* Lynn Loutzenhiser, John Hoffman y Jacqueline Beatch, «Parental perceptions of the effectiveness of graduated extinction in reducing infant night-wakings», *Journal of Reproductive and Infant Psychology*.

los padres encuestados informaron haber utilizado la extinción gradual con sus bebés, y la mayoría de estos padres comenzaron a aplicarla antes de que sus bebés tuvieran seis meses de edad». Los resultados del estudio afirman que los progenitores que recurrieron al método conductista en casa lograron peores resultados que aquellos que lo hicieron en un entorno clínico.

En este estudio se afirma que uno de los mayores problemas del sueño que afectan a los bebés son los despertares nocturnos, y que son muchos los padres que tratan de solucionarlo con métodos conductistas (dejar llorar a los niños). Una de las primeras conclusiones a las que llegaron los investigadores es que resulta muy estresante para los padres oír llorar a sus hijos y que lo habitual es que se planteen si esto será perjudicial para ellos. Según los investigadores, la angustia de los padres ante el llanto de sus hijos es proporcional a la angustia que creen que llorar les genera a los bebés.

Respecto a la falta de buenos resultados de estos métodos fuera del entorno clínico, uno de los motivos de que ocurra esto es que los padres los ponen en práctica con menores de seis meses, cuando nunca se recomienda hacerlo así porque los bebés de esta edad se despiertan a menudo para comer. Además, muchas veces no emplean estos métodos de manera adecuada.

El estudio concreto más reciente y exhaustivo, publicado en la revista de la Academia Americana de Pediatría, examinó a niños de entre dos y seis años centrándose en su salud mental y emocional, su funcionamiento psicosocial y su regulación del estrés (con medidas de los niveles de cortisol), la relación paternofilial y los estilos parentales. Las conclusiones resumidas de este estudio* son: «Las técnicas conductuales del sueño no tienen efectos destacables a largo plazo (ni positivos ni negativos). Los padres y los profesionales de la salud pueden utilizar con confianza estas técnicas para reducir a corto y medio plazo la carga de los problemas de sueño infantil y las depresiones maternas. Las intervenciones consiguieron todos sus propósitos originales (mejorar el sueño infantil y reducir la depresión materna y los costes sanitarios en el corto y medio plazo). Los resultados a los seis años de edad indican que no hubo perjuicios ni beneficios destacables a largo plazo (al menos hasta los cinco años posteriores a la intervención)».

También en la *Guía de práctica clínica sobre trastornos del sueño en la infancia y adolescencia en atención primaria*** editada por el Ministerio de Sanidad (pendiente actualmente de una revisión), se afirma lo siguiente: «La terapia conductual (TC) es efectiva para el tratamiento del insomnio en la infancia y adolescencia, ya que reduce la resistencia a la hora de acostarse y los despertares nocturnos, mejora el funcionamiento diurno de los niños y el

---

* Anna M. H. Price, Melissa Wake, Obioha C. Ukoumunne y Harriet Hiscock, «Five year Follow-up of Harms and Benefits of Behavioral Infant Sleep Intervention: Randomized Trial», *Pediatrics*, 2012;130;643.

** *Guía de práctica clínica sobre trastornos del sueño en la infancia y adolescencia en atención primaria*, http://www.guiasalud. es/GPC/GPC_489_Trastorno_sue%C3%B1o_infadol_Lain_Entr_ compl.pdf.

bienestar de los padres. [...] Entre las diferentes intervenciones conductuales, la extinción estándar es la que se demuestra más eficaz, seguida de la educación de los padres. Le siguen la extinción gradual, el retraso de la hora de acostarse junto con el ritual presueño y los despertares programados. La extinción estándar, debido a recomendar la no presencia de los padres a pesar de las demandas del niño, hace que la aceptación por parte de los padres sea menor. [...] Algunos autores consideran que con las técnicas de extinción la tensión que se induce al niño por no atender inmediatamente a su demanda puede ocasionar daños en su desarrollo cerebral y en sus capacidades emocionales reguladoras. Sin embargo, la evidencia encontrada destaca que las conclusiones están basadas en estudios que exploran modelos de estrés en animales y no en estudios experimentales con padres y niños. [...] No se ha identificado la aparición de efectos secundarios con la participación en programas conductuales. Al contrario, los niños que participaron en este tipo de intervenciones se encontraron más seguros, menos irritables y tenían menos rabietas después del estudio, destacando incluso los padres el efecto positivo en el comportamiento diurno del niño».

Otra de las objeciones de los detractores de este método es que podría afectar negativamente al tipo de apego que desarrolla el niño con sus padres. En función de cómo responden los individuos a su figura de apego cuando están ansiosos, los psicólogos Ainsworth, Blewar, Waters y Wall definieron las principales formas de apego y las condiciones familiares que las promueven. Se trata de los cuatro tipos de apego que vimos en la introducción de este libro:

- El **apego seguro** es el que debe darse en relaciones funcionales. El niño se siente seguro ante su cuidador y tiene confianza en que siempre estará disponible y responderá a sus necesidades. Por su parte, esa figura de apego, que puede estar constituida por varias personas, es sensible a sus necesidades y le brinda cariño, protección y disponibilidad, lo que ayuda al niño a desarrollar un concepto de sí mismo positivo y a tener confianza.
- El **apego ansioso ambivalente** es inseguro. Los niños apenas exploran su entorno, ni siquiera en presencia de su figura de apego, ya que están totalmente pendientes de ella. La sensación de ansiedad cuando esta se ausenta es muy alta y cuesta consolarlos, pero cuando vuelven a ver a la figura de apego se muestran ambivalentes: buscan su cercanía, sin embargo, al acercarse la rechazan. Este tipo de apego se da cuando el cuidador principal es inestable: a veces se muestra cariñoso, mientras que en otras ocasiones es insensible, lo que genera inseguridad en el pequeño. Suele desembocar en una dependencia extrema entre ambos.
- El **apego ansioso evitativo** también es inseguro; durante la exploración del entorno, el bebé no interacciona con su cuidador de ninguna manera, ni siquiera lo mira. Cuando este se va no muestra ningún tipo de reacción y, cuando vuelve, le rechaza. Es el

tipo de apego que se genera cuando los cuidadores se muestran insensibles a las necesidades del bebé y son poco pacientes. Los niños con este tipo de apego no confían en su figura de apego y son inseguros, tienen miedo a la intimidad y rechazan a los demás.

- El **apego ansioso desorganizado** es una mezcla de los dos anteriores. El cuidador da respuestas desproporcionadas o inadecuadas a las necesidades del pequeño. Los niños con este vínculo de apego no saben muy bien cómo comportarse ante la separación de la figura de apego. Poseen un sentimiento ambivalente de necesidad de cariño, pero también de temor. Este apego suele darse en víctimas de maltrato o negligencia.

Para lograr un apego seguro que beneficie el desarrollo del bebé y le brinde seguridad y confianza, hay que estar atento a las señales que envía el pequeño desde que nace, es decir, los llantos, los balbuceos, las sonrisas… Al detectarlas hay que atenderle y darle amor y cariño. Así establecerá una relación saludable y sólida con su figura de apego, lo cual lo ayudará a tener el mismo tipo de relación con los demás. Por lo tanto, los detractores del método Estivill afirman que dejar llorar al niño en la cuna durante un tiempo fomenta una relación de apego ansioso, lo que afecta a su desarrollo, como hemos explicado. Sin embargo, las investigaciones sobre los efectos negativos del estrés se refieren a niveles de estrés más graves que al provocado por dejar llorar al bebé unos minutos en la cuna. No hay ningún estudio que determine que este método causa un apego ansioso si no va acompañado de otras respuestas inadecuadas por parte de los padres.

En conclusión, no es cierto que haya estudios concretos que demuestren los perjuicios que pueden causar los métodos conductistas del sueño en la salud emocional del niño, pero sí hay estudios que afirman que estos daños no existen, como los arriba mencionados. Es decir, se han realizado estudios que muestran los graves efectos secundarios que puede causar el estrés en la infancia, pero no hay estudios que confirmen que ese estrés lo causa el hecho de aplicar métodos para enseñar a dormir como el de Estivill y Ferber.

4.2. Colecho y crianza natural

En el extremo opuesto del método conductista están los seguidores de la crianza natural y el colecho. Según estos, no hay que hacer nada para enseñar al niño a dormir, ya que este, sabio por naturaleza, sabe lo que le conviene. Tan es así que no hace falta imponerle pautas ni rutinas, solo acompañarlo y consolarlo cuando lo necesite.

Una de sus más fervientes adalides, la psicóloga Rosa Jové, afirma que «los padres dicen que los niños vienen sin libro de instrucciones bajo el brazo, pero sí vienen: ¡son ellos mismos! Solo hay que escucharlos». Jové, autora de *Dormir sin lágrimas*, un gran éxito de ventas publicado en el año 2006, escribió este libro justamente como respuesta al método Estivill, al que considera «cruel». Para Jové, el sueño es un proceso evolutivo y los niños, tarde o temprano, aprenden a dormir, y mientras tanto no hay que «enseñarlos», pues «los bebés ya saben dormir antes de nacer». Aun así, a aquellos padres que tengan problemas con el sueño de sus hijos les recomienda el colecho y la lactancia a demanda.

Por otro lado, los seguidores de esta corriente hablan de crianza natural porque se basan en prácticas comunes en otras culturas menos industrializadas, como algunas tribus africanas en las que no existe el insomnio, no porque la gente duerma toda la noche del tirón, sino porque nadie lo pretende. Es decir, en estas sociedades, el hecho de que los bebés o incluso los adultos se despierten en plena noche no es ningún problema. Su ritmo de vida, tan diferente del nuestro, permite a las personas no estresarse ni preocuparse por tener que levantarse a las seis de la mañana para ir a la oficina sin haber dormido lo suficiente, de modo que no pretenden que sus hijos duerman desde el principio el mayor número de horas seguidas posible.

Otro de los impulsores de este movimiento en España es el pediatra Carlos González, también firme opositor del doctor Estivill y su método. González, en libros como *Bésame mucho*, aboga por no poner límites a los hijos ni definir pautas respecto al sueño. Afirma que el niño empezará a dormir del tirón él solo cuando su cuerpo se lo pida, y que mientras todavía no lo haga los padres nunca deben dejarlo llorar, sino cogerlo en brazos, consolarlo o dormir con él. Para González, el colecho es la práctica habitual de dormir con los hijos, la que se siguió durante milenios hasta que hace unas décadas empezaron a dormir hijos y padres en habitaciones separadas.

Tanto Jové como González arremeten contra el método Estivill, al que califican de traumático. Además, están convencidos de las bondades del colecho, es decir, de compartir cama con los hijos desde que nacen hasta que estos deciden irse a su propia cama.

El doctor William Sears, profesor de pediatría en la Universidad del Sur de California, recoge algunos de los beneficios del colecho en su libro *Nightime Parenting*. Veamos qué dice la ciencia de cada uno de estos beneficios y de un posible perjuicio.

Fomenta el vínculo entre la madre y el hijo

El contacto piel con piel favorece la producción de oxitocina, una poderosa hormona cuya función de neurotransmisor desempeña un papel muy importante en el comportamiento, así como en las relaciones entre las personas.

Los defensores del colecho como forma de cimentar este vínculo aluden al experimento que Harry Harlow realizó con monos rhesus en los años sesenta. Harlow separó a algunos monos de sus madres e introdujo en sus jaulas dos artefactos, uno de ellos hecho de alambres y con un biberón de leche, y el otro, en forma de mono, recubierto de felpa suave pero sin biberón. Harlow pensaba que los monos se acercarían al artefacto que tenía la comida, pero se equivocó: los monos se quedaban cogidos al objeto que imitaba a una mamá mona, y se estiraban hacia el otro para comer cuando tenían hambre. Esto demostró las teorías de John Bowlby sobre el apego y nos sugiere lo importante que es el vínculo entre madres e hijos, algo que nadie discute. Aun así, este vínculo no se consigue únicamente mediante el colecho, por mucho que esta práctica facilite el contacto entre la madre y el hijo, lo cual es cierto.

Favorece la lactancia materna

Indudablemente, tener al bebé en la cama facilita la lactancia materna, pero tenerlo al lado en una minicuna o cuna de colecho consigue el mismo efecto. Lo importante es darle el pecho a demanda tanto de día como de noche.

Mejora la autoestima del niño

Frente a las personas que piensan que el colecho crea niños más dependientes e inseguros, los defensores de esta práctica apelan a estudios como el titulado «Co-sleeping: Help or hindrance for young children's independence?»,[*] realizado por Meret A. Keller y Wendy A. Goldberg. Este estudio investigó la relación de las formas de sueño y los

[*] Meret A. Keller y Wendy A. Goldberg, «Co-sleeping: Help or hindrance for young children's independence?», 1.ª ed.: 14 de diciembre de 2004; publicación completa: DOI: 10.1002/icd.365.

reclamos con los posibles problemas y beneficios relacionados con el sueño compartido. En la investigación participaron 83 madres y sus hijos en edad preescolar, que aportaron datos a través de cuestionarios para los padres. Los niños se dividieron en tres grupos: el de los que hacían colecho desde el nacimiento, el de los que empezaron el colecho a la edad de un año y, por último, el de los que dormían solos. Se compararon las actitudes de las madres de los niños de cada grupo ante los trastornos del sueño, los despertares nocturnos y las luchas a la hora de acostarse; la autosuficiencia e independencia de los niños en las conductas sociales y relacionadas con el sueño, y el apoyo a la autonomía materna. La hipótesis de que dormir juntos interferiría con la independencia de los niños fue parcialmente respaldada: los niños que dormían solos empezaron a dormirse solos y toda la noche antes que los que dormían juntos, y también se destetaron antes. Sin embargo, los niños que hacían colecho se despertaban más veces por la noche y reclamaban a sus padres, pero para las madres que hacían colecho desde el principio esto no suponía ningún problema, mientras que para las que habían empezado a hacerlo más tarde sí que era un trastorno.

En cuanto a los problemas a la hora de irse a la cama, los que tenían más dificultades en este campo eran los niños que habían empezado a hacer colecho más tarde.

Además, con respecto a la actitud hacia los arreglos del sueño, las madres que hacían colecho desde el principio eran menos favorables a dejar que sus hijos durmieran solos, mientras que las madres que nunca lo habían hecho alentaron a sus hijos a dormir en su propia habitación a una edad temprana; en estos casos, las actitudes de las madres y los arreglos del sueño fueron congruentes. Curiosamente, las madres que hicieron colecho desde más tarde tomaban decisiones que estaban claramente entre las de un grupo y las del otro, lo que refleja la incertidumbre de este grupo a la hora de decidir qué arreglo seguir y que probablemente contribuyó a que los niños tuvieran más problemas de sueño.

Estos hallazgos implican que los buenos resultados o la dificultad que tienen los padres con respecto al método de sueño escogido no dependen de la práctica en sí, sino de lo que los padres aportan a la práctica en función de sus creencias, valores, estilos de crianza y objetivos. Es decir, para que un método funcione, los padres deben creer en él y estar conformes con todo lo que supone.

Respecto a la independencia, los niños que no hacían colecho se dormían solos, dormían toda la noche y se destetaban antes que el resto, aunque el estudio no profundiza en las causas de estas diferencias.

En cuanto a la edad de dejar el pañal, no hubo discrepancias significativas entre los grupos, probablemente porque todos los padres siguieron los consejos de su pediatra respecto a esta cuestión.

Sin embargo, la sorpresa fue que el estudio también descubrió que los niños que dormían con sus padres desde bebés eran más autosuficientes (por ejemplo, en la capacidad de vestirse) y más independientes en las relaciones sociales (por ejemplo, a la hora de hacer amigos por su cuenta). «Como era de esperar, las madres que hacían colecho desde el principio tenían más probabilidades que las otras madres de apoyar la autonomía de sus hijos y ser menos controladoras. Es posible que compensen la dependencia durante la noche con mayores oportunidades de ser autónomos durante el día, una estrategia sugerida por Brazelton (1992). […] Tal vez, como afirman los partidarios del colecho, el aumento de la seguridad emocional desde el principio promueve la independencia a medida que el niño crece, pero se necesitan estudios longitudinales para examinar los vínculos entre los tipos de sueño, la seguridad emocional y la independencia para afirmar que esto sea cierto. […] A pesar de la relevancia de estos hallazgos para la práctica y la investigación futura, este estudio tiene varias limitaciones. La generalización es limitada debido a la gran muestra de clase media-alta que participó en él. Este estudio también está limitado por las dificultades inherentes a la fuente única, las medidas de autoinforme y la naturaleza parcialmente retrospectiva de algunos de los datos», explican las autoras del estudio.

Previiene el estrés

La afirmación de que el colecho previene el estrés se basa en estudios como el de J. Jansen, R. Beijers, M. Riksen-Walraven y C. de Weerth C., titulado «Cortisol reactivity in young infants».[*] De acuerdo a esta investigación, existen factores estresantes psicológicos (separación de la

* J. Jansen, R. Beijers, M. Riksen-Walraven y C. de Weerth, «Cortisol reactivity in young infants», *Psychoneuroendocrinology*, abril de 2010; 35(3): 329-338. doi: 10.1016/j.psyneuen.2009.07.008. Epub, 3 de agosto de 2009.

madre, miedo) que no provocan una liberación de cortisol —la hormona del estrés— en el niño, sea cual sea su edad si tiene menos de dos años. En contraste con los factores estresantes psicológicos, los bebés más pequeños (de hasta seis meses) sí muestran una considerable liberación de cortisol en respuesta a factores físicos de estrés. Con la edad, la magnitud de esta respuesta va disminuyendo.

Otro estudio* que relaciona directamente el cortisol con la manera de dormir incide en este beneficio del colecho. Hasta ese momento se sabía que las experiencias que tienen los niños durante los primeros años de vida afectan a los sistemas fisiológicos que participan en las respuestas al estrés, entre ellos el eje hipotalámico-pituitario-adrenal (eje HPA). Las experiencias estresantes tempranas se han asociado a la desregulación del funcionamiento del eje HPA; en cambio, las experiencias positivas tempranas, es decir, los cuidados maternos de calidad, contribuyen a que el eje HPA funcione mejor. El objetivo de este estudio era examinar si el hecho de amamantar y dormir juntos durante los primeros seis meses de vida estaba relacionado con una buena regulación del cortisol, es decir, con la reactividad y la recuperación del cortisol, de los niños expuestos a un agente estresante a los doce meses de edad. En la investigación participaron 193 bebés y sus madres.

* Roseriet Beijers, J. Marianne Riksen-Walraven y Carolina de Weerth, «Cortisol regulation in 12-month-old human infants: Associations with the infants' early history of breastfeeding and co-sleeping», pp. 267-277 | Recibido el 3 de junio de 2012, aceptado el 17 de octubre de 2012, versión aceptada por el autor, en línea, el 1 de noviembre de 2012.

La información sobre la lactancia materna y el sueño simultáneo se recogió mediante diarios de sueño semanales y diarios, respectivamente, es decir, anotaciones de cómo habían dormido cada noche. Conviene precisar que por colecho se entendía dormir en la cama de los padres o dormir en la habitación de los padres en una cuna al lado de la cama. Los bebés, que tenían un año, fueron sometidos a un estresor psicológico. Se midió el cortisol salival tres veces después del momento de estrés —pasados 25, 40 y 60 minutos— para evaluar la reactividad y la recuperación. Los resultados indicaron que dormir desde recién nacido al lado de los padres y la lactancia materna prolongada contribuían positivamente a la regulación del cortisol en los niños de doce meses.

Por último, en la bibliografía que usan los defensores del colecho, otra investigación* afirma que «el sueño solitario en bebés pequeños está asociado con un aumento de la reactividad del cortisol en una sesión de baño, pero no al ponerse una vacuna». El punto de partida de este estudio era investigar la relación entre la forma de dormir del bebé en sus dos primeros meses de vida y la reactividad del cortisol a los factores de estrés. Según los resultados, el colecho —dormir en la habitación de los padres, ya fuera en su cama o en una cuna al lado—, a diferencia del sueño solitario, ayuda a regular el estrés por la noche, lo que reduce la sensibilidad general al estrés. El estudio se llevó a cabo con

* M. S. Tollenaar, R. Beijers, J. Jansen, J. M. A. Riksen-Walraven y C. de Weerth, «Solitary sleeping in young infants is associated with heightened cortisol reactivity to a bathing session but not to a vaccination», *Psychoneuroendocrinology*, 2012, 37, pp. 167-177.

163 madres y sus bebés, nacidos tras un embarazo sin complicaciones. Las madres escribieron un diario sobre el sueño durante las primeras siete semanas de vida de sus hijos. La reactividad del cortisol en los niños se midió dos veces: tras someter a los niños a un estresor físico leve (sesión de baño) a las cinco semanas de edad y a un dolor leve estresante (vacunación) a los dos meses.

Los resultados confirman que la respuesta de cortisol a la sesión de baño era mayor en los bebés con un régimen de sueño solitario en su primer mes de vida que en los bebés que dormían con sus padres. Este efecto no podía explicarse por las prácticas de lactancia materna, los cuidados de la madre o la vigilia y la duración del sueño de los bebés. No se encontraron efectos de la forma de dormir en la respuesta de cortisol a la vacunación a los dos meses. Por lo tanto, sí se aprecia un ligero aumento de la sensibilidad del eje HPA ante un estresor leve, aunque no frente a uno mayor.

En resumen, dormir en la cama con los padres o junto a ellos en los primeros meses de vida es importante para su desarrollo, pero todos los estudios muestran que no hay diferencias entre el colecho y usar una cuna. Cualquier opción es buena para el bebé.

Madre e hijo duermen mejor porque sus sueños se sincronizan

Uno de los beneficios de compartir cama es que los ciclos de sueño de la madre y el bebé se sincronizan, de modo que ambos se despiertan a la vez y vuelven a dormirse más deprisa. Es decir, las madres tienen el sueño liviano al mismo tiempo que sus bebés, pero también más profundo, lo que les permite descansar mejor. Esta es la conclusión a la que llega el estudio «Maternal sleep and arousals during bedsharing with infants», de Mosko y McKenna.* Para llevar a cabo esta investigación se realizó una polisomnografía (registro de la actividad cerebral, de la respiración, del ritmo cardiaco, de la actividad muscular y de los niveles de oxígeno en la sangre mientras se duerme) a 20 parejas que hacían colecho y a otras 15 que no lo hacían. Los bebés tenían entre once y quince semanas en ese momento. Al hilo de los resultados obtenidos, el estudio afirma que compartir cama o no compartirla no reduce las horas totales de sueño de las madres. Es cierto que las etapas de sueño fueron un poco más cortas al hacer colecho, pero en porcentajes muy bajos. Además, la vigilia nocturna no se incrementó al dormir juntos a pesar de que había más despertares porque los despertares fueron de menor duración. Por lo tanto, compartir la cama con el bebé tiene un efecto modesto en la madre, que es un poco diferente del efecto que se sabe que tiene dormir con otro adulto.

Esta misma investigación sirvió a ambos autores, Mosko y McKenna, para realizar otro estudio sobre la cantidad de despertares largos (de más de treinta segundos) y cortos (de menos de tres segundos) que tenían los be-

---

* S. Mosko, C. Richard y J. McKenna, «Maternal sleep and arousals during bedsharing with infants», *Sleep*, febrero de 1997;20(2):142-150.

bés que practicaban colecho y los que no. Así descubrieron que ambos tipos de despertares eran más frecuentes en los bebés que hacían colecho, y el grado de excitación de la madre por la noche también era mayor, comparable al del bebé, lo que confirma que los ciclos de sueño de ambos se sincronizan.

Colecho y síndrome de muerte súbita del lactante

La relación de la práctica del colecho con la reducción del síndrome de muerte súbita del lactante (SMSL) merece un capítulo aparte, pues genera una gran controversia y existen estudios enfrentados sobre este tema.

Para llegar al fondo de esta cuestión, primero hay que saber qué es el SMSL y cuáles son sus causas, algo que se ha investigado y tratado mucho en los últimos veinticinco años. Así, según el *Libro Blanco de la Muerte Súbita Infantil* de la Asociación Española de Pediatría, «el SMSL ha pasado de mencionarse anecdóticamente en los libros de pediatría españoles a ser tratado ampliamente en congresos, reuniones y simposios de pediatría y figurar como un capítulo preferente en los libros y revistas de pediatría actuales».

En la década de los ochenta del siglo pasado, cada año morían alrededor de novecientos lactantes a causa del SMSL en España, un dato que contrasta con el apenas centenar de casos anuales que se contabilizan actualmente. Sin embargo, esta situación no puede aceptarse como real y posiblemente cambiaría si se realizara un estudio necrópsico sistemático y obligado ante toda muerte súbita infantil.

El SMSL se define como «muerte súbita de un niño de menos de un año de edad, que ocurre aparentemente durante el sueño y que permanece sin explicación después de la realización de una minuciosa investigación *post mortem*, que incluye la práctica de la autopsia, examen del lugar del fallecimiento y revisión de la historia clínica».

Hoy en día, el SMSL sigue siendo una de las principales causas de muerte en los niños de entre un mes y un año en los países desarrollados, y los datos actuales sugieren que aproximadamente entre el 60 y el 80 % de estas muertes permanece con autopsia negativa (lo que significa que no se encontraron datos concluyentes). En los países desarrollados, las tasas de SMSL tienen una amplia variación en los distintos grupos sociales. Así, en Estados Unidos los casos de SMSL entre los bebés de madres afroamericanas o procedentes de la India son alrededor del doble que los que se dan entre los hijos de madres de origen caucásico. Entre los maoríes de Nueva Zelanda, los aborígenes australianos y los habitantes de ascendencia mixta de Ciudad del Cabo, en Sudáfrica, también se observa un aumento del riesgo de SMSL.

No obstante, es cierto que las tasas de SMSL se han reducido considerablemente gracias a las numerosas investigaciones al respecto, que han permitido comprobar que adoptar ciertas medidas, como poner al niño a dormir boca arriba en lugar de boca abajo como se hacía antes, reduce las posibilidades de que padezca este síndrome. Otras de las medidas para evitar el SMSL son no abrigar en exceso al niño por la noche, no taparlo con mantas o sábanas con las que pueda asfixiarse, no fumar durante el embarazo o la lactancia y no compartir la cama con un adulto.

Sin embargo, a pesar de la exhaustiva investigación, las causas siguen sin conocerse con exactitud, aunque se apunta en varias direcciones, entre ellas, las causas genéticas, las infecciosas, las ambientales o las evolutivas.

La patogénesis del SMSL se ha entendido a través de una hipótesis del triple riesgo, según la cual el SMSL se produciría por la superposición de tres factores de riesgo: un niño vulnerable, un periodo crítico del desarrollo y un factor externo de estrés como desencadenante. El Instituto Nacional de Salud Infantil y Desarrollo Español en su Plan Estratégico de 2001 declaró inequívocamente que: «el conocimiento adquirido durante la última década apoya la hipótesis general de que los bebés que mueren de SMSL tienen anormalidades al nacer que los hacen vulnerables o con más posibilidades de morir durante la infancia». En esencia, esto indicaría que el SMSL es un trastorno del desarrollo originado durante el desarrollo fetal.

Por ejemplo, diversos estudios han encontrado signos de astrogliosis (un aumento anormal del número de astrocitos —unas células encargadas de diversas funciones nerviosas— debido a la destrucción de las neuronas cercanas por un trauma en el sistema nervioso central, una infección, una isquemia cerebral, un accidente cerebrovascular, una respuesta autoinmune o una enfermedad neurodegenerativa) en entre el 20 y el 30 % de los pequeños que han padecido el SMSL. Otras investigaciones van dirigidas a relacionar el SMSL con toxinas bacterianas o con la hipótesis de la existencia de un déficit congénito o adquirido en el reconocimiento de patógenos. Asimismo, es bien conocida la evidencia de la infección viral en el SMSL.

Según otras hipótesis, el SMSL podría deberse a causas cardiogénicas, shock (como anafilaxia y estrés térmico, que podría explicar algunos de los factores de riesgo de reinhalación de dióxido de carbono), asfixia intencionada o no y obstrucción de las vías respiratorias.

La mayoría de los autores reconoce que el SMSL tiene una etiología multifactorial y que puede considerarse el resultado final de diversos procesos. Al mismo tiempo, es posible que diferentes causas se combinen para llegar a una vía final común que conduce al lactante a la muerte.

Los factores de riesgo o estrés que pueden desencadenar este problema se agrupan en dos categorías. Por un lado, están los factores intrínsecos, definidos como factores genéticos, polimorfismos o factores ambientales que afectan la susceptibilidad, como son la raza afroamericana, el sexo masculino, la prematuridad y la exposición materna prenatal al tabaco o al alcohol. Por el otro, los factores de riesgo extrínsecos, que se definen como un factor de estrés físico próximo a la muerte que puede aumentar el riesgo de SMSL en un niño vulnerable. Estos factores son: dormir boca abajo o de lado, estar con la cara boca abajo, tener la cabeza cubierta, dormir en un colchón de adultos, un sofá o un parque infantil, usar ropa de cama blanda, el colecho y los signos de infección del tracto respiratorio superior. El tabaquismo materno también puede considerarse como un factor de riesgo externo, sobre todo si se acompaña de colecho.

En cuanto a los factores genéticos, diversos estudios recientes han relacionado el SMSL con la disfunción del sistema nervioso central y particularmente del sistema nervioso autónomo. Esta disfunción puede dar lugar a la falta de respuesta, a la asfixia con hipoxia progresiva a coma y muerte.

Los patólogos H. Kinney y D. Paterson analizaron el cerebro de 31 lactantes fallecidos por SMSL y de otros 10 lactantes fallecidos por causas distintas. Su análisis se centró en el bulbo raquídeo, donde descubrieron anomalías en las células nerviosas que producen y utilizan la serotonina. El sistema serotoninérgico interviene en la coordinación de la respiración y la sensibilidad al dióxido de carbono, así como la temperatura corporal, el manejo de la tensión arterial y la función autonómica. Cuando los niños duermen boca abajo o tienen el rostro tapado por la ropa de cama vuelven a respirar el dióxido de carbono que han exhalado. El aumento del dióxido de carbono estimula los centros de la respiración y el despertar en el cerebro. «Un bebé normal se despertará, se dará la vuelta y comenzará a respirar más rápido cuando los niveles de dióxido de carbono aumenten.» En los lactantes que sufren anomalías en el sistema de producción y utilización de la serotonina, sus reflejos respiratorios para despertarse podrían verse afectados.

Otro estudio, realizado por un grupo de científicos australianos del Hospital de Westmead, descubrió que los bebés afectados por este síndrome no tenían la misma concentración de una proteína del cerebro, la orexina, que los niños que no lo habían padecido. Las orexinas, también llamadas hipocreatinas, son un par de hormonas neuropéptidas excitantes que fabrica el cerebro. Los niños con el SMSL presentaban un 20 % menos de esta proteína, que ayuda a regular el sueño para despertarnos si no respiramos a causa de la apnea del sueño. Así, la doctora Rita Machaalani, una de las autoras del estudio, explicaba que «parece que hay una disfunción neuronal que hace que estos niños sigan durmiendo en lugar de despertarse cuando les falta el aire». Por eso, los investigadores piensan que habría que realizar una prueba a todos los bebés para medir su nivel de orexina. Según la doctora Machaalani, «esto podría servir de elemento de vigilancia, pero primero tenemos que saber si esta proteína produce cambios en la sangre, y si estos cambios se observan en el cerebro. A partir de ahí se tendrá que hacer también una investigación genética para averiguar si se hereda».

Como hemos podido ver, uno de los factores de riesgo de los que se habla es el colecho, aunque los defensores del colecho afirman que compartir cama puede prevenir el SMSL. ¿Quién tiene razón? ¿Qué dicen los estudios?

A favor de la primera hipótesis encontramos muchas investigaciones, como una que fue muy polémica, publicada en la *British Medical Journal Open*, que afirmaba que los niños que duermen con sus padres tienen cinco veces más probabilidades de sufrir una muerte súbita que los que duermen en su cama. El estudio,[*] cuyo principal

* Robert Carpenter, Cliona McGarvey *et al.*, «Bed sharing when parents do not smoke: is there a risk of SIDS? An individual level analysis of five major case-control studies», *British Medical Journal Open*.

autor es Robert Carpenter, analiza si los niños que hacen colecho con padres que no fuman tienen mayor riesgo de padecer SMSL que aquellos que duermen en su cama. Los resultados causaron gran revuelo e hicieron que muchos progenitores se preguntaran si realmente el colecho era malo para sus bebés y aumentaba el riesgo de que sufrieran SMSL.

A este respecto, la IHAN (Iniciativa para la Humanización de la Asistencia al Nacimiento y la Lactancia, promovida por la OMS y Unicef) lanzó un comunicado* en el que explicaba que el estudio publicado por Carpenter era el resultado de un reanálisis de investigaciones antiguas (la más moderna, publicada hace diez años; la más antigua, hace veintisiete años) y contenía, por tanto, datos obtenidos entre 1987 y 2003 que no aportaban ni información ni estudios nuevos. Además, el trabajo de Carpenter presenta deficiencias importantes, como que únicamente dos de las cinco investigaciones utilizadas tuvieron en cuenta el consumo de alcohol por parte de los padres (38,7 % de las madres), ninguna de ellas analizó el posible consumo de drogas ilegales de los progenitores antes del colecho y su examen lo limita al colecho con uno de los progenitores cuando lo normal es que estén ambos presentes.

Por otro lado, las investigaciones analizadas por Carpenter contienen información muy dispar y de muy dife-

---

* Leonardo Landa Ribera, José María Paricio Talayero, Juan José Lasarte Velillas y M.ª Teresa Hernández Aguilar, *Comunicado de IHAN-España sobre la práctica del colecho y el amamantamiento.*

rente procedencia, el resultado de lo cual son discrepancias importantes en la definición del colecho. Por ejemplo, en una de ellas se consideraba que eran colecho los periodos cortos en los que el niño dormía junto a los padres, aunque después estos lo pusieran de nuevo en la cuna, lugar donde realmente se habría producido la muerte del niño.

Los estudios incluidos en el análisis de Carpenter tampoco se ocupan del modo adecuado de la superficie en la que duermen los niños, ya que una tercera parte de los casos de SMSL con colecho se producen mientras los niños duermen sobre un sofá. Resulta incomprensible que los autores desestimaran tener en cuenta esta variable en el análisis, algo sorprendente si consideramos que en un entorno como el anglosajón esta práctica es muy común.

Por otra parte, los resultados del análisis de Carpenter llaman poderosamente la atención desde el punto de vista estadístico. Ya en el resumen, Carpenter y sus colegas resaltan un riesgo ajustado para el colecho, en los menores de tres meses, cinco veces mayor en ausencia de otros factores. Sin embargo, no aclaran su significado ni siquiera cuando, a continuación, asignan un riesgo mucho mayor a niños que no hacen colecho pero que duermen en la cercanía de padres fumadores y consumidores de alcohol.

Es aún más difícil entender por qué estos autores no hicieron hincapié en resultados mucho más llamativos, como que el riesgo de colecho se eleva más de 20 cuando la madre o el padre fuman, o que el riesgo aumenta más de 150 veces cuando la madre consume alcohol.

Por lo tanto, este estudio, con su provocador titular sobre el colecho, un tema que es materia de debate actualmente, consiguió llamar la atención y saltar a los medios de comunicación, desde donde atemorizó a muchos padres. No obstante, es preciso leerlo completo y entenderlo bien antes de sacar conclusiones.

Unicef también cuestionó este análisis en un comunicado que difundió tras la publicación del mismo. «Estudios mucho más recientes han recopilado datos más completos y exhaustivos respecto a aspectos cruciales como quién dormía con el bebé en concreto y cuánto alcohol o drogas había consumido. Esos trabajos no han sido incluidos en esta publicación. Así pues, aunque la investigación afirma que ha demostrado que el colecho es peligroso en ausencia de otros factores de riesgo como fumar, beber alcohol o tomar drogas, cuestionamos sus conclusiones, dado lo limitado de los estudios en los que está basado.»

En cambio, existen muchos expertos y padres que hablan a favor del colecho y aseguran que los riesgos de esta práctica son ínfimos en comparación con los beneficios que reporta. Por ejemplo, una revisión científica realizada por el Comité de Lactancia Materna de la Asociación Española de Pediatría afirma que no existen evidencias que desaconsejen la práctica del colecho con bebés, siempre y cuando se tomen las medidas de seguridad apropiadas. Sin embargo, estos expertos también recomiendan que el colecho no se extienda más allá de cuando el lactante cumpla los seis meses, a lo sumo hasta los dieciocho meses, ya que, de lo contrario, podría provocar ansiedad en el bebé por la separación y afectar su autonomía, conclusiones que los defensores del colecho no comparten, pues ellos apuestan por el colecho hasta que el niño quiera.

Por ejemplo, McKenna, firme defensor de esta práctica, en su análisis titulado «Why babies should never sleep alone: a review of the co-sleeping controversy in relation to SIDS, bedsharing and breast feeding», afirma que «dormir juntos, o al menos compartir la habitación, especialmente con una madre que amamanta de forma activa, salva vidas». De nuevo, el estudio habla de las bondades de compartir habitación con el bebé para favorecer la lactancia materna y evitar el SMSL, pero no durmiendo en la misma cama, sino simplemente al lado. En cuanto al colecho, reconoce que es una práctica cada vez más extendida que los pediatras deben conocer para informar a los padres de la manera adecuada de llevarla a cabo para evitar los posibles riesgos.

Otro estudio, desarrollado por el doctor Landa, publicado en la revista *Pediatría Atención Primaria*, titulado «El colecho favorece la práctica de la lactancia materna y no aumenta el riesgo de muerte súbita del lactante. Dormir con los padres»,* sigue en la misma línea que el trabajo de McKenna. Los autores afirman que «la práctica de los padres de dormir junto a sus hijos ha sido una constante en la humanidad. Con el aumento en la prevalencia

* L. Landa Rivera, M. Díaz-Gómez, A. Gómez Papi, J. M. Paricio Talayero, C. Pallás Alonso, M. T. Hernández Aguilar, J. Aguayo Maldonado, J. M. Arena Ansotegui, S. Ares Segura, A. Jiménez Moya, J. J. Lasarte Velillas, J. Martín Calama y M. D. Romero Escós, «El colecho favorece la práctica de la lactancia materna y no aumenta el riesgo de muerte súbita del lactante. Dormir con los padres», http://scielo.isciii.es/scielo.php?script=sci_arttext&pid=S1139-7632201 2000100010

y duración de la lactancia materna, se ha observado paralelamente un aumento de esa práctica, que posiblemente se dé con más frecuencia que la reconocida en las encuestas. Los estudios han demostrado interrelación y mutua potenciación entre lactancia materna y colecho. Las asociaciones y organizaciones pediátricas recomiendan evitar el colecho, por relacionarlo con la muerte súbita del lactante. Se basan, sin embargo, en estudios en su mayoría no controlados, bajo la influencia de factores de riesgo no tenidos en cuenta. Los autores, tras una revisión exhaustiva sobre colecho, lactancia y muerte súbita del lactante, encuentran el colecho como una práctica beneficiosa para la lactancia y concluyen que, bien practicado, evitando factores de riesgo, no guarda relación con la muerte súbita del lactante».

Los autores de esta investigación definen el colecho como «la práctica de compartir la cama de los adultos», por lo tanto, no lo amplían a compartir habitación. El estudio habla solo de colecho como tal.

En este contexto enumeran los beneficios del contacto con la madre. «Se ha observado que el contacto intenso y prolongado de prematuros con su madre actúa como elemento protector frente a dificultades fisiológicas y riesgos ambientales. Y que este contacto íntimo ofrece múltiples beneficios, como menor gasto energético, mejor termorregulación, mayor estabilidad cardiorrespiratoria y oxigenación, menores episodios de llanto, mayor producción de leche y aumento de la prevalencia y duración de la lactancia materna. El colecho proporciona una oportunidad de acercamiento desde el nacimiento y durante la infancia, y es una buena práctica en la crianza de los hijos. Evidencias recientes indican que los recién nacidos que son separados de la madre presentan un 176 % más de episodios de estrés y un 86 % menos de sueño tranquilo al segundo día de vida que los que son puestos en contacto piel con piel. Durante el colecho, el lactante duerme en sincronía con su madre, se despierta con más facilidad y más a menudo que los lactantes que duermen solos, acortando la fase de sueño profundo, lo que lo protege frente a la rarísima muerte súbita del lactante. Duerme al costado de su madre, con su cuerpo y cara orientada hacia el cuerpo materno, alternando con la posición boca arriba. Esta posición facilita acceder al pecho, despertarse y mamar más a menudo para lograr consuelo y alimento, sin apenas despertar a la madre, a quien la secreción de oxitocina facilita la conciliación del sueño.

»Los estudios han mostrado que el bebé que duerme junto a su madre aprende los ritmos maternos y, en consecuencia, su forma de dormir se asemeja más a la de un adulto, facilitando la autorregulación mutua, muy necesaria para el crecimiento adecuado de su hijo.»

En relación con los estudios que consideran que el colecho es un riesgo para el SMSL, Landa y sus colegas afirman que «en ciertos países donde la práctica de colecho es predominante, la tasa de SMSL es igualmente alta, como ocurre entre la población afroamericana y las tribus maorís de la Polinesia; en cambio, en otros como Japón, Hong Kong y las comunidades asiáticas del Reino Unido y Nueva Zelanda, que practican el colecho de forma extensa, las tasas de SMSL son bajas. Aun pareciendo contradictorio, esto es un reflejo de la complejidad de los elementos que concurren en esta práctica y en la patogenia del SMSL».

Para ellos, el riesgo no radica en el colecho en sí, sino en una serie de factores de riesgo, como dormir boca abajo, el tipo de lactancia, la posición del niño en la cama o el tipo de superficie de la misma, y en otros como la obesidad de los padres o el consumo de sustancias adictivas (tabaco, alcohol, medicamentos y drogas de abuso).

Afirman, además, que la mayoría de los estudios publicados sobre SMSL y colecho son poco rigurosos: no incluyen grupo de control y no hacen ajustes con factores de confusión. La mayor parte de los trabajos, realizados a mediados de la centuria pasada, fueron estudios de casos y controles diseñados para conocer los factores de riesgo en general y no específicamente la asociación entre el colecho y el SMSL. En una de las investigaciones, el colecho no resultó ser factor de riesgo cuando los padres compartían la cama con el bebé, pero sí cuando lo practicaban otros miembros de la familia, como los hermanos. Cabe destacar que en cuatro de los estudios en los que el colecho fue significativo como riesgo de SMSL, la definición de colecho («compartir la cama la última noche») fue diferente de la que se da en los estudios en los que la relación entre colecho y SMSL no fue significativa («práctica rutinaria»). Esta revisión pone de manifiesto que el tabaquismo de la madre aumenta el riesgo de SMSL cuando se asocia a la práctica de colecho. Si analizamos los cuatro estudios más importantes, vemos que ninguno de ellos define las variables de lactancia materna siguiendo recomendaciones de la Organización Mundial de la Salud, ni se hacen ajustes con lactancia materna exclusiva; en tres de ellos no se consideró colecho dormir en un sofá; en uno no se tomó en cuenta el consumo de alcohol en un país como la República de Irlanda, que tiene una de las tasas de alcoholismo más altas de Europa. La falta de ajuste con variables tan determinantes en estos y otros estudios limita su valor predictivo para la población general.

Por lo tanto, los estudios que vinculan colecho y SMSL no son válidos ni concluyentes, por lo que recomiendan seguir los consejos sobre seguridad para practicar el colecho sin peligro.

Además, la lactancia materna previene el SMSL, y la mayoría de las madres que practican el colecho también dan el pecho a sus hijos. De hecho, varios estudios constatan mejores índices de lactancia materna entre los niños que practican colecho, aunque no es posible esclarecer si las madres que amamantan son más proclives a dormir con sus bebés o si compartir la cama con el bebé favorece la prolongación de la lactancia materna.

En conclusión, «no existe evidencia científica firme que desaconseje la práctica de colecho en los bebés amamantados, en ausencia de factores de riesgo conocidos; [...] y siendo este beneficioso para la práctica y el mantenimiento de la lactancia materna, la decisión sobre la práctica de colecho debe ser de los padres. Dado que los estudios han identificado una serie de factores de riesgo que asocian dicha práctica con el SMSL, creemos necesario informar a los padres para evitar tales situaciones durante el sueño».

No obstante, la Academia Americana de Pediatría desaconseja el colecho por considerar que, a partir de los estudios publicados, no es posible descartar su relación con el SMSL. Por ejemplo, un estudio europeo con 745 casos de SMSL encontró relación entre colecho y muerte súbita (más alta en madres fumadoras o que bebían alcohol) en las primeras ocho semanas de vida del bebé.

Asimismo, Unicef, en su guía *Compartiendo la cama con tu bebé*, indica que «el lugar más seguro para un bebé a la hora de dormir es una cuna adosada a tu cama». Por su parte, la pediatra María Aparicio, que ha realizado una revisión de los estudios existentes sobre el colecho y la muerte súbita, dice que «lo más seguro es que el bebé duerma en una cuna al lado de la cama de los padres, sobre todo durante las primeras veinte semanas de vida».

Por último, acerca de si el colecho puede ser perjudicial para el niño pasado un tiempo, tampoco hay consenso. En 2011, el sudafricano Nils Bergman, pediatra de la Universidad de Ciudad del Cabo, Sudáfrica, fue noticia al recomendar que los niños durmieran en la misma cama que su madre hasta los tres años. Basaba sus afirmaciones en un estudio en el que había analizado los patrones de sueño de dieciséis niños. No solo observó que los ciclos del sueño se interrumpían con mayor asiduidad en los bebés que dormían separados de sus madres, sino que comprobó que estos tenían unos niveles de estrés hasta tres veces más altos que los niños que dormían sobre el pecho de sus madres.

No obstante, la propuesta de Bergman era «moderada» si se compara con la que unos años antes había formulado la psicóloga británica Margot Sunderland, directora de Educación y Entrenamiento del Centro de Salud Mental Infantil de Londres. En su libro *La ciencia de ser padres*, de 2006, Sunderland aconsejaba que los niños durmieran con sus padres hasta los cinco años. Lo hacía apoyándose en una década de investigaciones sobre los efectos de las interacciones entre niños y adultos en el cerebro de los pequeños, y en un total de 800 estudios científicos. Para Sunderland, el colecho hasta los cinco años constituye «una inversión» a favor del niño.

Sin embargo, como hemos manifestado anteriormente, el Comité de Lactancia Materna de la Asociación Española de Pediatría afirma que el colecho debe practicarse solo hasta que el bebé tenga seis meses, como mucho dieciocho, puesto que alargarlo demasiado podría provocarle ansiedad de separación y afectar su autonomía.

Cómo ponerlo en práctica

Después de leer todos estos estudios contradictorios es posible que tengas aún más dudas sobre qué método es mejor seguir o qué debes hacer para que tanto vuestro hijo como vosotros podáis dormir bien.

Lo primero que debes tener en cuenta es que el sueño de los bebés es diferente del sueño adulto, por lo que no conseguirás que un bebé de dos meses duerma toda la noche sin despertarse ni una sola vez. Para empezar, hasta los seis meses, aproximadamente, los bebés necesitan comer por la noche, de modo que es normal que se despierten varias veces pidiendo sus tomas nocturnas. Al principio estas serán más frecuentes y gradualmente se irán espaciando. De todas formas, hay niños que a los tres meses duermen hasta seis horas seguidas, mientras que otros siguen despertándose para comer cada dos horas aunque tengan ya cinco meses. Todo depende de lo glotón que sea el pequeño, y no tendrás más remedio que acostumbrarte a ello y ajustar tus horas de sueño a las del lactante.

Además, los bebés tienen un sueño ligero durante veinte minutos, tras el cual pasan por un estado de transición antes de entrar en el sueño profundo, por lo que es habitual que se despierten con frecuencia. Hasta los tres meses, el porcentaje de sueño REM es mayor que en el adulto, y el bebé salta del estado de vigilia al REM sin pasar por los estadios de sueño no REM. A partir de los tres meses su sueño se vuelve más regular y predecible y los niños ya no se duermen en fase REM, sino en fase no REM. A los seis meses empiezan a tener la capacidad de dormir más horas seguidas, lo que no significa que no sigan despertándose varias veces por la noche hasta los dos años aproximadamente, aunque hay bebés que vuelven a dormirse solos y otros que llaman a sus padres. La clave del sueño familiar es lograr que aprendan a dormirse solos y no reclamen a sus padres a no ser que les pase algo (tengan pesadillas, estén enfermos, etcétera).

Para conseguirlo, como hemos visto, hay dos métodos diferentes y totalmente opuestos, que, además, pueden resultar un poco radicales. ¿Es preciso elegir, obligatoriamente, entre dejar llorar al bebé o compartir cama con él? ¡En absoluto! Existen muchas otras alternativas para enseñar a nuestro hijo a dormir de una manera respetuosa y afectiva.

Por ejemplo, es muy interesante el método Gentle Sleep Coach, creado por Kim West LCSW-C, The Sleep Lady®, con el propósito de ayudar a aquellos padres que no están de acuerdo con dejar llorar a sus niños por temor a provocarles algún daño emocional o simplemente porque les hace sentirse culpables.

El sistema Gentle Sleep Coach es una fórmula más gradual, amable y cariñosa, adecuada para aquellas familias que no se sienten cómodas dejando llorar a sus hijos, para quienes han probado el método del libro *Duérmete, niño* y no les ha funcionado, para quienes están a favor del colecho y lo practican pero creen que sus hijos no están durmiendo bien aun estando a su lado, y para quienes han compartido la cama de matrimonio durante un tiempo determinado (meses o años) pero ahora consideran que es momento de dejar de hacerlo.

Este método enseña a dormir al bebé mediante la creación de una rutina y hábitos de sueño especializados, por lo que para llevarlo a cabo es necesario contactar con alguna de las personas expertas en esta metodología, con formación específica, para que, estudie cada caso concreto y diseñe un plan adaptado que ayude a los niños a aprender a dormir solos.

Otra opción interesante y a medio camino entre las dos posturas es la del neuropsicólogo Álvaro Bilbao, autor del libro *Todos a la cama*. Bilbao explica que escribió este libro como respuesta a la demanda de muchos padres obligados a escoger entre el colecho o el método Estivill: «Si quieres ser "respetuoso" con tu hijo, parece que la única estrategia básica sea el colecho (cuando sabemos que no es así, que no es lo único respetuoso), y, por otro lado, parece que si quieres ayudar a tu hijo a ganar autonomía en el sueño, la única alternativa es el método Estivill». Y puntualiza: «No es el método Bilbao. Lo que yo propongo es que vayamos desarrollando distintas estrategias para conseguir un buen sueño, que los niños creen asociaciones positivas entre el lugar donde les decimos que duerman, la hora y el hecho de dormir».

«Los niños han de tener una hora de acostarse; ponerles límites no equivale a ir en contra de lo natural, sino que preserva su necesidad de dormir», añade Bilbao, que además rompe con ciertos mitos asociados a ambos métodos de sueño. «Sabemos que entre los niños que comparten lecho con los padres y los que no lo hacen hay exactamente los mismos pequeños con apego seguro», afirma. Y es que hay muchas otras formas de crear un apego seguro con el bebé, como acompañar al niño a su cama, contarle un cuento, darle besos o hacerle cosquillas, sin que haga falta compartir cama.

El método Estivill, por otra parte, «está demonizado por esta corriente más alternativa, pero yo creo que ha explicado unas técnicas que han demostrado su efectividad», señala. «La Sociedad Americana de Pediatría ha encargado estudios y revisiones que, una y otra vez, dicen que los métodos de este tipo no provocan daños en el niño», sostiene.

Para no tener que decantarse por ninguno de los dos, Bilbao ha creado una opción más cercana a los llamados *fading methods*, una versión más suave del llanto controlado. «Que, está demostrando, consigue que los niños acaben alcanzando sus hábitos y aprendan a dormir solos sin ayuda, pero con la ventaja de que siempre que el niño llora, lo vas a atender: es decir, no te esperas los tiempos que te marcan métodos como el Ferber/Estivill», explica. En definitiva, enseñar al niño a dormir en su cuna o su cama, pero si llora, atenderle al momento. Lo que muchos padres en realidad ya hacen.

Y es que todos los expertos coinciden en que dormir bien y descansar es esencial, no solo para los niños, sino también para los adultos. Dormir es una de las necesidades fisiológicas básicas de la vida, y las personas que no consiguen satisfacer sus propias necesidades fisiológicas se sienten muy inseguras. Por otro lado, dormir bien ayuda a regular los niveles de estrés: a partir de la cuarta o quinta hora, el sueño «limpia» el cerebro y favorece que se asiente lo aprendido durante el día.

Otro sistema que puedes seguir con tu hijo es el de Tracy Hogg. Conocida como la «susurradora de bebés», Hogg fue una enfermera británica con conocimientos de hipnoterapia y de educación especial que escribió el libro *El secreto de tener bebés tranquilos y felices*, en el que explica su método para dormir a los bebés. Conocido como EASY (palabra inglesa que significa «fácil» y a la vez está formada por las iniciales de *eat, activity, sleep* y *you*, es decir, «comer», «actividad», «dormir» y «tú»), es un método que se basa en la observación de los ritmos naturales del niño y de las señales que el pequeño envía para comunicar sus necesidades.

Tracy Hogg pensaba que, por un lado, dejar que los bebés lloraran hasta que se durmieran y, por el otro, proporcionarles demasiada atención a la hora de dormir eran extremos que debían evitarse. Por eso creó este método, que se basa en una serie de estrictas rutinas de día y de noche para que los bebés ajusten sus organismos de manera natural al sueño y los padres aprendan a detectar las señales que emite el bebé cuando está cansado.

¿Cuáles son los puntos clave de este método?

- Nunca debe usarse con niños menores de tres meses. Además, debe adaptarse a la edad del pequeño.
- No hay que ponerlo en marcha si lo que se está haciendo en este momento funciona. Es decir, si el bebé duerme bien, no es bueno intentar que duerma mejor cambiando sus rutinas por estas otras.
- La característica principal es su extrema flexibilidad. Cada niño es distinto a los demás y reacciona de forma diferente a los estímulos ambientales. Los padres deben tener esto muy en cuenta a la hora de diseñar sus rutinas.
- Se basa en una estricta rutina denominada EASY:
  - E: *Eat* o «comer». En cuanto el bebé se despierta de una siesta, sea diurna sea nocturna, debes alimentarlo, con una comida completa o un tentempié. Si es lactante, con leche materna o de fórmula. Si es mayor, puedes elegir entre sólidos o leche.
  - A: *Activity* o «actividades». Después de comer es hora de jugar o hacer cualquier otra actividad que no sea comer o dormir. La cantidad de tiempo

que dediques a estas actividades dependerá de la edad del bebé.

- S: *Sleep* o «dormir». Después de las actividades, en cuanto notes que el pequeño empieza a cansarse, es importante que lo acuestes. Nunca debes darle de comer antes de dormir, ya que, según Hogg, los biberones o el pecho para que se duerma hacen que el pequeño se acostumbre a ellos y los necesite para conciliar el sueño, en lugar de aprender a quedarse tranquilo por sí mismo.
- Y: *You* o «tú». Es decir, tiempo para ti una vez que el bebé está dormido y no te necesita hasta que vuelva a despertarse.

- Para Hogg, es fundamental que el niño aprenda a dormirse solo en su cuna, pero sintiéndose sano y a salvo, por lo que nunca hay que dejarlo llorar. Los padres tienen que acudir a su llamada al momento y calmarlo sin sacarlo de la cuna, a no ser que sea necesario. Es lo que ella llamó «sueño sensato».
- Es importante que, una vez elegida la forma de dormirlo, la mantengas siempre para que el bebé se sienta seguro.
- Para aprender a dormirse solos, los niños no deben depender de otros apoyos, como el chupete, un paseo de media hora, el pecho de la madre, etcétera. No obstante, hay que tener en cuenta que muchos bebés se quedan dormidos al pecho porque una vez que han comido, les entra sueño, lo cual no significa que necesiten el pecho para dormir. Otros, en cambio, sí lo usan para calmarse al succionar (a

modo de chupete). Sea como sea, Hogg está en contra de ello.

- Puedes usar objetos de transición, pues son algo pasajero que el niño deja al crecer y madurar, pero aun así a Hogg le parece mejor no recurrir a ellos si no es preciso.
- Cuando el niño esté nervioso o le cueste dormirse, dale un chupete si quieres. Lo que nunca debes hacer cuando esté alterado o tan cansado que le cueste conciliar el sueño es mecerlo en exceso en los brazos o zarandearlo, porque así solo lo pondrás más nervioso.
- Controla las siestas diurnas para que no resten sueño a la noche. Eso no quiere decir que no tengas que dejarlo dormir durante el día, pero sí evitar que la última siesta sea muy tarde o muy larga.

Además, Hogg da una serie de consejos para ayudar al bebé a dormirse:

1. Envolverlo en una manta o un chal (la llamada técnica del *swaddling*) para que no tenga frío y se sienta recogido, como en el útero materno.
2. Tranquilizarlo dándole palmaditas en la espalda de forma regular y con un ritmo constante, como si fuera un corazón latiendo, acompañándolo de un susurro (de ahí el nombre de Susurradora que le daban a Hogg) o de frases tranquilizadoras.
3. Evitar los estímulos visuales que le hagan distraerse.
4. Aunque se despierte (y es normal que lo haga hasta que se habitúe al nuevo método), no conviene vol-

ver a las rutinas antiguas que no funcionaban, sino envolverlo de nuevo en la manta, tranquilizarlo con palmaditas y susurros y, si llora, cogerlo en brazos, calmarlo y dejarlo en la cuna todavía despierto, pero tranquilo y sin lágrimas.

Resumen

Después de todo lo que hemos explicado, lo mejor que podemos hacer para ayudar a aquellos padres que sufren porque sus bebés duermen mal por las noches y se despiertan más de lo habitual es darles unos cuantos consejos básicos que sin duda les resultarán útiles.

1. Entiende cómo es el sueño del bebé en cada etapa para saber qué puedes esperar de él. No exijas a un bebé de tres meses que duerma desde las nueve de la noche hasta las ocho de la mañana sin decir ni pío.
2. Elige un método para dormir a tu bebé con el que tu pareja y tú estéis a gusto y que no os haga sentir ni incómodos ni estresados. Esto es fundamental, porque seguir un sistema que no os convenza puede traer consecuencias negativas tanto para vuestra vida de pareja como para vuestra salud física o emocional, así como para la del bebé. Un estudio*

* Mina Shimizu y Douglas M. Teti, «Infant sleeping arrangements, social criticism, and maternal distress in the first year», *Infant and Child Development*, 2018; e2080 DOI: 10.1002/icd.2080.

realizado recientemente y publicado en la revista *Science News* muestra que las madres que aún dormían con sus bebés, compartiendo habitación o cama, después de que estos cumplieran seis meses tenían más tendencia a sentirse deprimidas, preocupadas por el sueño de sus bebés o juzgadas, puesto que es una práctica que la sociedad todavía no acepta.

3. Si tu bebé duerme moderadamente bien y la metodología que usáis funciona, no la cambies. En caso contrario, prueba nuevos métodos hasta dar con uno que te ayude.

4. No te sientas mal por haber optado por un método u otro. Como se desprende de los estudios recogidos, ni tu bebé será más listo y más seguro solo porque compartas cama con él ni tendrá traumas de mayor porque pongas en práctica un método conductista. La educación y la crianza se componen de muchas actividades y situaciones y la manera de dormir es solo una. Los vínculos que crees con tu hijo y las actividades que realices con él a lo largo de todo el día influirán en su forma de ser y lo ayudarán a que sea una persona más o menos segura, feliz, tranquila, etcétera. Así que, si necesitas ayuda para dormir mejor, decídete por el colecho, el método Estivill o cualquier otro con total tranquilidad, sin pensar que estás haciendo daño a tu bebé. Eso sí, si tu pareja o el bebé no son felices con el método elegido, debéis cambiarlo. Debe servir para todos.

5. Si optas por el colecho, sigue las recomendaciones que la Asociación Española de Pediatría (AEP) o la Academia Americana de Pediatría dan para que sea un método seguro y evita practicarlo en estas situaciones:

- Con bebés prematuros o de bajo peso al nacer.
- Con padres que consuman tabaco, alcohol, drogas o fármacos sedantes.
- En épocas de cansancio, especialmente de cansancio extremo, como el posparto inmediato.
- En superficies blandas, colchones de agua, sofás o sillones.
- Compartiendo la cama con otros familiares, otros niños o varias personas a la vez.

6. Para evitar el SMSL debes atender los consejos siguientes: coloca al bebé a dormir boca arriba; la ropa debe ajustarse y no debe ser holgada; abstente de usar ropa de cama extra, mantas, protectores y almohadas en la cuna, una sábana ajustada es todo lo que se necesita; los juguetes y animales de peluche no deben estar en la zona donde duerme el bebé; pon en la cuna un colchón firme que cumpla las normas de seguridad con una sábana ajustable; la cabeza del bebé nunca debe estar cubierta; no fumes ni permitas que nadie fume alrededor del bebé; dale el pecho.

7. Una de las mejores formas de conseguir que tu hijo aprenda a dormirse solo, y más aceptadas por todo el mundo, es practicar una serie de rutinas y hábitos antes de la hora de acostarse que ayuden al niño a

conciliar el sueño solo (baño, cena, cuento, beso de buenas noches...). También se aconseja acostarlo todos los días a la misma hora, dejarlo en su cuna y quedarse junto a él hasta que se duerma. Si llora, acudir a su lado, pero no cogerlo si no hace falta, sino calmarlo con palabras suaves y tranquilas.

8. Es un error muy común evitar que el bebé duerma siestas con la esperanza de que duerma más por la noche. En el caso de los niños, el sueño llama al sueño, y si están descansados porque han dormido un par de siestas, pasarán el día de mejor humor y por la noche estarán más relajados y les costará menos conciliar el sueño. Eso sí, procura que las siestas diurnas nunca sean a última hora de la tarde para que no dificulten el sueño nocturno.

9. Muchos bebés necesitan un chupete o un muñeco para estar más tranquilos a la hora de dormir, y este objeto de transición les puede ayudar.

10. Es recomendable disminuir la actividad física después de cenar para evitar que el niño se acueste nervioso y facilitar la transición hacia la hora de acostarse.

Por último, repetimos que la mejor manera de dormir a tu bebé es aquella que os funciona y os permite descansar a todos. Confía en tu instinto y haz lo que consideres mejor para vosotros, sin que te importe el qué dirán.

5

La seguridad y la efectividad de las vacunas

En 1796, Edward Jenner descubrió la primera vacuna para combatir la viruela. Desde entonces se han ido desarrollando muchas más vacunas que nos protegen de enfermedades infecciosas muy graves y mortales, como la sepsis meningocócica, la difteria, el tétanos o la tos ferina. Algunas de ellas, como la viruela, se han logrado erradicar gracias a las vacunas, mientras que otras, como el sarampión, que estaba a punto de desaparecer en muchos países, en los últimos años están teniendo un importante repunte a causa de los padres que deciden no vacunar a sus hijos; sea por motivos ideológicos, sea porque falsas creencias, les han hecho pensar que las vacunas no son seguras o efectivas, cuando sí lo son.

Las vacunas se elaboran a partir de gérmenes atenuados o inactivos, microbios vivos a los que se les ha quitado su virulencia o poder infeccioso sin que pierdan su capacidad de provocar respuesta inmunitaria, sometiéndolos a unas condiciones de vida inadecuadas para ellos, como exposición a temperaturas que alteran su mecanismo de reproducción o agentes químicos esterilizantes. Cuando estos microbios son introducidos en el cuerpo, el sistema inmune comienza a trabajar creando anticuerpos específicos frente a la enfermedad que provocan. Una vez se han creado, esos anticuerpos permanecerán en el organismo para toda la vida (excepto en el caso de las vacunas que requieren recuerdo cada cierto tiempo) y se activarán si la enfermedad real llega al cuerpo, haciendo que esa persona no la contraiga o, si lo hace, que sea de una manera mucho más leve que no ponga en riesgo su vida.

A pesar de los muchos estudios realizados y de la labor que hacen los pediatras para desmentir falsos mitos como que las vacunas causan autismo, todavía son muchas las personas que les dan crédito y deciden, por ignorancia, no vacunar a sus hijos. Esta actitud acarrea un peligro no solo para los niños, sino también para el resto de la población.

Sin duda, muchos de los padres que no vacunan a sus hijos lo hacen por el convencimiento, totalmente absurdo, de que algunas vacunas, como la triple vírica, pueden provocar autismo. Para empezar, hay que saber que el autismo es un trastorno neuropsiquiátrico congénito, es decir, el niño nace siendo autista, no una enfermedad que se contraiga a lo largo de la vida. Lo que ocurre es que, por sus características, normalmente no se detecta hasta que el bebé tiene unos doce meses, o más. Por lo tanto, puede suceder que los síntomas empiecen a detectarse tras una vacuna (algo nada raro, ya que en los primeros quince meses de vida se vacuna a los niños casi cada dos meses), lo cual no significa que exista ninguna relación entre la vacuna o sus componentes y el autismo, pues el pequeño ha nacido con la enfermedad, y, vacunado o no, ya es autista.

Esta falsa creencia, que mucha gente aún sostiene, se difundió en 1998 a través de una publicación en la revista *The Lancet*, una investigación que más tarde se descubrió que era fraudulenta. Realizada por el doctor Andrew Wakefield, relacionaba la vacuna triple vírica —que se usa contra las paperas, el sarampión y la rubéola— con el desarrollo de esta enfermedad en doce casos. La investigación levantó un gran revuelo y causó gran preocupación y mucho daño, pero años más tarde un periodista del *Sunday Times* reveló la existencia de conflictos de intereses financieros por parte de Wakefield: había sido contratado —y pagado— por Richard Barr, un abogado que reclutaba a padres de niños autistas para demandar a los fabricantes de la vacuna. El investigador recibía 180 euros a la hora, gastos aparte, por sus servicios de asesoría científica al abogado. Además, este periodista también reveló que Wakefield planeaba montar una empresa al calor de la alarma suscitada contra la vacuna triple vírica, que se lucraría de nuevos exámenes médicos y «análisis motivados por litigios».

La investigación del asunto por parte del Consejo Médico General del Reino Unido concluyó que la investigación había falseado datos y se había sometido a varios niños autistas a procedimientos médicos invasivos e innecesarios. El 28 de enero de 2010, un tribunal compuesto por cinco miembros del Consejo Médico General halló probadas 32 acusaciones, entre ellas cuatro de fraude y doce de abuso de niños con discapacidad de desarrollo. Andrew Wakefield perdió la licencia para ejercer en el Reino Unido y la revista *The Lancet* se retractó de forma inmediata y por completo del artículo que había publicado en 1998, señalando que los datos del manuscrito habían sido falsificados.

El estudio de Wakefield y su tesis de que la vacuna triple vírica podía causar autismo condujeron a un descenso en los índices de vacunación en Estados Unidos, Reino Unido e Irlanda, y al consecuente aumento de los casos de sarampión y paperas, entre ellos, algunos de graves y fatales. Además, contribuyeron a crear un clima de desconfianza hacia todas las vacunas y a la reaparición de otras enfermedades que se creían controladas.

Son muchos los estudios realizados desde 1998 que confirman que el autismo no está relacionado con las vacunas. Por ejemplo, el de Robert Schechter, del Departamento de Salud Pública de California, quien estudió la prevalencia de trastornos del espectro autista entre los años 1995 y 2007 en niños de entre tres y doce años. Schechter se centró en el timerosal, un conservante derivado del mercurio muy empleado en la fabricación de vacunas desde su descubrimiento en los años treinta, y que se eliminó de las mismas en el año 2001, pues se pensaba que podía provocar alteraciones neurológicas.

Teniendo en cuenta que en Estados Unidos se prescindió del timerosal en la mayor parte de las vacunas ese mismo año, la tasa de niños con trastornos del espectro autista debería haberse reducido drásticamente a partir de aquel momento si esa hubiera sido la causa de la enfermedad. Pero los datos* demuestran que no fue así; al contrario, en diez años, la tasa pasó de 0,3 niños autistas por cada 1.000 nacimientos en 1993 a 1,3 niños autistas por cada 1.000 nacimientos en 2003.

Otro estudio** interesante, publicado en 1998, también por la revista *The Lancet*, recogía datos de tres millones de eventos adversos en relación temporal con la vacuna triple vírica. Los investigadores hicieron un seguimiento de los sujetos que tuvieron síntomas de trastornos gastrointestinales u otros síntomas que hubiesen durado veinticuatro horas o más en cualquier momento después de la administración de la vacuna triple vírica (aparte de los aparecidos durante la primera hora). Su conclusión fue que no había datos que respaldaran la hipótesis de que esta vacuna causaba trastornos generalizados del desarrollo o enfermedad intestinal inflamatoria.

Cabe hablar también del estudio realizado en 1999 por Taylor,*** que identificó 498 casos de autismo (261 de autismo profundo, 166 de autismo atípico y 71 de síndrome de Asperger) en niños nacidos en el Reino Unido desde 1979. Esta investigación descubrió que hubo un aumento

---

* R. Schechter y J. K. Grether, «Continuing increases in autism reported to California's developmental services system: mercury in retrograde», *Archives of General Psychiatry*, 2008; 65(1):19-24.

** H. Peltola *et al.*, «No Evidence for Measles, Mumps, and Rubella Vaccine-Associated Inflammatory Bowel Disease or Autism in a 14-year Prospective», *The Lancet*, 1998; 351:1327-1328.

*** B. Taylor *et al.*, «Autism and Measles, Mumps, and Rubella Vaccine: No Epidemiological Evidence for a Causal Association», *The Lancet*, 1999; 353(9169): 2026-2029.

constante de los casos por año de nacimiento, sin que se intensificara ni cambiara la línea de la tendencia después de la introducción de la vacuna triple vírica. No hubo diferencias en la edad que tenían los niños en el momento del diagnóstico entre los vacunados antes o después de los dieciocho meses de edad y los que no fueron vacunados. No hubo una asociación temporal entre la aparición del autismo entre uno y dos años después de la administración de la triple vírica ni retrasos en el desarrollo en los meses posteriores a la vacunación.

Hay estudios más recientes, como uno de 2010, publicado en *The Pediatric Infectious Disease Journal*,* que tampoco encontró relación alguna entre la vacuna triple vírica o una vacuna exclusiva contra el sarampión y el autismo tras analizar los diagnósticos de autismo de 96 niños de entre dos y quince años, así como los de 192 niños de un grupo de control. En los niños diagnosticados de autismo antes de la vacuna, el riesgo de autismo fue más bajo en los niños que recibieron la vacuna triple vírica que en los niños no vacunados. En el caso de la vacuna de antígeno único contra el sarampión se obtuvo un resultado similar.

Estos son solo cuatro ejemplos de las decenas de investigaciones realizadas que ponen de manifiesto que no hay ninguna relación entre las vacunas y el autismo o las enfermedades inflamatorias intestinales.

* D. Budzyn *et al.*, «Lack of Association Between Measles-Mumps-Rubella Vaccination and Autism in Children: A Case-Control Study», *The Pediatric Infectious Disease Journal*, 2010; 29(5): 397-400.

Muchos estudios confirman la seguridad general de las vacunas y que la cantidad de vacunas que se inoculan a lo largo de los primeros dieciocho meses de vida del bebé no son perjudiciales para él.

En los últimos años, a raíz de las dudas generadas acerca de las vacunas, muchos padres se han preguntado si tantas vacunas agobian al sistema inmunitario. Respecto a esta afirmación, el informe *The Childhood Immunization Schedule and Safety, Stakeholder Concerns, Scientific Evidence, and Future Studies** recoge más de sesenta estudios sobre la seguridad de las vacunas, entre ellos, una revisión integral del calendario de vacunación. El comité del Instituto de Medicina de la OMS no encontró ninguna evidencia de que hubiera problemas de seguridad importantes relacionados con la administración de vacunas en tiempo y forma conforme al calendario de vacunación recomendado para niños. Además, afirmó que no solo no es nocivo recibir las vacunas en tiempo y forma, sino que está estrechamente vinculado con la reducción de enfermedades prevenibles mediante las vacunas. Debido al éxito de las vacunas, la mayoría de los estadounidenses no ha tenido ningún contacto de primera mano con enfermedades tan devastadoras como la polio o la difteria. Las inmunizaciones generalizadas han dado como resultado una disminución de las enfermedades prevenibles por vacunación.

* A. Hinshaw *et al.*, *The Childhood Immunization Schedule and Safety, Stakeholder Concerns, Scientific Evidence, and Future Studies*, Institute of Medicine, The National Academy of Sciences, 2013.

Si siguen el Calendario de Vacunación de Estados Unidos —similar al de la mayoría de los países—, los niños pueden recibir hasta veinticuatro vacunas por su segundo cumpleaños y hasta cinco inyecciones durante una sola visita al médico. A pesar de ello, este calendario es el mejor según todos los datos que se tienen actualmente, y aunque es cierto que las vacunas pueden tener ciertos efectos secundarios, estos son leves (fiebre, inflamación de la zona de la inyección) y desaparecen en unas horas o días, y son mucho menos importantes que los beneficios derivados de la vacunación. De hecho, el retraso o la disminución de la vacunación ha llevado a diversos brotes de enfermedades prevenibles con vacunas, como el sarampión y la tos ferina, que pueden poner en peligro la salud pública, en particular para las personas que no están lo suficientemente inmunizadas o que nunca fueron inmunizadas. Y no conlleva ningún beneficio para el niño, como demuestra un estudio, publicado en 2010 en la revista *Pediatrics*,* que comparó a mil niños nacidos entre 1993 y 1997 mediante la observación de sus calendarios de vacunación hasta que cumplieron un año, y estudió su desempeño entre siete y diez años después en 42 desenlaces neuropsicológicos diferentes. La vacunación en tiempo y forma se asoció con un mejor desempeño en varios desenlaces, mientras que los niños menos vacunados no se desempeñaron significativamente mejor en ninguno de los

* M. Smith y C. Woods, «On-time Vaccine Receipt in the First Year Does Not Adversely Affect Neuropsychological Outcomes», *Pediatrics*, 2010; 125(6): 1134-1141.

desenlaces. Es decir, el hecho de que los bebés reciban tantas vacunas en tan poco tiempo no tiene efectos adversos en el desarrollo neuropsicológico a largo plazo.

Cómo ponerlo en práctica

Queda claro, por lo tanto, que las vacunas salvan vidas y no tienen efectos secundarios graves, por lo que es fundamental que vacunes a tus hijos y sigas el calendario de vacunación de tu comunidad o país (los calendarios de vacunación son muy similares en todas partes, aunque puede haber ligeras variaciones según una enfermedad sea más o menos habitual en una zona). Puedes consultar el calendario de vacunas de tu lugar de residencia para saber mejor cuáles le corresponden en cada momento a tu hijo, pero en realidad no hace falta que te preocupes por ello ya que, en las revisiones, el pediatra o la enfermera te irán indicando cuándo le toca cada una y las irán apuntando en el libro de vacunas de tu hijo para que sepas qué vacunas ha recibido y cuándo.

También es bueno que conozcas las reacciones más comunes tras una vacuna y qué debes hacer si se producen.

Reacciones locales

Dolor, enrojecimiento de la zona, calor local, edema local e induración. Puede durar hasta varias semanas, pero no tiene mucha importancia. Ocasionalmente aparecen abscesos dérmicos (cúmulos de pus bajo la piel) y linfade-nitis (ganglios linfáticos inflamados).

En la mayoría de los casos el dolor remite al cabo de unas horas. Sin embargo, un pequeño porcentaje de los niños continúan sintiéndolo, de modo que a veces es necesario darle un analgésico (siempre suministrado por el pediatra).

Te aconsejamos que le des el pecho a tu hijo en el momento de la vacunación para que no sienta el dolor. Por lo demás, debes actuar de manera habitual con él. Pasearlo, mecerlo y cogerlo con cuidado y mucho cariño para que note menos el dolor.

Reacciones generales

Fiebre y erupciones exantemáticas. Estos síntomas suelen manifestarse entre cinco y siete días tras la vacunación, y normalmente desaparecen pocos días después. Si le sube la temperatura a tu hijo, es aconsejable mantenerlo con poca ropa, bañarlo durante un tiempo más largo del habitual o aplicarle compresas frías por la zona de la cabeza. Otra opción es darle algún antitérmico, como el paracetamol, pero siempre teniendo en cuenta su peso para suministrarle la dosis correspondiente y solo si la fiebre no baja con las medidas anteriores o es muy alta.

Por lo demás, no hace falta que hagas nada especial tras la vacunación, salvo estar atenta a tu bebé y a la posible aparición de las reacciones descritas.

6

Comportamiento innato versus comportamiento adquirido

El debate sobre el comportamiento innato versus el comportamiento adquirido ha estado presente en la ciencia de manera continuada desde hace más de un siglo, y ha llegado al común de los mortales a través de numerosas creencias.

¿Nuestra personalidad está determinada por los genes o, por el contrario, es fruto de lo que hemos aprendido, primero de nuestros padres en nuestra más tierna infancia y luego del entorno? ¿Nuestros hijos tendrán las mismas enfermedades que nosotros podamos tener o estamos en condiciones de evitárselas? Estas reflexiones no son nuevas. Aristóteles y Platón ya se hicieron estas preguntas, e incluso la Biblia, donde las rencillas entre hermanos son una constante, hace referencia a los rasgos de alguno de los protagonistas y de dónde provienen.

¿Y por qué es importante este debate? Porque nos permite como padres saber si podemos influir en el futuro de nuestros hijos y tomar conciencia de hasta qué punto es posible modificar ciertas cosas. Así nos ahorraremos y les ahorraremos muchos sufrimientos y decepciones.

Algunos rasgos de la personalidad o habilidades vienen de serie y nunca cambiarán. Otros, en cambio, sí dependen de nosotros. Así pues, centrémonos en estos para no malgastar energía allí donde es imposible darle la vuelta a lo que la naturaleza ha determinado.

En muchas ocasiones vemos en nuestros hijos lo que nosotros éramos a su edad, y por paradójico que resulte casi siempre aplicamos el mismo estilo de crianza que nuestros padres aplicaron en nosotros con seguramente los mismos malos o buenos resultados. ¿Tiene algún sentido castigar a un niño porque no es capaz de estar dos horas seguidas estudiando para un examen? No, no tiene ningún sentido, pues no hay niño que pueda concentrarse durante tanto tiempo seguido. Y aún tiene menos sentido si en nuestra infancia nosotros éramos especialmente proclives a distraernos con cualquier cosa, en mi caso, retorciendo un clip hasta convertirlo en la graciosa silueta de un hombrecito.

Una manera de dilucidar qué es lo innato y qué lo aprendido, lógicamente, es recurrir a lo que la ciencia dice al respecto. Aunque es preciso indicar que incluso la ciencia puede equivocarse o tener sesgos. Por ello debemos estar preparados para aceptar que los consensos de hoy pueden ser mañana escudriñados desde nuevas perspectivas que los hagan tambalearse. En cualquier caso, la clave está en asumir que todos somos fruto de la acción de una variedad de factores que nos hace únicos.

A modo de ejemplo, veamos el debate sobre el lenguaje. ¿Es una capacidad innata o es algo aprendido? En realidad, es una pregunta que está mal formulada. Un científico tendrá que afirmar que los seres humanos nacemos con una capacidad innata y asombrosa para desarrollar el lenguaje y que este se desarrolla de una u otra forma en función de dónde hemos nacido. De hecho, aunque parece que la investigación con algunos primates y orcas indica que no somos los únicos seres vivos capaces de comunicarnos, sí tenemos la habilidad exclusiva de, gracias a la estimulación del entorno, lograr crear la maravilla que es el lenguaje y explotar su potencial de comunicación. Igualmente, si no existe esta estimulación desde muy pequeños, la capacidad del lenguaje no se desarrolla, tal como atestiguan los terribles casos de niños criados por animales o privados del contacto humano.

Así, la capacidad de hablar es innata al cien por cien. Pero el hecho de que hablemos en español, en inglés o en chino dependerá al cien por cien de nuestro entorno.

Ahora bien, este debate va mucho más allá del lenguaje y podemos llevarlo a casi todas las esferas del ser humano. Seremos más altos o más bajos que la media según lo que los genes dictaminen, pero también en función del tipo de alimentación de la que hayamos disfrutado. En este sentido, conforme van mejorando las condiciones nutricionales de una población, la estatura de los individuos va aumentando paulatinamente. Basta con ver fotos de españoles de principios del siglo XX para corroborarlo, pues mientras que un varón adulto mide ahora una media de 1,77 metros, en 1900 esa media apenas alcanzaba los 1,66 metros.

Lo mismo sucede en otros muchos aspectos. Puede

que genéticamente tengamos una mejor o peor predisposición para las matemáticas. La enseñanza en la escuela hará que los más dotados den lo mejor de sí mismos y adquieran una gran destreza en la materia, mientras que los menos dotados suframos (como es mi caso) para alcanzar el nivel mínimo que se exige. Y mi sufrimiento no se debía a que no estudiara, sino simplemente a que no se me daban bien las matemáticas. A quien por primera vez dijo aquello de que *Quod natura non dat, Salmantica non præstat* no le faltaba razón.

Una de las características únicas de los seres humanos es la diversidad. De hecho, cada uno de nosotros tenemos unos rasgos únicos, algunos somos más altos y otros, más bajos; unos demuestran una capacidad única para esprintar en una carrera y otros tienen la resistencia de un maratoniano. Esta diversidad se expresa también en lo psicológico. Algunos somos optimistas por naturaleza e inasequibles al desaliento, mientras que otros siempre ven la vida a través de un cristal de negatividad, con temor y resignación. Ciertas personas sufren enfermedades psicóticas y otras en cambio disfrutan de una estabilidad mental envidiable.

Filósofos, científicos, académicos e investigadores han especulado durante miles de años sobre los orígenes de estas diferencias individuales. Y desde el principio observaron que muchas de ellas eran compartidas por las familias. Si analizamos un determinado rasgo, por ejemplo, la estatura, veremos que los miembros de una misma familia son más propensos a tener estaturas similares que dos personas escogidas al azar dentro de una población dada.

La genética se encarga de combinar los genes de la madre y del padre para dar lugar a los rasgos y características que tendrá el hijo. Esto hace que el niño se parezca a sus padres y al mismo tiempo sea diferente, ya que hereda de cada progenitor el 50 % de sus genes, que se distribuyen al azar a lo largo de su cromosoma.

Esta mezcla de genes determinará las características físicas del bebé (desde el color del pelo hasta la agudeza visual), pero también condicionará los rasgos de su comportamiento, así como sus preferencias innatas por determinados juguetes, aficiones o comidas. Una vez que el niño nace, la educación y el entorno social contribuyen a definir estos aspectos, inhibiéndolos o potenciándolos, para terminar de formar tanto su personalidad como su salud.

Genéticamente todos somos diferentes, a excepción de los gemelos idénticos, que comparten todos los genes porque son fruto de un solo óvulo que, por alguna razón que aún desconocemos, se divide tras su fecundación y da lugar a dos bebés con igual material genético. En este caso, las diferencias en sus rasgos, que siempre existen, vienen determinadas por el aprendizaje, tanto en su hogar como a través de su entorno gracias a las interacciones que se producen en la escuela, el parque, el club deportivo, etcétera.

Sin embargo, lo innato no explica todos los rasgos del comportamiento de un ser humano, pues estos se configurarán también teniendo en cuenta la influencia del entorno. La relación entre ambas variables es muy compleja y puede llevarnos enseguida a engaños.

Sería tentador explicar los buenos tiempos en carrera de un adolescente exclusivamente por la circunstancia de que su padre es un buen corredor, pero estaríamos obviando el hecho de que él entrena todos los días dos o tres horas para ir superando sus marcas. Del mismo modo, resultaría fácil concluir que ese mismo adolescente adquirió el vicio de fumar por la presión de su entorno, cuando quizá su padre fue un fumador empedernido al cual le costó mucho abandonar el hábito al nacer su hijo.

Adicionalmente, nos encontramos que un niño se enfrenta a dos entornos muy dispares. Imaginemos dos hermanos que se crían en la misma familia. Habrá experiencias compartidas por el mero hecho de compartir la vida familiar, tales como la muerte de un pariente, la pérdida del trabajo del padre o la dieta seguida en el hogar, que pueden llegar a impactar de la misma manera en su futuro comportamiento y en su salud. Pero también habrá experiencias que sean exclusivas de cada hermano, como las que se derivan de las interacciones con otros niños en la escuela o lo que ve cada uno en internet, que a los padres seguramente les resulta muy difícil de controlar.

Muchos de los estudios a los que nos referiremos más adelante se basan en investigaciones realizadas con gemelos idénticos para poder analizar qué rasgos son aprendidos y cuáles innatos. En ocasiones los estudios hacen un seguimiento de hermanos dados en adopción con el fin de dilucidar qué método de crianza o experiencias no compartidas impactan de una manera u otra.

Existen, literalmente, miles de estudios realizados con gemelos. Uno de los más famosos es el de los gemelos Mark y Jerry,* que, separados al nacer, crecieron a unas

* https://www.ncbi.nlm.nih.gov/pmc/articles/PMC1181958/

cuarenta millas de distancia el uno del otro en New Jersey (Estados Unidos). Tuvieron vidas totalmente separadas hasta que se reencontraron cuando ya eran adultos. Como era de prever, ambos medían 1,94 metros, usaban gafas y llevaban un gran bigote. La estatura es un rasgo netamente heredable y si la alimentación es la correcta, que alcanzaran la misma no parece sorprendente. El hecho de necesitar gafas tampoco resulta difícil de prever, ya que la agudeza visual también viene de serie. El hecho de que ambos llevaran bigote sí parece una coincidencia más inesperada, pero quizá tiene sentido si, por la estructura de la cara, los dos llegaron a la conclusión de que un bigote grande les sentaría bien. Lo curioso fue que las coincidencias no solo afectaban a sus rasgos físicos: ambos eran bomberos voluntarios, estudiaron carreras similares y hasta tenían preferencias por la misma marca y tipo de cerveza. De hecho, no solo bebían la misma cerveza, sino que además sujetaban la lata de cerveza de la misma manera, colocando el dedo meñique por debajo de la base de la lata.

Este tipo de estudios demuestran que la concordancia en los rasgos es muy importante, tanto que a veces podemos pensar que el impacto que tiene la manera en que criamos a nuestros hijos es irrelevante. Pero no es así. La forma en que criemos a nuestros hijos, o los valores o los hábitos que les enseñemos potenciarán aquellos rasgos positivos que están heredando o limitará los rasgos negativos que reconocemos en nosotros mismos.

Si tenemos una gran predilección por el dulce es muy probable que nuestros hijos también la tengan. Como padres, si somos conscientes de que el exceso de dulce no es bueno y queremos influir positivamente en nuestros hijos, podemos planificar la alimentación de la familia de modo que no se abuse de lo dulce. Crecer en un entorno donde se eviten este tipo de alimentos y se prime el sabor natural de las frutas, por ejemplo, disminuirá enormemente las posibilidades de que los hijos, de mayores, padezcan obesidad.

Puede que nuestro hijo tenga un talento natural para la música. Como padres podemos obviar este talento o proponernos llevarlo al conservatorio desde bien pequeño, donde invertirá cientos o miles de horas en perfeccionar su talento. Si cuando sea adulto nuestro hijo se convierte en un afamado músico, ¿habrá sido debido a su predisposición natural o a las innumerables horas de entrenamiento que sus padres le procuraron hasta que adquirió el nivel de maestro? Lógicamente sin esta inversión parental ese niño nunca habría alcanzado la cima de su profesión de adulto.

También puede pasar que nuestro hijo sea tímido. Como padres, podemos ayudarlo mostrándonos abiertos a otras personas, asistiendo juntos a acontecimientos sociales, invitando a otros amigos a casa o felicitándolo cada vez que veamos que ha vencido su timidez.

Si podemos potenciar los puntos fuertes de nuestros hijos y mitigar sus puntos débiles, ¿por qué no hacerlo? En muchas ocasiones bastará con que nos demos cuenta de cuáles son nuestros puntos débiles y cuáles son nuestros puntos fuertes. Si la pareja aún no se conoce lo suficiente, este será un excelente ejercicio, pues podremos ver en nuestros hijos lo que realmente somos y querernos tal como somos. Tan pronto tomemos conciencia de que ese niño dormilón no es más dormilón que nosotros mismos cuando éramos niños, sabremos que si lo despertamos por la mañana con todo el cariño del mundo, ir al colegio resultará más sencillo. Quizá tengamos que inventarnos algo divertido para despertarlo o preparar su desayuno favorito, o sencillamente hacer lo que a nosotros nos hubiera gustado vivir cuando teníamos su edad.

En cambio, luchar contra la naturaleza es un ejercicio inútil que solo puede traer infelicidad para quienes se rebelan contra ella. El caso John/Joan,* como se lo conoce académicamente, es un ejemplo en este sentido. El sexo del bebé determina sobremanera el modo en que nosotros como padres educamos a nuestros hijos y el modo en que los trata el entorno. De hecho, descubrir el sexo del bebé durante el embarazo es un hito y prácticamente todas las mujeres embarazadas se hacen una ecografía en la semana 20 para conocerlo. Con esta información, las familias empiezan a comprar la ropa o a preparar la habitación del futuro niño o niña.

Tratamos de manera diferente a un niño y a una niña, sin poderlo evitar, incluso antes de que el bebé nazca. De hecho, no es que tratemos de manera diferente a los niños según el sexo, sino que la propia naturaleza los hace diferentes. Para demostrarlo, un equipo de la Universidad de Wisconsin-Madison dirigido por Douglas Dean III reclutó a 149 mujeres embarazadas, que, un mes después de dar a luz, llevaron a sus bebés, 77 niñas y 72 niños, a la universidad para que les hicieran un escáner cerebral. Para que el ambiente no les resultara estresante, los introdujeron en

* https://en.wikipedia.org/wiki/David_Reimer

una bolsa de inmovilización al vacío, rodeados de una espuma que les ofrecía comodidad y aislamiento acústico, y provistos de tapones para los oídos y auriculares con cancelación de ruido. Estas condiciones permitieron que los escaneos se realizaran mientras los bebés dormían, lo cual era vital porque incluso los más leves movimientos podrían haber distorsionado los resultados.

El equipo de Dean descubrió que el cerebro de los niños era un 8,3 % más grande, en la línea de la diferencia de volumen que se encuentra en el cerebro de los adultos y de lo que dicen los pocos estudios publicados sobre niños. También, como se ha visto en adultos, los cerebros masculinos tenían relativamente más materia blanca (tejido conectivo) y los cerebros femeninos, más materia gris, en relación con el tamaño total del cerebro.

Varias áreas neurales específicas eran más grandes en los hombres, también en relación con el volumen cerebral total, como las partes del sistema límbico involucradas en las emociones, como la amígdala, la ínsula, el tálamo y el putamen. Asimismo, los investigadores encontraron evidencia de hipocampos relativamente más grandes, un área involucrada en la memoria, que por lo general es más grande en las mujeres, aunque no de manera universal. Por su parte, en los cerebros femeninos eran relativamente más grandes otras áreas límbicas, como partes de la circunvolución del cíngulo y el giro parahipocampal, y tenían algunas estructuras de materia blanca que eran mayores.

Estas diferencias de sexo fueron menores que las observadas en adultos, lo que sugiere que conforme los individuos van madurando se acentúa la diferenciación, probablemente a través del alto volumen de receptores de esteroides sexuales en estas áreas cerebrales. La hipótesis alternativa es que la diferenciación posterior se debe a la socialización, pero el hecho de que las fuerzas de la socialización trabajen en la misma línea que las fuerzas biológicas preexistentes sugiere que la socialización es a lo sumo un ciclo de retroalimentación entre la biología y la sociedad.

Había muchas áreas cerebrales que diferían estructuralmente entre los sexos, pero sería irresponsable sacar conclusiones firmes sobre lo que podrían significar para la función y el comportamiento. Por ejemplo, ¿qué podrían significar las diferencias en el tamaño total de la ínsula cuando el área está asociada con la compasión y la empatía, la percepción, el control motor, la autoconciencia, el funcionamiento cognitivo, la experiencia interpersonal y la psicopatología?

La razón de que esta investigación sea útil es que informa de que existen diferencias cerebrales entre ambos sexos que pueden afectar a la psicología. Por ejemplo, imaginemos que los investigadores que estudian el tratamiento de la ansiedad descubren una diferencia relacionada con el sexo en la respuesta al estrés (como así ha sucedido). Si esta diferencia se debe por completo a las estructuras sociales sexistas que ya estamos tratando de derribar, entonces el hallazgo no es tan importante. Pero si esa diferencia vinculada al sexo en la respuesta al estrés se asocia con una variación relacionada con el tamaño o la estructura de la amígdala, entonces el hecho de que estas diferencias anatómicas existan tan temprano —como lo muestra el estudio dirigido por Dean— hace que sea más plausible que las formas en que los hombres y las mujeres responden al estrés serán difíciles de superar. Los intentos por hacer que la sociedad sea más justa tienen más probabilidades de que logren el éxito con estos hechos en mente, en lugar de esperar que desaparezcan.*

Sin embargo, en la segunda mitad del siglo xx existían investigadores que pensaban que la identidad de género no era innata, sino que era aprendida. Uno de sus representantes más famosos fue John Money, el padre de la teoría de la neutralidad de género que defiende que al nacer somos neutrales en cuanto al sexo y es la socialización y la presión del entorno la que define el sexo de una persona.

Money realizó varias investigaciones con travestis, pero su caso más famoso es el que se conoce como John/Joan, aunque actualmente se sabe que estas personas en realidad se llamaban Bruce y Brian Reimer. Este par de gemelos monocigóticos nacieron en 1965 y, a los siete meses de edad, contrajeron una infección urinaria. Sus padres llevaron a los niños al hospital para que recibieran tratamiento y les prescribieron circuncidarlos. Generalmente se trata de una operación sencilla que no entraña ningún riesgo, pero en este caso se decidió utilizar un dispositivo eléctrico que falló en el momento de operar a John y le destruyó los genitales. Sus padres, totalmente devastados por el accidente, no tenían muy claro cómo

* Douglas C. Dean, E. M. Planalp, W. Wooten, C. K. Schmidt, S. R. Kecskemeti, C. Frye, N. L. Schmidt, H. H. Goldsmith, A. L. Alexander y R. J. Davidson, «Investigation of brain structure in the 1-month infant», https://link.springer.com/article/10.1007/s00429-017-1600-2.

proceder, hasta que una noche vieron en televisión una entrevista a John Money, un prestigioso médico que sostenía que era posible reasignar el género de una persona y ya contaba con una larga experiencia en cirugías y tratamientos de cambio de sexo.

Los padres se dirigieron al doctor Money en busca de una solución al problema de John, y se decidió que lo mejor sería que este fuera castrado para que no generara hormonas masculinas y, en la misma operación, formarle una rudimentaria vulva. Para que todo fuera bien, los padres de John debían educarlo a partir de entonces como si fuera una niña, que pasaría a llamarse Joan, y que nunca le desvelaran su condición original.

Hoy nos parece imposible que esto pudiera pasar, pero hace cuarenta o cincuenta años existía la firme creencia de que nacíamos como una pizarra en blanco donde se podía conformar los rasgos de una persona con cierta facilidad. Y esta creencia resultó ser falsa. Conforme Joan fue creciendo pesaba sobre ella (él) una gran infelicidad, hasta tal punto que comenzó a mostrar tendencias suicidas. Sus padres, pese a la advertencia del doctor Money de que nunca debían contarle la verdad sobre su género, prefirieron hacerlo antes de que Joan terminara con su vida.

La reacción de Joan ante esta noticia fue de tremendo desconcierto, pero sitió un gran alivio al entender por qué se sentía tan desgraciada. Rápidamente recuperó su nombre masculino e intentó poco a poco rehacer su vida como hombre. De hecho, incluso se casó y se convirtió en padre al adoptar a los hijos de su pareja. Por desgracia, terminó suicidándose en 2004. Tenía treinta y ocho años.

Entonces, ¿cómo debemos actuar con nuestros hijos? Hemos visto que existen una serie de rasgos sobre los que no tenemos ninguna influencia, como el color de los ojos de una persona, la estatura o incluso su grado de optimismo, pero hay otras características que sí podemos potenciar o minimizar según sean positivas o negativas para el éxito y la felicidad de nuestro hijo.

Por ejemplo, si en la familia existen muchos casos de enfermedades cardiovasculares, deberíamos inculcarle desde el principio la importancia de una dieta sana y equilibrada rica en frutas, verduras y pescado y pobre en grasas saturadas para evitar que padezca sobrepeso cuando sea mayor y, así, tenga menos posibilidades de desarrollar una enfermedad coronaria. O si sabemos que un niño es muy tímido, podemos potenciar las interacciones sociales desde pequeño para que venza su timidez y esta circunstancia no se convierta en un lastre para él.

Cómo ponerlo en práctica

Cuando se le pregunta a un padre o una madre qué quiere para su hijo, la respuesta inmediata siempre es la misma: que sea feliz. Aunque luego quizá ampliemos, maticemos o enriquezcamos la afirmación, todos los padres queremos, básicamente, lo mejor para nuestros hijos.

Y, como progenitores, tenemos en nuestra mano una poderosísima capacidad para lograr que este deseo se haga realidad. Podemos aprovechar el conocimiento que hemos adquirido sobre nosotros mismos para ayudar a nuestros hijos a mostrar la mejor versión de sí mismos y mitigar sus debilidades. Es lógico que para que esta práctica funcione adecuadamente primero es preciso que nos conozcamos bien a nosotros mismos, y que haya una comunicación transparente y completa dentro de la pareja.

Observación

Analicemos cómo es y cómo se comporta nuestro hijo sin juzgarlo ni realizar evaluaciones y así poder confeccionar una lista lo más extensa posible de características.

Evaluación

Una vez tengamos claros los rasgos principales del niño, gracias a nuestra propia experiencia, al reconocernos en esos rasgos, podemos clasificarlos como puntos fuertes o puntos débiles, o considerarlos tanto puntos fuertes como débiles, según sea la perspectiva desde la que lo veamos. Tener propensión a engordar es claramente un punto débil y difícilmente podría tratarse de un rasgo ambiguo. Lo mismo pasa con ser bueno en matemáticas: en un mundo como el actual es un punto claramente positivo. ¿Y ser resiliente? Podría ser un punto fuerte, ya que nos permite rehacernos con facilidad ante cualquier adversidad para seguir adelante hasta alcanzar el objetivo deseado, pero también podría ser un punto débil si esta capacidad se convierte en terquedad y nos impide abandonar una tarea que es imposible de realizar y nos aboca a gastar sin sentido tiempo y recursos.

Acción

Una vez identificadas las áreas que pueden llevar a nuestros hijos a ser felices o infelices, podemos criarlos buscando potenciar o mitigar uno u otro rasgo. Para facilitar la tarea, va bien trabajar con un cuadro como el siguiente, en el que anotemos las áreas donde nos reconocemos en ellos y queremos actuar de una u otra manera:

ACCIÓN	PUNTOS FUERTES	PUNTOS DÉBILES
Sociabilidad		
Responsabilidad		
Apertura		
Amabilidad		
Inestabilidad emocional		
Nutrición		
Crecimiento		
Destreza deportiva		
Destreza musical		
Caligrafía		
Etcétera		

Como es lógico, esta metodología no estaría completa si no tuviéramos en cuenta tres importantes variables:

Cambio

Aunque no lo parece en el día a día, a lo largo del tiempo todos vamos cambiando y, de hecho, si criamos bien a nuestros hijos sus rasgos irán matizándose y mejorando.

Entorno

Todas las vivencias que un niño va acumulando influirán en su forma de ser o en su estado físico. Ciertas situaciones pueden alterar de manera brusca su comportamiento, como la muerte de un familiar o el divorcio de los padres. Es preciso observar cómo afectan al niño para modular la crianza en función de ello.

Participación

Cuando un bebé tiene pocos meses, nuestra capacidad de ejercer influencia en él es absoluta. Sin embargo, conforme crece es de vital importancia implicar al niño en su propio desarrollo. Hablar con naturalidad de qué es lo mejor para su desarrollo y empatizar con sus deseos permitirá ir modulando un estilo de crianza ajustado a sus necesidades, en el que el primer implicado sea el niño.